为了全体人民的
共同富裕

张爱茹 著

WEILE
QUANTI RENMIN DE

GONGTONG
FUYU

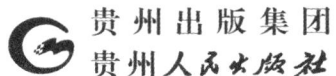

贵州出版集团
贵州人民出版社

图书在版编目（CIP）数据

　　为了全体人民的共同富裕 / 张爱茹著. -- 贵阳：
贵州人民出版社，2022.10
　　ISBN 978-7-221-17345-4

　　Ⅰ.①为… Ⅱ.①张… Ⅲ.①共同富裕－研究－中国
Ⅳ.①F124.7

中国版本图书馆 CIP 数据核字（2022）第180969号

书　　　名：为了全体人民的共同富裕

张爱茹　著

出 版 人　王　旭
选题统筹　谢亚鹏　田　军
责任编辑　杨　悦　罗　灏
封面设计　丁林枫
版式设计　郑亚梅
出版发行　贵州出版集团　贵州人民出版社
社址邮编　贵阳市观山湖区会展东路SOHO办公区A座　550081
印　　刷　贵州新华印务有限责任公司
规　　格　787毫米×1092毫米　1/16
字　　数　227千字
印　　张　16.75
版　　次　2022年10月第1版
印　　次　2022年10月第1次印刷
书　　号　ISBN 978-7-221-17345-4
定　　价　40.00元

共同富裕来了

到"十四五"末，全体人民共同富裕迈出坚实步伐，居民收入和实际消费水平差距逐步缩小。到2035年，全体人民共同富裕取得更为明显的实质性进展，基本公共服务实现均等化。到本世纪中叶，全体人民共同富裕基本实现，居民收入和实际消费水平差距缩小到合理区间。

习近平：《扎实推动共同富裕》（2021年8月19日）

2021年7月1日，在中国共产党成立100周年的重大历史时刻，习近平总书记代表党和人民庄严宣告："经过全党全国各族人民持续奋斗，我们实现了第一个百年奋斗目标，在中华大地上全面建成了小康社会，历史性地解决了绝对贫困问题，正在意气风发向着全面建成社会主义现代化强国的第二个百年奋斗目标迈进。"[1]新的征程上，中国共产党将继续"团结带领中国人民不断为美好生活而奋斗"[2]，"推动人的全面发展、全体人民共同富裕取得更为明显的实质性进展"[3]。

---

[1] 习近平：《在庆祝中国共产党成立100周年大会上的讲话》，人民出版社2021年版，第2页。

[2] 习近平：《在庆祝中国共产党成立100周年大会上的讲话》，人民出版社2021年版，第11页。

[3] 习近平：《在庆祝中国共产党成立100周年大会上的讲话》，人民出版社2021年版，第12页。

为了全体人民的**共同富裕**

　　共同富裕来了！中国共产党如何带领一个14亿多人口的大国走向共同富裕？中国人民热切期盼，国际社会高度关注。

　　2021年8月17日，习近平主持召开中央财经委员会第十次会议，对扎实推动共同富裕作出系统部署和具体安排，作出了我国"已经到了扎实推动共同富裕的历史阶段"的重大判断，赋予共同富裕更加丰富的时代内涵。对新时代中国共产党人要带领人民实现什么样的共同富裕、怎样实现全体人民共同富裕作出了全新阐释，清晰地描绘出了从2021年到本纪中叶分三个阶段扎实推动共同富裕的宏伟蓝图。习近平指出："共同富裕是社会主义的本质要求，是中国式现代化的重要特征。我们说的共同富裕是全体人民共同富裕，是人民群众物质生活和精神生活都富裕，不是少数人的富裕，也不是整齐划一的平均主义。""到'十四五'末，全体人民共同富裕迈出坚实步伐，居民收入和实际消费水平差距逐步缩小。到2035年，全体人民共同富裕取得更为明显的实质性进展，基本公共服务实现均等化。到本世纪中叶，全体人民共同富裕基本实现，居民收入和实际消费水平差距缩小到合理区间。"[①]

　　共同富裕路子应当怎么走？2021年12月8日，习近平在中央经济工作会议上的讲话中明确提出要"正确认识和把握实现共同富裕的战略目标和实践途径"，强调："共同富裕是中国特色社会主义的本质要求。""在我国社会主义制度下，既要不断解放和发展社会生产力，不断创造和积累社会财富，又要防止两极分化，切实推动人的全面发展、全体人民共同富裕取得更为明显的实质性进展。""实现共同富裕的目标，首先要通过全国人民共同奋斗把'蛋糕'做大做好，然后通过合理的制度安排正确处理增长和分配关系，把'蛋糕'切好分好。这是一个长期的历史过程，我们要创造条件、完善制度，稳步朝着这个目标迈进。"指出：要在推动高质量发展中强化就业优先导

---

① 习近平：《扎实推动共同富裕》，《求是》，2021年第20期。

向，提高经济增长的就业带动力，支持中小微企业发展，不断壮大实体经济，提高劳动者素质；要发挥分配的功能和作用，处理好效率和公平关系，构建初次分配、再分配、三次分配协调配套的基础性制度安排；要完善公共服务政策制度体系，坚持尽力而为、量力而行，重在提升公共服务水平，在教育、医疗、养老、住房等人民群众最关心的领域精准提供基本公共服务。①

共同富裕，这个千百年来中国人民的共同期盼、一代又一代中国共产党人念兹在兹的历史宏愿，就这样真切、具体地走进了亿万中国人民的生活，成为广大人民群众看得见、摸得着、真实可感的生动社会实践，成为人人参与、共同奋斗的现实目标。

纵观人类社会发展史，共同富裕自古以来就一直是人类社会对美好生活的不懈追求，也是至今仍未解决的一个世界性难题。关于共同富裕，古往今来、古今中外，人们有着不同的认识和理解，也提出过许多解决的办法和主张，但在生产力水平低下、剥削阶级占统治地位的奴隶制度和封建制度下，没有也不可能有共同富裕的出路；资本主义社会虽然生产力快速发展、物质财富快速增长，但不加制约的资本扩张反而导致了社会贫富悬殊的不断加大和两极分化的日益加剧，不会也不可能解决共同富裕的问题。特别是一些搞了几百年工业化和现代化的发达国家，把人民生活总体上提高到相当高的水平，但由于社会制度原因，到现在不仅没有解决共同富裕问题，贫富差距问题反而越来越严重。共同富裕是中国式现代化的重要特征。中国式现代化道路，摒弃了西方以资本为中心的少数人攫取财富、社会财富两极分化的现代化，破解了人类社会发展的诸多难题，以高质量发展促进共同富裕，既注重不断解放和发展社会生产力，又着力有步骤、分阶段促进共同富裕，坚决破除平均主义，摒弃普遍贫穷的老路；既注重不断

---

① 习近平：《正确认识和把握我国发展重大理论和实践问题》，《求是》，2022年第10期。

解放和发展社会生产力，不断创造和积累社会财富，又坚决防止两极分化；既注重人民群众物质生活富裕，又注意人民精神生活的富裕；既坚持共同富裕路上一个都不能少，又强调共同富裕不是同等富裕、同步富裕，更不是均贫富、杀富济贫，切实推动人的全面发展、全体人民共同富裕取得更为明显的实质性进展，最终达到共同富裕。中国式现代化道路，创造了人类文明新形态，拓展了发展中国家走向现代化的途径，丰富了人类现代化的内涵，为更好解决效率和公平问题、贫富分化问题贡献了中国智慧和中国方案。

纵观世界社会主义发展史，共同富裕是人类对美好社会理想和社会制度的执着追求，也是社会主义国家至今还没有很好解决的一个难题。从空想社会主义对"人人平等，个个富裕"的理想社会的憧憬与向往，到科学社会主义消灭阶级、消灭剥削、"生产以所有的人富裕为目的"、实现人的全面而自由发展的最终目标，从第一个社会主义国家苏联的实践，到社会主义在多国的发展，从理论到实践，实现共同富裕都是社会主义与以往一切社会制度的本质区别。但历经500多年的社会主义发展史，170多年的科学社会主义发展史，100多年的社会主义国家的实践和发展史，至今还没有社会主义国家成功实现共同富裕的先例。不仅如此，世界社会主义实践在20世纪80年代末90年代初还遭受了严重曲折、一度陷入低潮。共同富裕是中国特色社会主义的本质要求。作为世界上最大的社会主义国家，要带领14亿人口走向共同富裕，是一项前无古人的伟大事业。中国特色社会主义以独特的政治优势、制度优势、发展优势，解决了其他社会形态解决不了的问题，创造了经济快速发展奇迹和社会长期稳定奇迹，展示了社会主义的生机活力和美好前景，在世界上高高举起了中国特色社会主义伟大旗帜，宣告了"历史终结论""社会主义失败论""中国崩溃论"等唱衰社会主义、唱衰中国言论的终结和失败，使世界范围内社会主义和资本主义两社会制度的较量发生了有利于社会主义的重大转变，也为其他发展中国家的发展进步提供了借鉴和示范。

纵观中华民族发展史，共同富裕是自古以来我国人民的一个基本理想，是近代以来无数仁人志士梦寐以求的理想和不懈奋斗的目标，但在漫长的阶级压迫和阶级剥削的封建社会，共同富裕只能是绝大多数贫苦百姓的奢望，在半殖民地半封建的旧中国，共同富裕更是根本不可能实现的幻想。直到中国共产党成立，中国人民过上美好幸福生活的梦想才一步步变为现实。中国共产党自成立之日起，就把为中国人民谋幸福、为中华民族谋复兴作为初心和使命，义无反顾地把求得民族独立和人民解放、实现国家繁荣富强和人民共同富裕的历史重任扛在肩上，始终把建立一个没有压迫、没有剥削、人人平等、共同富裕的新社会作为奋斗目标；始终把人民对美好生活的向往作为奋斗目标，把促进全体人民共同富裕作为为人民谋幸福的着力点；始终把最广大人民根本利益作为作决策、定政策的最高标准，在不同历史时期，总是根据人民意愿和事业发展需要，提出富有感召力的奋斗目标，凝聚起全体人民奋进的力量。中国共产党团结带领全党全国各族人民以永不懈怠的精神状态和一往无前的奋斗姿态，在中华大地上全面建成了小康社会，历史性地解决了绝对贫困问题，书写了中华民族几千年历史上最恢宏的史诗，正在意气风发地朝着全体人民共同富裕的第二个百年奋斗目标不断迈进。

共司富裕是马克思、恩格斯所设想的未来社会的重要特征，列宁在苏联的社会主义实践中提出了共同富裕的思想，但他们并没有使用过"共同富裕"这个概念。实现共同富裕是中国共产党从一成立就提出和确立的矢志不渝的奋斗目标。但在党成立以后的30多年间，没有使用过"共同富裕"的概念。中国共产党最早提出和使用"共同富裕"这个概念，是在执政以后1953年的社会主义改造的初期。《人民日报》1953年9月25日发布的中国人民政治协商会议全国委员会庆祝中华人民共和国成立四周年的口号中，首次使用了"共同富裕"的概念，原文为："农业生产互助组男女组员们！农业生产合作社男女社员们！团结一致，发挥集体主义精神，提高生产效率，提高粮食及其他农作物的产量，增加收入，争取共同富裕的生活。"这个口号同党在过渡时期的总路线一起，首次向全党全社会公布，很快为全党全国人民所熟知。可见，共同富裕是中国共产党在领导社会主义的实践中提出、与广大人民群众切身利益紧紧联系在一起的全新的执政理念。这一理念一经提出，就因其明白易懂的表达，很快为广大农民和全社会所接受，成为中国共产党团结动员全党全国各族人民走社会主义道路、创造幸福美好生活的响亮口号和鲜明旗帜。随着中国特色社会主义日新月异的发展，共同富裕的道路越走越宽广。如今，实现全体人民共同富裕，已经成为中国特色社会主义新时代的中心课题，成为14亿多中国人民众志成城共同奋斗的现实目标和丰富多彩的实践活动。只有从党的奋斗历程中，才能找到党取得成功的密码，也才能找到开启未来继续走向成功的钥匙。那就让我们一起回到历史，让历史告诉未来。

目 录

为了全体人民的**共同富裕**

第一章 共同富裕从哪里来

　　新民主主义革命时期，党面临的主要任务是，反对帝国主义、封建主义、官僚资本主义，争取民族独立、人民解放，为实现中华民族伟大复兴创造根本社会条件。

　　——《中共中央关于党的百年奋斗重大成就和历史经验的决议》

　　实现全体人民共同富裕，是新时代党在领导人民进行社会主义现代化建设的伟大实践中确立的党的第二个百年奋斗目标。但这个目标的提出和形成却有着深厚历史渊源、理论渊源、文化底蕴和实践基础，它蕴含着中国共产党人坚定的理想信念和鲜明的人民立场，凝聚着中国共产党团结带领人民进行的一切奋斗、一切牺牲、一切创造。1921年7月，中国共产党一经成立，就旗帜鲜明地把建立消灭阶级、消灭剥削、消灭压迫，人人平等、共同富裕的社会主义和共产主义确定为自己的奋斗目标，把为中国人民谋幸福、为中华民族谋复兴作为自己的初心和使命。从1921年到1949年建立新中国，以毛泽东为代表的中国共产党人，围绕民族独立、人民解放和民族复兴的历史任务和时代主题，领导人民创造了新民主主义革命的伟大成就。虽然在新民主主义时期，党没有明确提出和使用"共同富裕"的概念，但实现全体人民的共同富裕则是党一成立就确定下来的矢志不渝的奋斗目标。经过28年浴血奋斗，彻底结束了旧中国半殖民地半封建社会的历史，彻底结束了极少数剥削者统治广大劳动人民的历史，建立起了人民当家作主的新中国，为实现全体人民共同富裕创造了根本社会条件。

实现全体人民共同富裕是中国共产党与生俱来的重要使命

（1921—1927）

> 为什么要革命？为了使中华民族得到解放，为了实现人民的
> 统治，为了使人民得到经济的幸福。
>
> 毛泽东：《〈政治周报〉发刊理由》（1925年12月5日）

中华民族是世界上古老而伟大的民族，创造了绵延五千多年的灿烂文明，为人类文明进步作出了不可磨灭的贡献。但1840年鸦片战争以后，由于西方列强入侵和封建统治腐败，中国逐步成为半殖民地半封建社会，中国陷入内忧外患的黑暗境地，中国人民遭受了战乱频仍、山河破碎、民不聊生的深重苦难。千百年来，天下为公、共同富裕的大同社会一直是中国人民对理想社会的美好期许和不懈追求，但在生产力水平低下、充满阶级压迫和阶级剥削的封建社会，共同富裕的理想不可能实现，在一个半殖民地的、半封建的、分裂的中国里，这一理想更不可能实现。直到中国共产党成立，中国人民和中华民族实现共同富裕的社会理想才一步步变为现实。

共同富裕是对自古以来中国人民向往美好生活的基本理想的形象表达

共同富裕是千百年来中国人民对平等、富足、安宁的理想社会的期盼和追求，凝聚了中华民族五千多年文明历史中广大人民群众对

理想社会的一切美好想象和向往。《礼记·礼运》中描绘的"天下为公"的"大同"社会状态，满足了人们对共同富裕的理想社会的所有想象和追求，其中写道："大道之行也，天下为公，选贤与能，讲信修睦。故人不独亲其亲，不独子其子，使老有所终，壮有所用，幼有所长，矜、寡、孤、独、废疾者皆有所养，男有分，女有归。货恶其弃于地也，不必藏于己；力恶其不出于身也，不必为己。是故谋闭而不兴，盗窃乱贼而不作，故外户而不闭，是谓大同。"这是"小康"社会之后更高一级的理想社会模式，是一个财产公有、社会文明、安定有序的最高理想社会。从此，"天下为公"的大同社会日益深入人心，被世代传颂。无论是普通百姓对美好生活的向往，还是统治者对国泰民安的祈求，都能从中找到各自的寄托和追求。

从《管子》的"凡治国之道，必先富民"，到《史记》的"治国之道，富民为始"，再到《刍荛论》中的"国之称富者，在乎丰民"，表达的是统治者或先贤们治国必先富民、民富才能国强的价值追求。在中国漫长的阶级压迫和阶级剥削的封建社会，也曾出过"文景之治""贞观之治""康乾盛世"等所谓的繁荣景象，但封建统治者不可能改变其剥削压迫的阶级本性，更不可能把共同富裕作为治国方略，一些思想家、政治家设想的天下为公的大同社会理想和普通百姓向往的共同富裕的美好的生活状态，只能是求而不得的奢望和空想。

但求而不得并不能阻止劳苦大众对共同富裕社会理想的憧憬和对大同社会的追求。从中国历史上层出不穷的农民起义中喊出的"等贵贱、均贫富"口号、打出的"均田免粮"旗号、颁布的"凡天下田，天下人耕"的《天朝田亩制度》不难看出，这些口号、旗号、纲领虽然在时空上相距甚远，但都从不同的视角集中反映了广大贫苦农民对平均财富的朴素诉求、对土地所有制关系的不满，对"有田同耕，有饭同食，有衣同穿，有钱同使，无处不均匀，无人不饱暖"的理想社会的向往和追求。但这些农民起义没有也不可能找到实现广大贫苦农民美好社会理想的出路。

直到中国共产党成立，中国百姓追求共同富裕的千年梦想才一步步变为现实。正如毛泽东所指出的："1921年产生了中国共产党，中国就改变了方向，五千年的中国历史就改变了方向。我们共产党是中国历史上的任何其他政党都比不上的，它最有觉悟，最有预见，能够看清前途。"①

中国共产党在领导中国革命的实践中，充分认识到中国革命的基本问题是农民问题，致力于使占全国人口绝大多数的亿万农民摆脱贫穷落后，把为广大农民谋幸福作为重要使命，致力于使农民从政治压迫和经济剥削下解放出来。1925年12月1日，毛泽东《中国社会各阶级的分析》一文中，鲜明提出和回答了"谁是我们的敌人？谁是我们的朋友？这个问题是革命的首要问题"②这个当时中国革命的时代之问，逐一分析了中国社会各阶级的经济地位和政治态度，作出了"一切勾结帝国主义的军阀、官僚、买办阶级、大地主阶级以及附属于他们的一部分反动知识界，是我们的敌人。工业无产阶级是我们革命的领导力量。一切半无产阶级、小资产阶级，是我们最接近的朋友"③的科学论断，首次提出了农民是革命的重要依靠力量的思想。

大革命时期，在中国共产党的领导和国民革命的推动下，湖南、湖北、江西等地的农民运动迅速高涨。在湖南考察农民运动的毛泽东，看到了"势如暴风骤雨，迅猛异常"的农民运动，对"土豪劣绅，不法地主""各种宗法的思想和制度""城里的贪官污吏，乡村的恶劣习惯"的猛烈冲击。"几千年封建地主的特权，打得个落花流水。地主的体面威风，扫地以尽"，"农会便成了唯一的权力机关"。④毛泽东在《湖南农民运动考察报告》中盛赞农民打倒土豪劣

① 中共中央文献研究室：《毛泽东文集》第三卷，人民出版社1996年版，第397页。
② 毛泽东：《毛泽东选集》第一卷，人民出版社1991年第2版，第3页。
③ 毛泽东：《毛泽东选集》第一卷，人民出版社1991年第2版，第9页。
④ 毛泽东：《毛泽东选集》第一卷，人民出版社1991年第2版，第13—14页。

绅、打翻几千年的封建势力是"孙中山先生致力国民革命凡四十年，所要做而没有做到的事，农民在几个月内做到了。这是四十年乃至几千年未曾成就过的奇勋。这是好得很"。他指出："无数万成群的奴隶——农民，在那里打翻他们的吃人的仇敌。农民的举动，完全是对的，他们的举动好得很！""一切革命同志须知：国民革命需要一个大的农村变动。辛亥革命没有这个变动，所以失败了。现在有了这个变动，乃是革命完成的重要因素。"①在毛泽东看来，农民不仅是无产阶级的同盟军，甚至成为中国革命的主力军。他强调必须依靠贫农作为"革命先锋"，团结中农和其他可以争取的力量，建立农民协会和农民武装，掌握农村一切权力，然后进行减租减息、分配土地等斗争。毛泽东将农民视为革命的主要依靠力量，开创性地从理论上解决了中国革命道路上至关重要的问题，为随后开辟农村包围城市的革命道路指明了方向。相关研究表明："《湖南农民运动考察报告》1927年3月5日在中共湖南省委《战士周报》连载，社会反响十分强烈。接着，在中共中央机关刊物《向导》上刊载，随后汉口《民国日报》《湖南民报》相续转载。""《共产国际执委会机关刊物《共产国际》，先后用俄文和英文翻译发表了这个报告。这是毛泽东第一篇被介绍到国外的文章。英文版的编著按说：'在迄今为止的介绍中国农村状况的英文版刊物中，这篇报道最为清晰。'""当年汉口长江书店以《湖南农民革命（一）》书名出版了《湖南农民运动考察报告》单行本。瞿秋白满怀激情地为这本书写了一个序，序中说：中国农民要的是政权和土地，中国的革命家都要代表三万万九千万农民说话做事，到前线去奋斗，毛泽东不过开始罢了。中国革命者个个都应该读一读毛泽东的这本书。瞿秋白还将毛泽东和海丰农民运动领袖彭湃称为'农民运动的王'。"②

---

① 毛泽东：《毛泽东选集》第一卷，人民出版社1991年第2版，第15—16页。
② 中央文献研究室中国道路课题组：《中国道路——马克思主义中国化经典文献回眸》，中央文献出版社2011年版，第36—37页。

共同富裕承载着近代以来中华民族对天下为公大同社会的理想和追求

　　只有创造过辉煌的民族，才懂得复兴的意义；只有经历过苦难的民族，才对复兴充满渴望。近代以来，拥有五千多年文明历史、为人类文明进步作出卓越贡献的中华民族，遭受了前所未有的劫难，中国逐步成为半殖民地半封建社会，国家蒙辱、人民蒙难、文明蒙尘，从那时起，中国人民和中华民族实现民族振兴、强国富民的愿望和追求更加迫切和强烈，实现中华民族伟大复兴，就成为中国人民和中华民族最伟大的梦想。为了拯救民族危亡，中国人民奋起反抗，无数仁人志士奔走呐喊。太平天国运动、洋务运动、戊戌变法、义和团运动接连而起，各种救国方案轮番出台，但都以失败告终，终究未能改变旧中国的社会性质和中国人民的悲惨命运。

　　从康有为到孙中山，在寻求救国救民道路时，都把目光投向了西方，向西方资本主义国家寻找真理，但他们在阐述自己的思想主张时都运用了中国传统文化中"大同"的理念。比如，康有为在《大同书》中，依据《春秋》"公羊三世说"和《礼记·礼运》中的"小康""大同"说，综合资产阶级民主主义的平等精神和某些社会主义的空想、达尔文进化论等，描述了人类历史由"据乱"进为"升平"即"小康"，由"升平"进为"太平"即"大同"的三个阶段，具体描写了"大同世界，天下为公，无有阶级，一切平等"的理想社会状态，主张用变法维新、改良渐进的方法实现他理想中的这样一个既有中国社会理想特色、又有西方空想社会主义色彩的大同世界。然而，这种大同社会的理想，靠改良的办法是不可能实现的，只能是乌托邦的空想。正如毛泽东指出的："康有为写了《大同书》，他没有也不可能找到一条到达大同的路。资产阶级的共和国，外国有过的，中国不能有。因为中国是受帝国主义压迫的国家。唯一的路是经过工人阶级领导的人民共和国。"[1]

1911年，孙中山领导辛亥革命，推翻了清王朝统治，结束了统治中国几千年的君主专制制度。由于历史进程和社会条件的制约，辛亥革命虽然没有改变旧中国半殖民地半封建的社会性质，没有改变中国人民的悲惨命运，没有完成实现民族独立、人民解放的历史任务，但开创了完全意义上的近代民族民主革命，打开了中国进步的闸门，传播了民主共和理念，极大地推动了中华民族思想解放，以巨大的震撼力和影响力推动了中国社会变革。作为中国民主革命的伟大先驱，孙中山在面对国弱民穷的社会现状时，也是从中国传统文化中的"大同"出发，吸收西方文明成果，寻求国家富强、民族振兴、人民幸福的发展道路，提出《建国方略》的。他毕生倡导"三民主义"，坚持以"天下为公"为最高思想境界，明确指出："真正的三民主义，就是孔子所希望的大同世界。"他以"三民主义"学说为指导思想，为中华儿女描绘出一幅中国和世界文明共享、共同进步，和谐安康、天下为公的大同世界的美好图景，并一生追求这一理想，矢志不移。他最早提出振兴中华的口号，期望中国迎头赶上世界上先进的国家，并为推动实现这个美好理想而顽强工作。民生主义是孙中山的社会革命纲领，他说，民生就是人民的生活，即社会的生存，国民的生计，群众的生命。为了实现民生主义的社会理想，孙中山提出了平均地权、节制资本、兴办实业、发展教育等一系列行之有效的办法。他主张通过发展国家资本保持民族经济的独立发展，通过国家的力量振兴实业、发展交通、开发矿业，使中国由贫弱至富强，实现"耕者有其田"，除去人民忧愁，"替人民谋幸福"。这些思想主张，关注到了衣、食、住、行等人民生活的各个方面，带有明显的社会主义色彩，他本人也曾经多次谈到"民生主义就是社会主义"。虽然他的这一社会理想在当时的社会条件下难以实现，但对后人，特别是对中国共产党后来领导人民进行社会革命具有深远的启示意义。习近平后来说：

---

① 毛泽东：《毛泽东选集》第四卷，人民出版社1991年第2版，第1471页。

"实现中华民族伟大复兴，实现国家富强、民族振兴、人民幸福，是孙中山先生的夙愿，是中国共产党人的夙愿，也是近代以来中国人的夙愿。我们说的中国梦，就是这个民族夙愿的生动表述。"[①]

然而，无论是当时的国民党，还是其他资产阶级和小资产阶级政治派别，都没有也不可能找到国家和民族的出路。对此，毛泽东深刻指出："在一个半殖民地的、半封建的、分裂的中国里，要想发展工业，建设国防，福利人民，求得国家的富强，多少年来多少人做过这种梦，但是一概幻灭了。"[②]中国共产党"就造成了一种可能性：经过人民共和国到达社会主义和共产主义，到达阶级的消灭和世界的大同"[③]。

中国共产党的成立，是中国历史上开天辟地的大事变。"这一开天辟地的大事变，深刻改变了近代以后中华民族发展的方向和进程，深刻改变了中国人民和中华民族的前途和命运，深刻改变了世界发展的趋势和格局。"[④]"党深刻认识到，近代中国社会主要矛盾是帝国主义和中华民族的矛盾、封建主义和人民大众的矛盾。实现中华民族伟大复兴，必须进行反帝反封建斗争。"[⑤]中华民族终于迎来凤凰涅槃、浴火重生的曙光。中国共产党一经成立，就把社会主义和共产主义确定为党的奋斗目标，肩负起了实现中华民族伟大复兴的历史使命。1921年7月，党的第一次全国代表大会通过的党的历史上第一个马克思主义的光辉文献《中国共产党第一个纲领》（以下简称《纲领》）规定，党的纲领是："革命军队必须与无产阶级一起推翻资本家阶级的政权，必须支援工人阶级，直到社会的阶级区分消除为止"；"承认无产阶级专政，直到阶级斗争结束，即直到消灭社会的阶级区分"；

---

① 中共中央文献研究室：《十八大以来重要文献选编》（上），中央文献出版社2014年版，第776页。

② 毛泽东：《毛泽东选集》第三卷，人民出版社1991年第2版，第1080页。

③ 毛泽东：《毛泽东选集》第四卷，人民出版社1991年第2版，第1471页。

④ 中共中央文献研究室：《十八大以来重要文献选编》（下），中央文献出版社2018年版，第342页。

⑤ 《中共中央关于党的百年奋斗重大成就和历史经验的决议》编写组：《中共中央关于党的百年奋斗重大成就和历史经验的决议》，人民出版社2021年版，第4页。

"消灭资本家私有制，没收机器、土地、厂房和半成品等生产资料，归社会公有"；"联合第三国际"。《纲领》指出："本党承认苏维埃管理制度，把工农劳动者和士兵组织起来，并承认党的根本政治目的是实行社会革命。"[①]1922年7月，党的第二次全国代表大会通过对中国经济政治状况的分析，揭示出中国社会的半殖民地半封建性质。大会通过的宣言提出，党的最高纲领是实现社会主义、共产主义，但在现阶段的革命纲领应当是：打倒军阀，推翻国际帝国主义的压迫，统一中国为真正的民主共和国。党的二大"在全中国人民面前破天荒第一次提出了明确的反帝反封建的民主革命纲领"[②]，明确了党领导的中国革命的性质、对象、任务和奋斗目标，"并使这个纲领很快传播开来"，"'打倒列强，除军阀'成为广大群众的共同呼声"。[③]

1923年6月，党的第三次代表大会正确估计了孙中山的革命立场和国民党进行改组的可能性，决定共产党员以个人身份加入国民党，以实现国共合作。明确规定共产党员加入国民党时，党必须在政治上、思想上、组织上保持自己的独立性。党的三大以后，国共合作的步伐大大加快。1924年1月，中国国民党第一次全国代表大会通过的宣言，对三民主义作出新解释，即新三民主义。在民族主义中突出了反对帝国主义的内容；在民权主义中强调了民主权利应为"一般平民所共有"；在民生主义中确定了以"平均地权""节制资本"为两大原则。会后不久，孙中山又提出"耕者有其田"的口号。这一政治纲领同中国共产党在民主革命阶段的政治纲领的若干基本原则是一致的，因而成为第一次国共合作的政治基础。[④]随着国共合作的实现，全国革命力量很快汇集起来，

---

① 中央档案馆、中共中央文献研究室：《中共中央文件选集（1921—1925）》，中共中央党校出版社1989年版，第3页。
② 中共中央党史和文献研究院：《中国共产党的一百年》（新民主主义革命时期），中共党史出版社2022年版，第44页。
③ 《中国共产党简史》编写组：《中国共产党简史》，人民出版社、中共党史出版社2021年版，第16页。
④ 中共中央党史和文献研究院：《中国共产党的一百年》（新民主主义革命时期），中共党史出版社2022年版，第52—55页。

形成了以广州为中心的反对帝国主义和封建军阀的革命新局面。

　　1925年1月，党的第四次代表大会在总结建党以来尤其是国共合作一年来实践经验的基础上，第一次明确提出了无产阶级在民主革命中的领导权问题，提出了工农联盟问题，对民主革命的内容作出了更为完整的规定，明确指出在"反对国际帝国主义"的同时，既要"反对封建的军阀政治"，又要"反对封建的经济关系"，这是中国共产党对中国革命问题认识的重大进展，为民主革命的发展指明了方向。党的四大作出的各项正确决策，为即将到来的大革命高潮做了政治上、思想上和组织上的准备。党的四大以后，中国共产党先领导了五卅运动和省港大罢工，工人运动风起云涌；毛泽东在广州主办的农民运动讲习所的学员奔赴各地，有力推动了大革命高潮的到来，迅速在中国大地上掀起了一场"打倒列强，除军阀"的革命运动，形成了席卷全国的大革命洪流，极大地促进了中国广大民众的觉醒，推动了中国社会的进步。1925年12月5日，毛泽东在为第一次国共合作时期国民党中央宣传部主办的《政治周报》所写的发刊词中满怀激情地写道："为什么出版《政治周报》？为了革命。为什么要革命？为了使中华民族得到解放，为了实现人民的统治，为了使人民得到经济的幸福。"①

　　然而，由于国民党内反动集团叛变革命，残酷屠杀共产党人和革命人民，由于这时的中国共产党还处在幼年时期，在理论上的还不成熟、不完备，缺乏斗争经验，党和人民不能组织有效抵抗，致使大革命在强大的敌人突然袭击下遭到惨重失败。1927年4月至5月，在大革命紧急关头召开的中国共产党第五次全国代表大会通过的《政治形势与党的任务议决案》《土地问题议决案》，进一步提出了争取无产阶级对革命的领导权，建立革命民主政权和实行土地革命等正确的原则，但对无产阶级如何争取革命领导权、如何领导农民实行土地革命，特别是如何建立党领导的革命武装等问题，没有提出有效的具体措施，难以承担起挽救革命的任务。

① 中共中央文献研究室：《毛泽东文集》第一卷，人民出版社1993年版，第21页。

轰轰烈烈大革命虽然失败了，但中国共产党在这场革命中经受了血与火的锻炼和考验，付出了巨大代价。以毛泽东为代表的中国共产党人从失败中顽强奋起，在失败中深刻反思，终于认识到了"枪杆子"的重要，终于认识到创造性运用马克思主义指导中国革命实践的重要性，成功开辟出了一条"农村包围城市、武装夺取政权"的革命道路，推翻了帝国主义、封建主义和官僚资本主义的统治，完成了新民主主义的任务。

实现全体人民共同富裕是中国共产党的性质宗旨的具体体现

中国一切政党的政策及其实践在中国人民中所表现的作用的好坏、大小，归根到底，看它对于中国人民的生产力的发展是否有帮助及其帮助之大小，看它是束缚生产力的，还是解放生产力的。消灭日本侵略者，实行土地改革，解放农民，发展现代工业，建立独立、自由、民主、统一和富强的新中国，只有这一切，才能使中国社会生产力获得解放，才是中国人民所欢迎的。

毛泽东：《论联合政府》（1945年4月24日）

十月革命一声炮响，给中国送来了马克思列宁主义。在中国人民和中华民族的伟大觉醒中，在马克思列宁主义同中国工人运动的紧密结合中，中国共产党应运而生。中国共产党作为中国最先进的阶级——工人阶级的政党，不仅代表着工人阶级的利益，而且代表着整个中国人民和中华民族的利益。中国共产党以马克思主义为行动指南，始终把为中国人民谋幸福、为中华民族谋复兴作为初心和使命。

人民群众对共同富裕理想社会的追求与党的奋斗目标高度一致。实现全体人民的共同富裕是中国共产党性质宗旨和初心使命的具体体现，是马克思主义共同富裕的基本目标在中国社会的生动实践。

共同富裕是马克思主义的一个基本目标

共同富裕是马克思、恩格斯所设想的未来社会主义社会和共产主义社会的重要特征，是贯穿马克思主义理论和实践的一个基本目标。1848年2月，马克思、恩格斯在为他们领导创建的世界上第一个无产阶级政党——共产主义者同盟起草的纲领《共产党宣言》中，在深刻揭露和批判资本主义旧世界的基础上，明确指出"过去的一切运动都是少数人的，或者为少数人谋利益的运动。无产阶级的运动是绝大多数人的，为绝大多数人谋利益的独立的运动"①，最终建立一个没有压迫、没有剥削、人人平等、人人自由的理想社会，在未来的这个理想社会，"代替那存在着阶级和阶级对立的资产阶级旧社会的，将是这样一个联合体，在那里，每个人的自由发展是一切人的自由发展的条件"。②马克思在《1857—1858年经济学手稿》中进一步提出，在未来的社会主义制度中，社会生产力的发展将如此迅速，"生产将以所有的人富裕为目的"③。1891年，恩格斯针对"社会分裂为人数很少的过分富有的阶级和人数众多的无产的雇佣工人阶级"这种社会贫富悬殊、两极分化的社会现象，提出"这种状况应当被消除，而且能够被消除"；按照他的设想，在未来"可能实现的""新的社会制度"中，"通过有计划地利用和进一步发展一切社会成员的现有的巨大生产力，在人人都必须劳动的条件下，人人也都将同等地、愈益丰富地得到生活资料、享

---

① 中共中央马克思恩格斯列宁斯大林著作编译局：《马克思恩格斯选集》第一卷，人民出版社2012年版，第411页。
② 中共中央马克思恩格斯列宁斯大林著作编译局：《马克思恩格斯选集》第一卷，人民出版社2012年版，第422页。
③ 中共中央马克思恩格斯列宁斯大林著作编译局：《马克思恩格斯选集》第二卷，人民出版社2012年版，第787页。

受资料、发展和表现一切体力和智力所需的资料。现在工人们正日益坚决地为实现这个新的社会制度而斗争"。①

马克思在《资本论》中，对资本主义制度进行了深刻地剖析，尖锐地指出了资本主义自身存在的无法克服的种种弊端，对资本主义进行了无情的揭露和批判："在一极是财富的积累，同时在另一极，即在把自己的产品作为资本来生产的阶级方面，是贫困、劳动折磨、受奴役、无知、粗野和道德堕落的积累。"②马克思在深刻批判资本主义制度的基础上，创造性地揭示了人类社会发展规律，首次从理论上科学阐述了实现共同富裕的条件、物质基础和制度要求，认为只有当社会生产力发展到一定程度，并建立以生产资料公有制为基础的社会主义和共产主义社会，才能真正消灭资本主义私有制，消灭剥削，才能真正解决社会财富占有不公平的问题，全体劳动者才能够平等地享受物质文明成果和精神文明成果。按照马克思、恩格斯的设想，共同富裕的理想社会不仅是社会生产力高度发达、物质生活极大丰富，而且人们的精神生活也丰富多彩。比如，恩格斯在《社会主义从空想到科学的发展》中指出："通过社会化生产，不仅可能保证一切社会成员有富足的和一天比一天充裕的物质生活，而且还可能保证他们的体力和智力获得充分的自由的发展和运用。"③再比如，他们提出的社会主义制度将给所有的人提供健康而有益的工作，给所有的人提供充裕的物质生活包括生活资料、享受资料、发展资料，提供充裕闲暇时间和真正的充分的自由。

在社会生产力高度发达的基础上实现全社会的共同富裕和人的全

---

① 中共中央马克思恩格斯列宁斯大林著作编译局：《马克思恩格斯选集》第一卷，人民出版社2012年版，第326页。

② 中共中央马克思恩格斯列宁斯大林著作编译局：《马克思恩格斯选集》第二卷，人民出版社2012年版，第289—290页。

③ 中共中央马克思恩格斯列宁斯大林著作编译局：《马克思恩格斯选集》第三卷，人民出版社2012年版，第814页。

面解放，是马克思、恩格斯终生奋斗目标。然而，社会主义社会并没有像马克思、恩格斯所设想的那样在生产力高度发达的国家建成，反而是在经济文化相对落后的国家建立起来的。从1917年俄国爆发十月社会主义革命，建立起的世界上第一个社会主义国家苏联，到第二次世界大战以后中国等一大批社会主义国家的建立，社会主义实现在经济落后的国家从一国到多国的实践。列宁在领导苏联社会主义建设的实践中对实现共同富裕进行深入思考和探索，1918年5月26日，他在全俄国民经济委员会第一次代表大会上的讲话指出："最近半个世纪以来，有些社会主义者考察了资本主义的发展，一次又一次地得出结论说，社会主义是不可避免的，如果我们多读读这些社会主义者的著作，我们就会看到，这些社会主义者都毫无例外地指出：只有社会主义才能使科学摆脱资产阶级的桎梏，摆脱资本的奴役，摆脱做卑污的资本主义私利的奴隶的地位。只有社会主义才可能广泛推行和真正支配根据科学原则进行的产品的社会生产和分配，以便使所有劳动者过最美好的、最幸福的生活。"他强调："只有社会主义才能实现这一点。而且我们知道，社会主义一定会实现这一点，而马克思主义的全部困难和它的全部力量也就在于了解这个真理。"[①]

十月革命第一次把社会主义从书本上的学说变成活生生的现实，给正在苦闷中摸索、在黑暗里苦斗的中国先进分子以新的革命方法的启示，有力地推动了先进的中国人倾向于社会主义，进而促使他们去认真了解指导十月社会主义革命的马克思主义学说。马克思主义传入中国后，中国共产党的早期创立者，经过亲身实践、审慎思考、反复推敲，选择了马克思主义。

比如，中国最早的马克思主义者李大钊，在十月社会主义革命爆发后，以极大的热情关注着俄国革命的发展，搜集关于俄国革命和

---

① 中共中央马克思恩格斯列宁斯大林著作编译局：《列宁选集》第三卷，人民出版社1995年版，第546页。

马克思主义的报刊，学习和研究马克思主义，通过发表演说、撰写文章、组织社团、创办刊物等方式，热情讴歌和宣传十月革命和马克思主义，第一个举起了社会主义的大旗。在宣传、传播马克思主义学说的过程中，李大钊在1920年发表的一篇题为《社会主义与社会运动》的讲演中，针对当时社会上对社会主义的种种误解，提出了有关社会主义共同富裕的设想。他说，社会主义"不是使人尽富或皆贫，是使生产、消费、分配适合的发展，人人均能享受平均的供给，得最大的幸福"，"所以列宁想工界电气化，使劳力小，享受利益多，即为此意"。①这里，他还举了苏联的例子来说明自己的观点。

再比如，青年毛泽东也是在纷然杂陈的各种观点和路径中，经过反复比较和鉴别，毅然选择马克思列宁主义的。在这个过程中，毛泽东受无政府主义的影响，曾经尝试以他的理想社会蓝图推行改造社会的"新村"建设计划。"新村"是当时的日本作家武者小路实笃在1918年创办的杂志《新村》上宣扬的一种乌托邦思想，主张建立新村，人人平等，互助友爱，共同劳动，共同生活。他还买地建立了第一个新村，从事半工半读。在当时的日本和中国部分青年知识分子中，产生了一定的影响。据《毛泽东传》记载：1918年6月毛泽东从一师毕业后，就曾偕同蔡和森、张昆弟等人，寄居岳麓书院半学斋湖南大学筹备处，踏遍岳麓山的各个乡村，想建立一个半工半读、平等友爱的新村。他们在这里自学，相互讨论改造社会的问题，自己挑水拾柴，用蚕豆拌和大米煮着吃。这一实验，很快因组织赴法勤工俭学的事情中断了。到北京后，毛泽东又读了一些无政府主义的小册子。1919年3月，周作人在《新青年》上发表《日本的新村》，说新村"实在是一种切实可行的理想"。接着，北京大学的王光祈等又组成三个类似新村的"工读互助团"，试图用这种和平的、以典型示范的方式来创建新生活和新社会。这些，在青年中产生了相当广泛的影响。初

---

① 中国李大钊研究会：《李大钊文集》第四卷，人民出版社2013年版，第246页。

到北京的毛泽东也受到它的感染。他回到湖南后，虽然一直忙于学生运动和办刊物，但仍草拟了一个颇为详细的"新村"建设计划，作为他改造社会的一种构想。1919年12月1日，他把其中的《学生之工作》一章公开发表在《湖南教育月刊》上。毛泽东是这样来设计他的理想社会蓝图的：创造新学校，实行新教育，让学生们在农村半工半读；再由这些新学生，创造新家庭，把若干个新家庭合在一起，就可创造一种新社会；在这个社会里，设立公共育儿院，公共蒙养院，公共学校，公共图书馆，公共银行，公共农场，公共工厂，公共剧院，公共病院，公园，博物馆等；以后，把这些一个个的新社会连成一片，国家便可以逐渐地从根本上改造成一个大的理想的新村。他在这篇文章中写道："今不敢言'模范国'、'模范都'、'模范地方'，若'模范村'则诚陈义不高，简而易行者矣。"①这种主张同他在《湘江评论》上提倡的"无血革命"是一脉相承的。毛泽东认为，岳麓山一带，是实施新村建设的最适宜之处。他把《学生之工作》公开发表出来，目的是希望得到社会的关注。"毛泽东这个建设新村的梦想还没有来得及尝试付诸实施，就被现实生活中极其紧迫的驱逐张敬尧的斗争打断了。"②这一尝试对他后来提出和坚持的共同富裕思想多少会有些影响。

中国共产党人经过反复比较和实践，最终选择了马克思主义。中国共产党一经成立，就鲜明地把马克思主义写在了自己的旗帜上，用马克思主义中国化的科学理论引领伟大实践，一以贯之、坚定不移地坚持它、发展它、维护它，从来没有动摇过、改变过、放弃过。正如《中国共产党的历史使命与行动价值》指出的："马克思主义提出的共产主义、社会主义理想，与中华文明重民本、尚和合、求大同的理念相契合，与中国历代有志之士追求民富国强的梦想相适应，与近代以来中国先进分子救亡图存的愿望相一致。更为可贵的是，马克思主

① 中央文献研究室：《毛泽东传》（一），中央文献出版社2011年版，第55页。
② 中央文献研究室：《毛泽东传》（一），中央文献出版社2011年版，第56页。

义不仅提出了共产主义的远大理想，而且指明了实现这个理想的方法和路径。"①毛泽东后来说过："马克思列宁主义来到中国之所以发生这样大的作用，是因为中国的社会条件有了这种需要，是因为同中国人民革命的实践发生了联系，是因为被中国人民所掌握了。任何思想，如果不和客观的实际的事物相联系，如果没有客观存在的需要，如果不为人民群众所掌握，即使是最好的东西，即使是马克思列宁主义，也是不起作用的。"②

共同富裕是中国共产党的性质宗旨的具体体现

中国共产党从诞生之日起就有着广泛的代表性，不仅代表中国工人阶级，同时代表中国人民和中华民族。党没有任何自己特殊的利益，从来不代表任何利益集团、任何权势团体、任何特权阶层的利益，而是为人民谋幸福、为民族谋复兴。党在新民主主义时期领导土地革命的实践，就是中国共产党践行初心和使命的具体体现。

土地革命是中国新民主主义的基本内容之一。土地是农民最重要的生产资料，农民有了土地，才有致富的前提。土地革命时期，中国共产党领导广大农民"打土豪、分田地"，广泛开展土地革命，就是为人民的根本利益而斗争，就是为了广大农民的翻身解放。中国革命的第一个农村革命根据地——井冈山革命根据地的创建、发展和巩固是同土地革命分不开的。1927年，文家市最先出现了"打土豪、分田地"标语。毛泽东从1928年3月开始，以酃县的中村作试点，带领农民"打土豪，分田地"。同一时期，宁冈大陇等个别地区，也进行了分田的试点。③5月，湘赣边界党的第一次代表大会决定成立湘赣边

---

① 中共中央宣传部：《中国共产党的历史使命与行动价值》，人民出版社2012年版，第24页。
② 毛泽东：《毛泽东选集》第四卷，人民出版社1991年第2版，第1515页。
③ 《中国共产党简史》编写组：《中国共产党简史》，人民出版社、中共党史出版社2021年版，第49页。

界工农兵政府，并在各级政府设立土地委员会或土地委员，明确提出"深入割据地区的土地革命"①，有力推动了根据地土地革命的广泛开展。5月至7月，边区各县掀起了分田高潮。1928年12月，党在总结分田经验的基础上，颁布了井冈山《土地法》。通过打土豪、分田地，广大农民获得了赖以生存的土地，在经济上摆脱了受压迫受剥削的境地。广大贫苦农民从分得土地的事实中认识到红军是为他们的利益奋斗的，从各个方面积极支持红军和根据地的发展。随后，毛泽东在赣南、闽西根据地提出了一系列深入进行土地革命的政策和原则。1929年4月，毛泽东主持制定了兴国县《土地法》，将井冈山《土地法》规定的"没收一切土地"改为"没收一切公共土地及地主阶级土地"。②7月，在毛泽东的指导下，闽西党的第一次代表大会通过的决议中作出"自耕农的田地不没收""抽多补少"的原则规定，使闽西300多里的地区分了田，60多万贫苦农民得到了土地。③1930年2月，在按人口平均分配土地的原则指导下，兴国等6县全境和永丰等县部分地区全面开展分田运动。1931年2月，毛泽东又修改井冈山《土地法》中关于农民只有土地使用权、禁止土地买卖的规定，肯定农民对土地的所有权。中国共产党在三年多的土地革命实践中，基本上形成了一套切实可行的土地革命路线、政策和方法。主要是：依靠贫农、雇农，联合中农，限制富农，消灭地主阶级，变封建土地所有制为农民土地所有制；以乡为单位，按人口平均分配土地，在原耕地基础上，抽多补少，抽肥补瘦；等等。④

抗日战争时期，为坚持长期抗战，不仅需要根据地的扩大，更重要的还在于敌后根据地的巩固。敌后抗战，主要是发动和组织农民抗战。正如毛泽东在1936年所说的，谁赢得了农民，谁就会赢得中国，谁解决土地问题，谁就会赢得农民。在抗战开始时，中国共产党已经

---

① 中央文献研究室：《毛泽东传》（一），中央文献出版社2011年版，第179页。
② 中央文献研究室：《毛泽东传》（一），中央文献出版社2011年版，第201页。
③ 中央文献研究室：《毛泽东传》（一），中央文献出版社2011年版，第205页。
④ 《中国共产党简史》编写组：《中国共产党简史》，人民出版社、中共党史出版社2021年版，第50页。

停止实行没收地主土地的政策。为了发动农民群众并适当改善他们的物质生活，中共中央决定实行减租减息政策，同时也适当地保证佃权。这是在民族战争的条件下兼顾农民和地主两方面利益，把坚持统一战线和解决农民问题恰当地结合起来的政策。从1939年冬起，各根据地相继开始实行减租减息。减租的办法是"二五减租"，即把原租额减少25%。经过减租减息，农民在得到经济实惠的同时也增强了政治优势，极大提高了农民生产积极性。1939年12月，毛泽东在《中国革命和中国共产党》一文中，首次提出了新民主主义的科学概念，第一次把资产阶级民主革命区分为旧民主主义革命和新民主主义革命，明确指出："所谓新民主主义的革命，就是在无产阶级领导之下的人民大众的反帝反封建的革命。"[1]文中对中国革命的对象、任务、动力、性质、前途等问题逐一作了论述。关于农民问题，毛泽东以"农民阶级"为题作专章进行了论述，指出："农民在全国总人口中大约占百分之八十，是现时中国国民经济的主要力量"，他将农民阶级分为富农、中农、贫农三种成分，指出："贫农是没有土地或土地不足的广大的农民群众，是农村中的半无产阶级，是中国革命的最广大的动力，是无产阶级的天然的和最可靠的同盟者，是中国革命队伍的主力军。"[2]1940年1月，毛泽东在《新民主主义论》这篇重要文献中，把中国革命的目的概括为"建立一个新中国"，并清晰地描绘了这个新中国的模样。他指出，中国共产党人多少年来奋斗的目的，"在于建设一个中华民族的新社会和新国家。在这个新社会和新国家中，我们不但要把一个政治上受压迫、经济上受剥削的中国，变为一个政治上自由和经济上繁荣的中国，而且要把一个被旧文化统治因而愚昧落后的中国，变为一个被新文化统治因而文明先进的中国。"关于"新民主主义的经济"中的土地政策，他进一步明确指出："没收地主的土地，分配给无地和少地的农民，实行中山先生'耕者有其田'的口

---

① 毛泽东：《毛泽东选集》第二卷，人民出版社1991年第2版，第647页。
② 毛泽东：《毛泽东选集》第二卷，人民出版社1991年第2版，第642—643页。

号，扫除农村中的封建关系，把土地变为农民的私产。农村的富农经济，也是容许其存在的。这就是'平均地权'的方针。这个方针的正确的口号，就是'耕者有其田'。在这个阶段上，一般地还不是建立社会主义的农业，但在'耕者有其田'的基础上所发展起来的各种合作经济，也具有社会主义的因素。"①1945年4月24日，毛泽东在七大开幕式上所作的《论联合政府》的报告中，对新民主主义革命作了充分解释，把新民主主义政治经济文化纲领进一步具体化，提出了以生产力标准评判政党历史作用的观点，丰富和发展了新民主主义理论。毛泽东指出："中国一切政党的政策及其实践在中国人民中所表现的作用的好坏、大小，归根到底，看它对于中国人民的生产力的发展是否有帮助及其帮助之大小，看它是束缚生产力的，还是解放生产力的。消灭日本侵略者，实行土地改革，解放农民，发展现代工业，建立独立、自由、民主、统一和富强的新中国，只有这一切，才能使中国社会生产力获得解放，才是中国人民所欢迎的。"②党的七大提出党的政治路线是："放手发动群众，壮大人民力量，在我党的领导下，打败日本侵略者，解放全国人民，建立一个新民主主义的中国。"大会制定了新民主主义国家在政治、经济、文化方面的纲领，提出了实现中国工业化的宏伟目标和任务。指出中国共产党在现阶段为实现中国的新民主主义制度而奋斗。它的最终目的，是在中国实现共产主义制度。

抗日战争胜利后，农民迫切要求土地，中共中央决定改变党在抗日战争时期的土地政策，即由减租减息改为没收地主土地分配给农民。1946年5月4日，中共中央作出《关于土地问题的指示》即《五四指示》，将全民族抗战时期的减租减息改变为"耕者有其田"政策，并指出解决解放区的土地问题是党目前最基本的历史任务。各解放区迅速开展土地改革运动。10月1日，毛泽东在为中共中央起草的对党内

---

① 毛泽东：《毛泽东选集》第二卷，人民出版社1991年第2版，第678页。
② 毛泽东：《毛泽东选集》第三卷，人民出版社1991年第2版，第1079页。

的指示中，详细总结了1946年7月全国规模内战爆发以来的三个月战争的一系列经验，强调执行好《五四指示》对于支持和配合人民解放战争的重要性，指出："三个月经验证明：凡坚决和迅速地执行了中央五月四日的指示，深入和彻底地解决了土地问题的地方，农民即和我党我军站在一道反对蒋军进攻。凡对《五四指示》执行得不坚决，或布置太晚，或机械地分为几个阶段，或借口战争忙而忽视土地改革的地方，农民即站在观望地位。各地必须在今后几个月内，不论战争如何忙，坚决地领导农民群众解决土地问题，并在土地改革基础上布置明年的大规模的生产工作。"①1947年2月1日，毛泽东在为中共中央起草的对党内的指示中再次对执行《五四指示》提出明确要求，指出："土地问题。各区都有约三分之二的地方执行了中央一九四六年五月四日的指示，解决了土地问题，实现了耕者有其田，这是一个伟大的胜利。但是还有约三分之一的地方，必须于今后继续努力，放手发动群众，实现耕者有其田。"强调："在实现耕者有其田的全部过程中，必须坚决联合中农，绝对不许侵犯中农利益（包括富裕中农在内），如有侵犯中农利益的事，必须赔偿道歉。此外，对于一般的富农和中小地主，在土地改革中和土地改革后，应有适当的出于群众愿意的照顾之处，都照《五四指示》办理。"要求全党"在农村土地改革运动中，务须团结赞成土地改革的百分之九十以上的群众，孤立反对土地改革的少数封建反动分子，以期迅速完成实现耕者有其田的任务"。②1947年7月21日，毛泽东在小河中共中央扩大会议上的讲话中进一步指出："我们在十年内战时期的土地政策，到抗战时期必须改变，否则就不能缓和国内矛盾和根据地内部的矛盾，发展中国人民自己的力量，共同打日本。当时，我们根据地的政权实行'三三制'，同地主阶级也搞统一战线，这并不影响下层政权，也不限制群众的斗

---

① 毛泽东：《毛泽东选集》第四卷，人民出版社1991年第2版，第1208页。
② 毛泽东：《毛泽东选集》第四卷，人民出版社1991年第2版，第1215—1216页。

争。现在一般来说'三三制'仍旧不变，但对它的解释是共产党员、进步分子和中间派各占三分之一，而不包括反动地主。土地政策今天可以而且需要比五四指示更进一步，因为农民群众要求更进一步。"①为推动解放区土改运动进一步发展，这年的7月至9月，刘少奇在河北省平山县西柏坡村主持召开全国土地会议，制定《中国土地法大纲》，于于9月13日通过，10月10日由中共中央公布。土地法大纲规定："废除封建性及半封建性剥削的土地制度，实行耕者有其田的土地制度"；"乡村中一切地主的土地及公地，由乡村农会接收，连同乡村中其他一切土地，按乡村全部人口，不分男女老幼，统一平均分配"；"乡村农会接收地主的牲畜、农具、房屋、粮食及其他财产，并征收富农的上述财产的多余部分，分给缺乏这些财产的农民及其他贫民，并分给地主同样的一份。"土地法大纲肯定了1946年《五四指示》所提出的"没收地主土地分配给农民"的原则，改正了《五四指示》中对某些地主照顾过多的不彻底性。《中国土地法大纲》是一个彻底反封建的土地革命纲领。土地法大纲公布后，解放区各级领导机关派出大批土改工作队深入农村，发动群众，迅速形成土改热潮。《中国土地法大纲》所规定的平分土地的办法，在以后的执行过程中有了一些改变。1948年2月，中共中央在《关于在老区半老区进行土地改革工作与整党工作的指示》中规定，在一切封建制度已被推翻的老区半老区，不再平分土地，而只在必要时采取抽多补少、抽肥补瘦的办法，调剂一部分土地和其他生产资料给尚未彻底翻身的贫雇农，并容许中农保有比较一般贫农所得土地的平均水平为高的土地数量。在封建制度还存在的地方，平分的重点，也限于地主的土地财产和旧式富农的多余的土地财产方面。无论在哪一种地方，对于中农和新式富农的多余土地，只有在确有调剂必要和本人确实同意的条件下，才允许抽出调剂。在新解放区的土地改革中，对一切中农的土地都不再抽动。

---

① 毛泽东：《毛泽东文集》第四卷，人民出版社1996年版，第270页。

土地制度改革，是中国共产党领导中国人民从根本上摧毁中国封建制度根基的社会大变革，解决了历史上两千年来一直没有解决的土地问题。在这一历史进程中，中国共产党始终是广大农民利益的坚决维护者，最坚决地领导广大贫苦农民向着统治了中国社会两千多年的封建制度宣战，进行彻底的反封建的土地革命，为后来引领广大农民跟着共产党走共同富裕的社会主义道路奠定了坚实的社会基础。

1949年6月30日，在中国新民主主义革命取得了决定性的胜利、新中国即将建立的前夕，毛泽东在为纪念中国共产党成立28周年撰写的《论人民民主专政》一文中，系统阐述了如何"建设起一个崭新的强盛的名副其实的人民共和国"并经过这个人民共和国到达社会主义和共产主义的问题，表达了中国共产党人对消灭阶级和实现大同的鲜明态度。他指出："阶级消灭了，作为阶级斗争的工具的一切东西，政党和国家机器，将因其丧失作用，没有需要，逐步地衰亡下去，完结自己的历史使命，而走到更高级的人类社会。我们和资产阶级政党相反。他们怕说阶级的消灭，国家权力的消灭和党的消灭。我们则公开声明，恰是为着促使这些东西的消灭而创设条件，而努力奋斗"，"消灭阶级，消灭国家权力，消灭党，全人类都要走这一条路的，问题只是时间和条件。"毛泽东用中国人千百年来不懈追求的"大同"来描述阶级消灭以后的共产主义社会。他说，因为"帝国主义还存在，国内反动派还存在，国内阶级还存在。我们现在的任务是要强化人民的国家机器"，"借以巩固国防和保护人民利益"。"以此作为条件，使中国有可能在工人阶级和共产党的领导之下稳步地由农业国进到工业国，由新民主主义社会进到社会主义社会和共产主义社会，消灭阶级和实现大同。"①

---

① 毛泽东：《毛泽东选集》第四卷，人民出版社1991年第2版，第1467—1476页。

第二章　走上共同富裕的道路

　　社会主义革命和建设时期，党面临的主要任务是，实现从新民主主义到社会主义的转变，进行社会主义革命，推进社会主义建设，为实现中华民族伟大复兴奠定根本政治前提和制度基础。

　　——《中共中央关于党的百年奋斗重大成就和历史经验的决议》

为了全体人民的**共同富裕**

1949年10月1日，中华人民共和国的成立，宣告了几千年来受压迫、受奴役的中国人民成了新国家、新社会和自己命运的主人，实现了民族独立、人民解放。从此，中国共产党带领人民踏上了创造幸福美好生活的新征程。从新中国成立到改革开放前夕，是社会主义革命和建设时期。中国共产党团结带领全国各族人民，自力更生、发愤图强，进行了轰轰烈烈的社会主义革命和社会主义建设，彻底消灭了在中国延续几千年的封建剥削压迫制度，确立了社会主义基本制度，探索并积累起了在中国这样一个社会生产力水平十分落后的东方大国进行社会主义建设的重要经验，创造了社会主义革命和建设的伟大成就。在这个历史时期，为改变中国一穷二白的落后面貌，让全国人民都过上富裕美好的幸福生活，以毛泽东为主要代表的中国共产党人，大力倡导全国人民走共同富裕的道路，推动实行让人民越来越富裕、国家越来越强盛的共同富裕的社会制度，为实现全体人民的共同富裕、实现中华民族的伟大复兴奠定了根本政治前提和制度基础。

走共同富裕的社会主义道路
（1949—1956）

现在我们实行这么一种制度，这么一种计划，是可以一年一年走向更富更强的，一年一年可以看到更富更强些。而这个富，是共同的富，这个强，是共同的强，大家都有份。

毛泽东：《在资本主义工商业社会主义改造问题座谈会上的讲话》（1955年10月29日）

从1949年10月中华人民共和国成立到1956年，是基本完成社会主义改造的7年。中国共产党依据新民主主义革命胜利所创造的向社会主义过渡的经济政治条件，采取社会主义工业化和社会主义改造同时并举的方针，领导全国各族人民有步骤地实现从新民主主义到社会主义的转变，迅速恢复了国民经济并开展了有计划的经济建设，在全国绝大部分地区基本上完成了对生产资料私有制的社会主义改造，从理论和实践上完成了在中国这样一个占世界人口近四分之一的、经济文化落后的大国建立社会主义制度的艰难任务，实现了中国历史上最深刻最伟大的社会变革。在这个历史阶段，党首次提出和使用了"共同富裕"的概念。共同富裕一经提出，就同社会主义紧密联系在了一起，成为中国共产党引导、动员广大人民群众走社会主义道路的响亮口号和旗帜，成为全党全国人民共同奋斗的宏伟目标。

实行农业社会主义改造，使农民逐步取得共同富裕的生活

新中国成立后，经过全党全国人民三年多的艰苦努力，在旧中国遭到严重破坏的国民经济得到全面恢复和初步发展。1952年底，全国工农业总产值810亿元，比1949年增长77%多。国家财政收入成倍增加，收支平衡。城乡人民收入逐年增多，生活普遍得到改善。同1949年相比，全国职工平均工资提高了70%，农民收入一般增长30%以上。①

1952年5月，时任中央人民政府副主席宋庆龄在《中国建设》英文版9、10月合刊上发表《中国人民与和平》一文。文中以过去3年来她在新中国几次旅行的所见所闻，用生动、细腻、欢快的笔触描述了新中国成立3年来给人民生活带来的巨大变化。文中写道："在人民身上，人们可以找到新旧中国的基本差别。三年以来，我们的人民已经获得了新的希望、新的认识、新的目标；而所有这一切都表现在他们的日常生活中。""为了充分了解这一点，你得让一个欢欣的农民挽着你的手臂，到他的村舍里去，炕上是一叠叠整洁的新棉被，屋里有发亮的新柜子，然后到了粮仓。你必须注意当他让谷子从他的指缝间漏下来时他眼里闪耀的光彩，以及他脸颊上的皱纹怎样溶化成热情的微笑。他一次又一次地抓起一把谷子。他会要你也这样做，因为他要你也感受一下谷子所给予你的愉快感觉，它代表着他有生以来第一次所享有的财富。""这就是今天中国的基本情况。像这样的新人、新农民，通过使四亿农民受惠的土地改革（人民治国的伟大实例），出现在全国各地。他不只是想到自己，而是开始把自己的利益同别人的利益联系在一起，不论是在互助组里或合作社里，或在其它共同劳动的集体里。这些组织都是为了实现共同富裕和向新社会的过渡的。"②

---

① 《中国共产党简史》编写组：《中国共产党简史》，人民出版社、中共党史出版社2021年版，第164页。
② 《宋庆龄选集》上卷，人民出版社1992年版，第697页。

这是目前能看到的党和国家领导人的著作中最早使用"共同富裕"表述的文献。

随着土地改革的基本实现、各项社会改革的完成和国民经济的迅速恢复，新中国进入了大规模的经济建设时期。党中央决定从1953年开始实行发展国民经济的第一个五年计划，集中力量进行社会主义工业化建设。也是在这一年，党中央按照毛泽东的建议，提出了过渡时期的总路线。

1953年6月15日，毛泽东在中央政治局会议上的讲话中，对过渡时期和过渡时期的总路线作了较为完整的表述："从中华人民共和国成立，到社会主义改造基本完成，这是一个过渡时期。党在过渡时期的总路线和总任务，是要在十年到十五年或者更多一些时间内，基本上完成国家工业化和对农业、手工业、资本主义工商业的社会主义改造。"他指出："就农业来说，社会主义道路是我国农业唯一的道路。发展互助合作运动，不断地提高农业生产力，这是党在农村中工作的中心。"他说："社会主义、半社会主义经济的劳动生产率大大提高，这一点已经清清楚楚地给人民看到了。为什么社会主义经济比较好些？就是劳动生产率比较高，技术提高得快，生产发展得快，又快又好。这说明社会主义比资本主义优胜。"[①]

这年的9月25日，党在过渡时期的总路线首次通过《人民日报》发表的《中国人民政治协商会议全国委员会庆祝中华人民共和国成立四周年的口号》（以下简称《口号》），向全党全社会公布。《口号》共六十五条。党在过渡时期的总路线在第二十六条，全文是："全国人民一致努力，为实现第一个五年计划的基本任务而奋斗，为在一个相当长的时期内逐步实现国家的社会主义工业化，逐步实现国家对农业、对手工业和对私营工商业的社会主义改造而奋斗！集中主要力量发展重工业，建立国家工业化和国防现代化的基础；相应地培养建设

---

① 中共中央文献研究室：《毛泽东年谱（一九四九——一九七六）》第二卷，中央文献出版社2013年版，第116–117页。

人才，发展交通运输业、轻工业、农业和商业；有步骤地促进农业、手工业的合作化，继续进行对私营工商业的改造，正确地发挥个体农业、手工业和私营工商业的作用；保证国民经济中社会主义成分的比重稳步增长，保证在发展生产的基础上逐步提高人民物质生活和文化生活的水平！"

"共同富裕"就是这时和党在过渡时期的总路线一起，首次提出并很快为全党全国人民所熟知。《口号》的第三十八条是这样表述的："农业生产互助组男女组员们！农业生产合作社男女社员们！团结一致，发挥集体主义精神，提高生产效率，提高粮食及其他农作物的产量，增加收入，争取共同富裕的生活，根据自愿和互利的原则，进一步巩固和提高自己的互助组、合作社，主动团结并耐心教育单干农民，有步骤地发展互助合作组织！"①联系毛泽东6月15日讲话中提出的"社会主义道路是我国农业唯一的道路"，不难看出，"共同富裕"作为用来动员和鼓励农民发展互助合作运动的口号，是和毛泽东的倡导分不开的。

过渡时期总路线一经公布，立即在全国掀起了宣传的热潮。"共同富裕"一词也因其通俗简明的表述，很快为广大群众理解和接受，成为教育和引导广大农民逐步走上社会主义道路的生动表达。"共同富裕"的口号提出后，《人民日报》在1953年的11月、12月，先后发表了11篇有关"共同富裕"的社论、文章、报道等，向农民宣传总路线，宣传农业合作化，宣传社会主义，教育引导农民走共同富裕的社会主义道路。

比如，12月12日发表的郭小川的署名文章《社会主义的路是农民共同富裕的路》，是目前能看到的最早系统阐述共同富裕问题的文章。这篇文章用广大农民通俗易懂的语言说明了什么是社会主义、为什么要走社会主义道路的道理。文章指出："什么是社会主义？在农

---

① 《中国人民政治协商会议全国委员会庆祝中华人民共和国成立四周年的口号》，《人民日报》，1953年9月25日第1版。

村，社会主义就是大家联合起来，用大规模生产和新的农具、农业机器和新的农作法来经营农业，使大家能够共同富裕。"文章还从四个方面具体描绘了社会主义的特征和优越性："第一、社会主义是劳动人民共同占有生产资料（土地、大农具、大牲畜等），也就是生产资料公有制。生产资料公有了，人剥削人的现象也就没有了，因为公有的生产资料是用来为大家生产，为大家谋幸福的。第二、社会主义的农业，是大规模生产，大家联合起来用新式农具、农业机器和新的农作法来经营，所以，比现在的农业生产规模大得多，劳动起来力量大得多。第三、实行了社会主义，生产的东西特别多，所以大家都能一年比一年富裕，将来大家的生活要比今天的富农和过去的地主的生活还好得多。第四、社会主义的分配方法是'按劳取酬'，谁劳动得好、劳动得多，谁得的报酬也多。有劳动力的人不劳动就没有饭吃。但是，孤寡老弱的人却能受到社会的照顾。"指出"社会主义社会是最幸福、最光明的社会"。文章提出并回答了"怎样才能一步步地走到社会主义社会"的问题："在农村，走社会主义的路，首先就得参加有社会主义萌芽性质的互助组，参加半社会主义性质的农业生产合作社和供销合作社、信贷合作社，然后就可以过渡到完全的社会主义性质的农业生产合作社（就是集体农庄）了。""参加了互助组、合作社，就不像单干农民那样向贫富两个方面分化了，农民就都可以一同富裕起来。""发展互助组、合作社既可以避免农民的分化、不走资本主义的路，又可以使农民一步步共同富裕起来，最后走到社会主义社会。"文章指出："农民走上社会主义的路，才能够有计划地配合工业化的需要，工业发展了，才能供给农民以新式农具和各种农业机器，农民有了机器，就可以越来越富裕，生活就越来越幸福了。"①

再比如，熊复的文章《共产党是农民的引路人 向农民宣传总路线》，用生动活泼的语言和鲜活的例子，向农民宣传"走社会主义

---

① 郭小川：《社会主义的路是农民共同富裕的路》，《人民日报》，1953年12月12日第4版。

的道路，求共同富裕的生活"的道理，说明"那些是好的、应该办的事，那些是不好的、不应该办的事"。文章说："所有的劳动农民都应该联合起来实行集体生产，过共同富裕的生活，因此，积极参加互助组、生产合作社、供销合作社、信贷合作社就是好的；剥削雇工、放高利贷、收买土地、做私商就是不好的。要使所有劳动农民都过共同富裕的生活，就要农民和国家实行合作，把农业经济和国家计划联系起来，因此，遵守政府政策法令，把多余农产品卖给国家就是好的；把多余农产品卖给商人捣乱市场，或自己囤粮去投机倒把就是不好的。走社会主义的道路，求共同富裕的生活，要靠农民自己努力，大家齐心，发展互助合作，把困难户都带起来，因此，全体农民团结一致互相帮助就是好的；你坑我，我害你就是不好的。要使全体农民都走社会主义道路，实现集体生产和共同富裕生活，还要国家实现工业化，因此，努力增产粮食、棉花和其它农作物来支援工业建设，和工人一面竞赛、一面合作就是好的；不支援工业建设，不和工人团结合作就是不好的。"①

还有吴江的文章《实行总路线要发展互助合作》（11月30日）、高长任的文章《旧打算和新计划》（12月5日），12月2日发表社论《既要做好粮食收购工作又要达到农业增产的目的》和报道《走社会主义的路》，以及《山西沁县农业生产合作运动发展的条件》（11月22日）、《介绍沁县泰安等地紧密结合生产做好购粮工作的经验》（12月6日）、《中央人民政府文化部关于开展春节农村文艺活动向农民宣传总路线的指示》（12月10日）、《中南、西南和华东各地广泛向农民宣传国家总路线，有效地推动了农村各项工作的开展》（12月15日）、《山西定襄周能玉农业生产合作社，帮助贫困社员克服了生产和生活困难》（12月24日）等多篇报道。通过多种形式的宣传报

---

① 熊复：《共产党是农民的引路人　向农民宣传总路线》，《人民日报》，1953年12月2日第3版。

道，向广大农民说明发展互助合作运动和互助合作"是一条大家共同富裕的路，是他们唯一应该走的路。"①强调只有这样才能使农民摆脱资本主义剥削和穷困，过共同富裕的生活。指出："总路线就是一步一步过渡到社会主义的路线。"农业过渡到社会主义，最根本的办法就是发展互助合作，把一家一户分散经营的小生产，一步一步都联合成能够采用先进技术的集体大生产，把农民个人土地所有制、按照农民自愿，一步一步改变成为土地集体所有制。只有这样，才能生产出来国家和农民自己足够用的粮食、棉花和别的农产品。只有这样，才能大家共同富裕。②引导农民"联合起来实行集体生产，过共同富裕的生活"，让农民认识到"走社会主义的道路，求共同富裕的生活"，要靠他们自己努力，大家齐心，发展互助合作，全体农民团结一致互相帮助，"要使全体农民都走社会主义道路，实现集体生产和共同富裕生活"。③认识到"自己是在走着一条大家都能富裕自己也能富裕的道路"，使他们"能稳下心来走互助合作、共同富裕的大路"，④使越来越多的干部和农民认识到了实现农业社会主义合作化是农民走向共同富裕的唯一大道，逐步坚定地走上了社会主义道路。

在中国这样一个农民占全国人口80%以上的农业大国进行农业的社会主义改造，这无疑是一场巨大的社会变革，也是一项艰巨复杂的任务。毛泽东深知农业合作化在过渡时期总路线中所占据的特殊重要的地位和对中国社会发展举足轻重的影响，也深知要把中国几千年来延续下来的分散、落后的小农经济，改造成为与国家工业化相适应的社会主义的集体农业经济，其中的困难有多大。正因为如此，他在酝

---

① 林韦：《山西沁县农业生产合作运动发展的条件》，《人民日报》，1953年11月22日第3版。
② 吴江：《实行总路线要发展互助合作》，《人民日报》，1953年11月30日第3版。
③ 熊复：《共产党是农民的引路人 向农民宣传总路线》，《人民日报》，1953年12月2日第3版。
④ 《既要做好粮食收购工作 又要达到农业增产的目的》，《人民日报》，1953年12月2日第1版。

为了全体人民的**共同富裕**

酿提出过渡时期总路线的时候，就对农业合作化事业给予了特别的关心和指导。过渡时期总路线公布后，他更是给予了格外的关注和具体明确的指导。1953年10月15日和11月4日，毛泽东在十几天的时间里两次就农业互助合作发表谈话，要求"各级农村工作部要把互助合作这件事看作极为重要的事"。他指出，"对于农村的阵地，社会主义如果不去占领，资本主义就必然会去占领"，"资本主义道路，也可增产，但时间要长，而且是痛苦的道路。我们不搞资本主义，这是定了的"。[①]他明确提出要加快农业合作化的进程，亲自领导和主持了《关于发展农业生产合作社的决议》的起草工作。12月26日，中共中央通过了这个《关于发展农业生产合作社的决议》（以下简称《决议》）。《决议》以过渡时期总路线为全部立论的依据，深刻分析了农业经济发展中存在并制约国民经济发展的主要问题和障碍，明确了党在农村工作中最根本的任务。指出："为着进一步地提高农业生产力，党在农村中工作的最根本的任务，就是要善于用明白易懂而为农民所能够接受的道理和办法去教育和促进农民群众逐步联合组织起来，逐步实行农业的社会主义改造，使农业能够由落后的小规模生产的个体经济变为先进的大规模生产的合作经济，以便逐步克服工业和农业这两个经济部门发展不相适应的矛盾，并使农民能够逐步完全摆脱贫困的状况而取得共同富裕和普遍繁荣的生活。"[②]这是"共同富裕"一词首次在党的文件中出现，并与社会主义紧密联系在一起，成为进行社会主义革命的一个重要奋斗目标。12月28日，中共中央向全党转发的《为动员一切力量把我国建设成为一个伟大的社会主义国家而斗争——关于党在过渡时期总路线的学习和宣传提纲》进一步指出："由于资本主义的道路带给农民的是少数人变为剥削者而大多数人贫困破产的痛苦的道路，而社会主义的道路才是全体农民富裕和生

---

① 中共中央文献研究室：《毛泽东文集》第六卷，人民出版社1999年版，第299页。
② 中共中央文献研究室：《建国以来重要文献选编》第四册，中央文献出版社1993年7月版，第661—662页。

产迅速发展的光明大道，农民在懂得这个道理之后就会趋向社会主义而拒绝资本主义。"①

社会主义制度是共同的富，共同的强，这种共同富裕，是有把握的

1953年12月28日，中共中央批准并向全党转发了经毛泽东修改和审定的《为动员一切力量把我国建设成为一个伟大的社会主义国家而斗争——关于党在过渡时期总路线的学习和宣传提纲》。提纲对过渡时期总路线做出了完整表述："从中华人民共和国成立，到社会主义改造基本完成，这是一个过渡时期。党在这个过渡时期的总路线和总任务，是要在一个相当长的时期内，逐步实现国家的社会主义工业化，并逐步实现国家对农业、对手工业和对资本主义工商业的社会主义改造。"②这条总路线向全国人民提出了建设社会主义的伟大任务，强调"党在过渡时期的总路线的实质，就是使生产资料的社会主义所有制成为我国国家和社会的唯一的经济基础"，以"利于社会生产力的迅速向前发展"，"满足人民日益增长着的需要，提高人民的生活水平"。明确指出："要完成这个任务，大约需要经过三个五年计划，就是大约十五年左右的时间（从一九五三年算起，到一九六七年基本上完成"，"那时中国就可以基本上建设成为一个伟大的社会主义国家"，③"到那时候，我们将有自己的强大的钢铁工业、机器制造工业和现代化国防工业，将有自己制造的大量的汽车、飞机、火车头、轮船和农业机器，将有更好的更发展的轻工业和现代化的运输

---

① 中共中央文献研究室：《建国以来重要文献选编》第四册，中央文献出版社1993年版，第720—721页。
② 中共中央文献研究室：《建国以来重要文献选编》第四册，中央文献出版社1993年版，第548页。
③ 中共中央文献研究室：《建国以来重要文献选编》第四册，中央文献出版社1993年版，第702页。

业，以及现代化的农业，我国将有比现在高得多的技术水平。到那时候，我们的国家将更加强大而繁荣，我国人民的物质生活水平和文化生活水平都将比今天大为提高。"[①]提纲从"我国在国民经济发展水平上还是落后的、贫穷的农业国，还是不能自己制造汽车、拖拉机、飞机，不能自己制造重型的和精密的机器，没有现代国防工业的国家"这一现实的国情出发，明确提出，党在过渡时期的总路线就是要改变国家的这种经济状况，"在经济上由落后的贫穷的农业国家，变为富强的社会主义的工业国家"，"使现代化工业能够完全领导整个国民经济而在工农业生产总值中占据绝对优势，使社会主义工业成为我国唯一的工业"。在这里，提出了"现代化工业"的概念，并把国家的社会主义工业化目标，提升为实现整个国民经济和社会发展的现代化，进而提出了以国家的社会主义工业化"促进农业和交通运输业的现代化""建立和巩固现代化的国防"，这在目前能看到的党的文献中，是较早把工业、农业、交通运输业、国防现代化作为一个相互联系的整体提出来的一份文献。提纲还明确指出，实现国家的社会主义工业化的目的是"使全体人民的物质和文化生活水平可以有把握地、不断地提高"。[②]无论是总路线的实质，还是国家的社会主义工业化的目的，根本点和落脚点都是提高全体人民的物质和文化生活水平，让全国人民更快地富裕起来。

1954年2月，党的七届四中全会正式批准这条总路线。9月，第一届全国人民代表大会第一次会议通过的《中华人民共和国宪法》，将国家在过渡时期的总任务写入"序言"。由此，过渡时期总路线和总任务成为党、国家和全体人民的共同意志。9月15日，毛泽东在开幕词中提出，我国"准备在几个五年计划之内，将我们现在这样一个

---

① 中共中央文献研究室：《建国以来重要文献选编》第四册，中央文献出版社1993年版，第710—711页。

② 中共中央文献研究室：《建国以来重要文献选编》第四册，中央文献出版社1993年版，第704页。

经济上文化上落后的国家，建设成为一个工业化的具有高度现代文化程度的伟大的国家"。他坚定而自信地说："我们有充分的信心，克服一切艰难困苦，将我国建设成为一个伟大的社会主义共和国。我们正在前进。我们正在做我们的前人从来没有做过的极其光荣伟大的事业。""我们的目的一定要达到。我们的目的一定能够达到。"①

党在过渡时期的总路线，概括地说就是"一体两翼"或"一化三改"。"一体"是指实现社会主义工业化，"两翼"是指对农业、手工业和资本主义工商业的社会主义改造。总路线以国家的社会主义工业化为主体，充分体现了实现工业化在建立社会主义制度进程中的决定性作用。对农业、手工业和资本主义工商业的社会主义改造作为"两翼"，是为了加快实现国家的工业化，而不只是单纯地改变生产关系。工业化与社会主义改造同时并举，互为条件、互相促进，是落后国家过渡到社会主义社会的必然选择，也是解放生产力和发展生产力的必然要求，目的都是为了建设一个伟大的社会主义国家。通过和平赎买的方式而不是暴力剥夺来实现向社会主义过渡。这些都是符合当时的中国国情和实际、具有鲜明中国特色的创举。毛泽东明确指出："这条总路线是照耀我们各项工作的灯塔，各项工作离开它，就要犯右倾或'左'倾的错误。"②

实现社会主义工业化是实现国家独立富强和人民共同富裕的必由之路。根据党在过渡时期总路线的要求，1955年7月30日第一届全国人民代表大会第二次会议通过的《中华人民共和国发展国民经济的第一个五年计划（1953—1957）》明确了第一个五年计划的基本任务是：集中主要力量进行以苏联帮助我国设计的一百五十六个建设单位为中心的、由限额以上的六百九十四个建设单位组成的工业建设，建立我国的社会主义工业化的初步基础；发展部分集体所有制的农业生产合

---

① 中共中央文献研究室：《毛泽东文集》第六卷，人民出版社1999年版，第350页。
② 中共中央文献研究室：《建国以来重要文献选编》第四册，中央文献出版社1993年版，第701页。

作社，并发展手工业生产合作社，建立对于农业和手工业的社会主义
改造的初步基础；基本上把资本主义工商业分别地纳入各种形式的国
家资本主义的轨道，建立对于私营工商业的社会主义改造的基础。[①]围
绕以上基本任务，提出相应的具体任务，在集中主要力量发展重工业
的同时，积极发展交通运输业、轻工业、农业和商业；发展文化教育
和科学研究事业，提高科学技术水平，积极地培养为国家建设特别是
工业建设所必需的人才；厉行节约，反对浪费，扩大资金积累，保证
国家建设；在发展生产和提高劳动生产率的基础上，逐步地改善劳动
人民的物质生活和文化生活；继续加强国内各民族之间的经济和文化
的互助和合作，促进各少数民族的经济事业和文化事业的发展。[②]随着
"一五"计划的公布，我国的"社会主义改造也就是社会主义革命，
就以极广阔的规模和极深刻的程度展开起来"[③]。

　　引导和鼓励农民走共同富裕的社会主义道路，是为了限制资本主
义，避免产生"两极分化"。我国个体农民，特别是在土地改革中新
获得土地而缺少其他生产资料的贫农下中农，如果重新借高利贷甚至
典让和出卖土地，势必导致两极分化的现象日益严重，这也是毛泽东
在领导社会主义改造过程中高度关注和警觉的一个问题。根据党在过
渡时期总路线的要求，我国过渡时期的工农联盟必须建立在工人阶级
领导农民走社会主义道路的基础之上。"为了实现国家的社会主义的
工业化，必须生产更多的粮食和工业原料，因此必须帮助农民发展农
业生产，促进农业生产互助合作运动的发展，提高农民的生活水平，
否则，工业的迅速增长就要受影响。为了发展和改造农业，除了应该
从逐步采用新的劳动组织和逐步改变旧的所有制为新的所有制着手，

---

① 中共中央文献研究室：《建国以来重要文献选编》第六册，中央文献出版社1993年
版，第288页。

② 中共中央文献研究室：《建国以来重要文献选编》第六册，中央文献出版社1993年
版，第410—413页。

③ 中共中央文献研究室：《毛泽东年谱（一九四九——一九七六）》第二卷，中央文献出
版社2013年版，第519页。

还要逐步供给农业以进步的技术。特别是为了帮助农业的社会主义改造达到完全的和彻底的胜利，根本摧毁农村中的资本主义阵地，就必须用新的技术把农业武装起来。""所以，发展工业，以便进一步以新的技术来改造和提高农业，这就是过渡时期工农联盟的新的经济基础。"①这一时期，有些农村开始出现两极分化的苗头性倾向，针对这一问题，有些地方也提出了一些解决的办法和对策。比如，李先念1954年2月24日签发的中共湖北省委《关于正确分析当前农村情况进一步明确当前农村工作指导思想的指示》中强调："必须以农业增产和互助合作为主要内容，继续大力宣传总路线，更广泛、更深入地进行两条道路的教育，必须使每个农民懂得互助合作的道路，是为了更好地发展生产，多打粮食，增加收入，共同富裕，避免阶级分化，避免贫困的道路。"②比如，中共湖北省委第一书记王任重1955年2月21日在湖北省县委书记联席会上的总结报告中就提出："如果农业生产合作社办得不好，就不能很好地引导农民走共同富裕的道路，会使农村两极分化，使一大部分农民穷困破产，那么贫农就不会再拥护共产党，不会感到这个国家可爱。""所以农村的一切工作应以互助合作为中心，是不可动摇的方针和路线。"农业合作化要"走社会主义道路，走共同富裕的道路"③。再比如，胡耀邦在中国新民主主义青年团中央委员会向全国青年社会主义建设积极分子大会上所作的报告《中国青年为实现第一个五年计划而斗争的任务》中指出："开展农业合作化运动的结果，将使我国农村的面貌发生根本的变化。广大农民们逐步地改变他们几千年来所习惯的私有的小生产者的生活，这种生活曾是他们遭受剥削和贫穷的根源，他们一步步摆脱这种生活，就会一

---

① 中共中央文献研究室：《建国以来重要文献选编》第四册，中央文献出版社1993年版，第718—719页。
② 《李先念传》编写组，鄂豫边区革命史编辑部：《李先念年谱》（1949—1956）（第2卷），中央文献出版社2011年版，第506页。
③ 王任重：《王任重文集》（上），中央文献出版社1999年版，第104—105页。

步步走向永远的共同富裕和共同幸福的生活。"①一直十分关注这个问题的毛泽东，在1955年7月31日中央召集的省委、市委、自治区党委书记会议上，对最近几年间农村中存在的"资本主义自发势力一天一天地在发展""两极分化的现象必然一天一天地严重起来"的问题进行了认真分析，指出"这个问题，只有在新的基础之上才能获得解决。这就是在逐步地实现社会主义工业化和逐步地实现对于手工业、对于资本主义工商业的社会主义改造的同时，逐步地实现对于整个农业的社会主义的改造，即实行合作化，在农村中消灭富农经济制度和个体经济制度，使全体农村人民共同富裕起来。"②10月11日，他在党的七届六中全会闭幕会所作的结论中指出："要巩固工农联盟，我们就得领导农民走社会主义道路，使农民群众共同富裕起来，穷的要富裕，所有农民都要富裕，并且富裕的程度要大大地超过现在的富裕农民。"③11月9日，全国人民代表大会常务委员会通过的《农业生产合作社示范章程草案》指出："发展农业生产合作社的目的，是要逐步地消灭农村中的资本主义的剥削制度，克服小农经济的落后性，发展社会主义的农业经济，适应社会主义工业化的需要。这就是说，要逐步地用生产资料的劳动群众集体所有制代替生产资料的私人所有制，逐步地用大规模的、机械化的生产代替小生产，使农业高度地发展起来，使全体农民共同富裕起来，使社会对于农产品的不断增长的需要得到满足。"④

　　在对工商业的社会主义改造中，毛泽东和党中央关于大家一起共同富裕起来的观念也深受工商界人士普遍赞许和接受，打消了他们消

---

① 胡耀邦：《中国青年为实现第一个五年计划而斗争的任务——中国新民主主义青年团中央委员会向全国青年社会主义建设积极分子大会的报告》，《人民日报》，1955年9月21日第2版。
② 中共中央文献研究室：《毛泽东文集》第六卷，人民出版社1999年版，第437页。
③ 中共中央文献研究室：《建国以来重要文献选编》第七册，中央文献出版社1993年版，第308页。
④ 中共中央文献研究室：《建国以来重要文献选编》第七册，中央文献出版社1993年版，第358页。

极观望的种种顾虑，激励他们走上了社会主义道路。1955年10月底，毛泽东在3天的时间里先后两次同工商界代表人士谈话，针对私营工商业者普遍存在的"七上八下"的心态，希望他们安下心来，认清社会发展规律，掌握自己的命运，主动同大家一起走共同富裕的社会主义道路。10月27日，毛泽东在同工商界代表的谈话中说："民族资产阶级同官僚资产阶级、地主阶级不同。对地主，在一定时期要剥夺他们的政治权利，改变成分后才可恢复公民权，加入合作社，那时就不叫地主而叫农民。对地主来说，这事实上是解放了他们。他们在全国总共三千万人，以后要同大家一起共同富裕起来。将来农民的生活要超过现在的富农。资本家如果将来饿肚子，这个制度就不好。如果大家生活不提高，革命就没有必要，因此生活福利都要逐步提高。"他充满信心地说，"我是宣传共产主义的，要走向共产主义，就要经过几十年的努力把我们的国家建设成为真正富强的国家。"[①]10月29日，他在资本主义工商业社会主义改造问题座谈会上的讲话中明确指出："我们的目标是要使我国比现在大为发展，大为富、大为强。现在，我国又不富，也不强，还是一个很穷的国家。我国是个大国，但不是富国，也不是强国。飞机也不能造，大炮也不能造，坦克也不能造，汽车也不能造，精密机器也不能造，许多东西我们都不能造，现在才开始学习制造。""但是，现在我们实行这么一种制度，这么一种计划，是可以一年一年走向更富更强的，一年一年可以看到更富更强些。而这个富，是共同的富，这个强，是共同的强，大家都有份，也包括地主阶级。"他说："地主过了几年之后，就有了选举权，他就不叫地主了，叫农民了。资产阶级，总有一天，大约三个五年计划之内，就不叫资产阶级了，他们成为工人了。农民这个阶级还是有的，但他们也变了，不再是个体私有制的农民，而变成合作社集体所有制的农民了。"他强调："这种共同富裕，是有把握的，不是什么今天不晓得明天的事。那种不能掌握自己命运的情况，在几个五年计划之

---

① 中共中央文献研究室：《毛泽东文集》第六卷，人民出版社1999年版，第490—491页。

内，应该逐步结束。那时，全国只有工人、农民和知识分子。知识分子是工人、农民的知识分子。"①11月16日，周恩来在中共中央召开的各省、市、自治区党委代表会议上的讲话中，针对资本主义工商业社会主义改造中存在的有关问题明确指出："现在工商业家能够把自己的剥削根源挖一挖，挖痛一点，这是进步的表现，我们应该欢迎和鼓励。但是也不要希望太高。一席话就想把资产阶级变过来，那是唯心的。我们要经常做工作，使他们认识国家富强对他们的好处，引导他们走共同富裕的道路。特别是要使他们懂得社会主义代替资本主义、全民所有制代替资本主义私人所有制，是社会发展的必然规律。只有这样，他们才能认识前途，掌握命运。社会主义改造是理有固然，势所必至。""社会主义是大势所趋。现在资本家一只脚已经踏入社会主义的门槛，另一只脚不跟进来也不行了。"②

随着全党全社会广泛深入的学习和普遍的宣传教育，过渡时期总路线得到全党全国人民的一致拥护，跟着共产党走共同富裕的社会主义道路的理念日益深入人心，成为广大工人农民、广大工商业者和社会各阶层人员的共识，大大促进了我国农业、手工业、资本主义工商业社会主义改造的进程。1955年10月24日，《人民日报》署名雷光荣的文章《我们走上了共同富裕的道路》描写了四川省简阳县射洪乡在发展农业合作化运动中，经济文化生活各方面发生的改变。文中写道："我们生活是沿着共同富裕的道路提高的。"在合作社里，人们的集体主义思想在增长。人们已经把劳动看作光荣的事情了，按劳取酬的思想已在逐渐树立，劳动积极性空前提高。"我们将继续兴修水利，改良土壤，实行合理轮作，推广先进经验，采用新式农具，发展各种副业生产，使我们的生活变得更幸福、更富裕！"③11月21日，《全国工商联执委会会议告全国工商界书》写道："我们国家的社

---

① 中共中央文献研究室：《毛泽东文集》第六卷，人民出版社1999年版，第495—496页。
② 中共中央文献研究室：《建国以来重要文献选编》第七册，中央文献出版社1993年版，第417页。
③ 雷光荣：《我们走上了共同富裕的道路》，《人民日报》，1955年10月24日第2版。

会主义经济建设一天一天在蓬勃发展，我们的祖国一天一天在繁荣富强，我们国家的事业是无限宽广的，工作是作不完的。我们建设社会主义的目的，就是要大家有事做，有饭吃，大家共同富裕。"①1956年2月29日，全国工商界青年积极分子大会在《致毛主席的保证书》中说："我们只有在中国共产党和您的教导下，才懂得了资本主义腐朽的本质和社会发展的必然趋势，而选择了使全国人民共同富裕的社会主义康庄大道。"表示"一定和全国人民全国青年一道，为把我国建设成为一个繁荣昌盛的社会主义国家而奋斗到底！"②

　　进入1956年，我国工业化和社会主义改造迈出了更大的步伐。1月1日，《人民日报》发表了经毛泽东审定的元旦社论《为全面地提早完成和超额完成五年计划而奋斗》，向全党和全国人民发出"又多、又快、又好、又省地发展自己的事业"，"为全面地提早完成和超额完成五年计划而奋斗，为提早完成过渡时期的总任务而奋斗"③的号召。1月11日，毛泽东在南京参观陵园区玄武湖农业生产合作社和太平村十月农业生产合作社时，兴致勃勃地走到田边地头同社员交谈，询问他们的生产和生活情况，向他们了解农业生产合作社的发展情况。毛泽东还走访了社员家庭，看了社员俱乐部、民校、养猪场等。他鼓励大家：你们要组织起来，走集体化道路，走共同富裕的道路，把荒山变果园，把荒地变粮田。④1月15日，北京市各界群众20多万人在天安门广场举行"庆祝北京市社会主义改造的伟大胜利"联欢大会。毛泽东出席大会并在天安门城楼上接受了各界代表的报喜。北京市委第一书记、市长彭真在大会上宣布："我们的首都已经进入了社会主义社

① 《全国工商联执委会会议告全国工商界书》，《人民日报》，1955年11月22日第1版。
② 《全国工商界青年积极分子大会致毛主席的保证书》，《人民日报》，1956年3月1日第1版。
③ 《为全面地提早完成和超额完成五年计划而奋斗》，《人民日报》，1956年1月1日第1版。
④ 中共中央文献研究室：《毛泽东年谱（一九四九——一九七六）》第二卷，中央文献出版社2013年版，第509—510页。

会。""庆祝我们已经挖掉了穷根，打下了依靠大家共同劳动、使国家富强、使大家生活共同富裕的基础。"①8月15日，出访印度尼西亚的宋庆龄在华侨欢迎会上热情洋溢地向广大华侨介绍祖国的社会主义建设和社会主义改造的情况，她说："广大劳动农民，纷纷加入农业生产合作社，他们要通过这一条道路，过着共同富裕的生活。到今年六月，全国半社会主义的农业合作化的任务已经基本上完成，而且有百分之六十一的农户，加入了完全社会主义性质的高级农业生产合作社。"②

1956年，随着我国社会主义改造的基本完成，"一五"计划原定的主要指标大都提前完成。从1953年到1956年，全国工业总产值平均每年递增19.6%，农业总产值平均每年递增4.8%，经济发展比较快，经济效果比较好，重要经济部门之间的比例比较协调。市场繁荣，物价稳定。人民生活显著改善。③"一五"期间工业生产所取得的成就，远远超过了旧中国的一百年。同世界其他国家工业起飞时期的增长速度相比，也是名列前茅的。④

中国共产党以独具中国特色的方法完成了社会主义改造，建立起了社会主义制度，实现了中华民族有史以来最为广泛而深刻的社会变革，实现了一穷二白、人口众多的东方大国大步迈进社会主义社会的伟大飞跃，为当代中国一切发展进步奠定了根本政治前提和制度基础，为实现全体人民的共同富裕提供了坚实的制度基础和可靠的政治保障。对于中国共产党领导的这场伟大的社会主义革命，叶剑英代表党和国家在庆祝中华人民共和国成立30周年大会上的讲话中给予了高

① 《在北京市各界庆祝社会主义改造胜利联欢大会上北京市市长彭真的讲话》，《人民日报》，1956年1月16日第2版。
② 《宋庆龄选集》下卷，人民出版社1992年版，第202—203页。
③ 中共中央文献研究室：《十一届三中全会以来重要文献选读》上册，人民出版社1987年版，第307页。
④ 中共中央文献研究室：《中国共产党的七十年》，中共党史出版社1991年版，第337页。

度评价："在农业合作化的伟大运动中，毛泽东同志深刻了解我国农民特别是贫下中农在土地改革后要求组织起来的强烈愿望，领导我们采取了从互助组、初级社到高级社等一系列的过渡形式，认真执行自愿互利和典型示范的原则，使广大农民比较自然地、顺利地逐步习惯于集体生产的方式，走上共同富裕的社会主义道路。在社会主义改造这场涉及几亿人口的、大规模的、极其深刻的社会变革中，我们不仅避免了在这类情况下通常难以避免的生产力下降，有力地促进了整个国民经济的发展，壮大了社会主义经济力量，而且正确地实行了把原来的剥削者改造成为自食其力的劳动者的方针。这是世界社会主义历史上的伟大创举，是毛泽东思想的光辉胜利。"[1]

保护和发展生产力，不断改善人民生活
（1956—1966）

> 人们生活的需要，是不断增长的。需要刺激生产的不断发展，生产也不断创造新的需要。人们对粮食的需要，在数量方面总不能是无限制的，但是在品种方面也会变化。
>
> 毛泽东：《读苏联〈政治经济学教科书〉的谈话（节选）》
> （1959年12月—1960年2月）

从1956年社会主义制度建立到1966年"文化大革命"前夕，是开始全面建设社会主义的10年。党的八大根据我国社会主义改造基本完成后的形势，提出国内主要矛盾已经不再是工人阶级和资产阶级的矛

---

[1] 叶剑英：《叶剑英选集》，人民出版社1996年版，第523页。

盾，而是人民对于经济文化迅速发展的需要同当前经济文化不能满足人民需要的状况之间的矛盾，全国人民的主要任务是集中力量发展社会生产力，实现国家工业化，逐步满足人民日益增长的物质和文化需要。党提出努力把我国逐步建设成为一个具有现代农业、现代工业、现代国防和现代科学技术的社会主义强国，领导人民开展全面的大规模的社会主义建设。在这个历史阶段，党和国家领导人虽然很少提及共同富裕，党的文件中涉及共同富裕的内容也不多，但共同富裕实际上已经被作为党和国家的奋斗目标和主要任务，贯穿在社会主义建设的全过程和各方面。遗憾的是，党的八大形成的正确路线未能完全坚持下去，先后出现"大跃进"运动、人民公社化运动等错误。由于毛泽东在理论上和实践中过于追求和强调社会公平、同步富裕，过分夸大资本主义产生两极分化的危险性，结果事与愿违，导致了社会的普遍贫穷和落后。

实行按劳分配原则，反对平均主义和过分悬殊

1956年9月15日至27日召开的中国共产党第八次全国代表大会，是党在全国执政以后召开的第一次全国代表大会，也是党的历史上第一次以社会主义全面建设为主题的全国代表大会。大会正确分析了国内形势和国内主要矛盾的变化，确定了全党工作重心转向经济建设的战略目标，明确提出了全面开展社会主义建设的任务。大会宣布："我国的无产阶级同资产阶级之间的矛盾已经基本上解决，几千年来的阶级剥削制度的历史已经基本上结束，社会主义的社会制度在我国已经基本上建立起来了。""我们国内的主要矛盾，已经是人民对于建立先进的工业国的要求同落后的农业国的现实之间的矛盾，已经是人民对于经济文化迅速发展的需要同当前经济文化不能满足人民需要的状况之间的矛盾。这一矛盾的实质，在我国社会主义制度已经建立的情况下，也就是先进的社会主义制度同落后的社会生产力之间的矛盾。

党和全国人民的当前的主要任务，就是要集中力量来解决这个矛盾，把我国尽快地从落后的农业国变为先进的工业国。"①"由于社会主义革命已经基本上完成，国家的主要任务已经由解放生产力变为保护和发展生产力。"②党的八大根据执政党的特点，提出了全面开展社会主义建设的任务，强调："党的一切工作的根本目的，是最大限度地满足人民的物质生活和文化生活的需要，因此，必须在生产发展的基础上，逐步地和不断地改善人民的生活状况。"③

党的八大是划时代的，大会制定的路线是正确的，特别是大会提出的"保护和发展生产力""最大限度地满足人民的物质生活和文化生活的需要"等主张，对于党和国家事业的发展具有长远的指导意义。党的八大以后，党领导人民开始了大规模的社会主义建设。从目前看到的文献中，毛泽东在党的八大以后，就没再使用"共同富裕"一词。但不使用并不能说他不关注这个问题。从他对中国社会主义建设道路的理论思考和实践探索中可以清晰看出，实现国家的繁荣富强、人民的共同富裕、社会的公平公正始终是贯穿于他领导社会主义建设进程中的一条红线，生动而鲜明。在毛泽东看来，共同富裕是社会主义的题中应有之义。他认为，保护和发展生产力、把国家建设得更富更强进而实现全体人民的共同富裕，这一切只有在社会主义制度下才能实现，只有在党的领导下通过制定符合中国国情的发展计划，有计划有步骤地发展才能实现。他的这些思想，作为中国共产党在社会主义建设时期的任务写进了党的八大通过的新党章，成为全党和全国人民的共同意志。

新党章从生产关系和生产力两个方面阐述了党在社会主义时期

---

① 中共中央文献研究室：《建国以来重要文献选编》第九册，中央文献出版社1994年版，第341—342页。
② 中共中央文献研究室：《建国以来重要文献选编》第九册，中央文献出版社1994年版，第350—351页。
③ 中共中央文献研究室：《建国以来重要文献选编》第九册，中央文献出版社1994年版，第316页。

的两大任务，指出："现在，我国的社会主义改造在各方面都已经取得了决定性的胜利。中国共产党的任务，是继续采取正确的方法，把资本家所有制的残余部分改变为全民所有制，把个体劳动者所有制的残余部分改变为劳动群众集体所有制，彻底消灭剥削制度，并且杜绝产生剥削制度的根源。在建成社会主义社会的过程中，应当逐步实现'各尽所能，按劳取酬'的原则；对于一切原有的剥削分子，应当通过和平的道路，把他们改造成为自食其力的劳动者。党必须继续注意从经济方面、政治方面和思想方面克服资本主义的因素和影响，同时必须坚决努力，动员和团结全国一切可能动员和团结的积极力量，以争取伟大的社会主义事业的完全胜利"；"社会主义革命的胜利给了社会生产力以巨大发展的无限前途。中国共产党的任务，就是有计划地发展国民经济，尽可能迅速地实现国家工业化，有系统、有步骤地进行国民经济的技术改造，使中国具有强大的现代化的工业、现代化的农业、现代化的交通运输业和现代化的国防。为了实现工业化和争取国民经济的不断高涨，必须优先发展重工业，同时对于发展重工业和轻工业，对于发展整个工业和农业，必须注意保持正确的比例。党必须努力促进我国的科学、文化、技术的进步，为在这些方面赶上世界的先进水平而奋斗。党的一切工作的根本目的，是最大限度地满足人民的物质生活和文化生活的需要，因此，必须在生产发展的基础上，逐步地和不断地改善人民的生活状况，而这也是提高人民生产积极性的必要条件。"[①]

这两大任务的提出，是毛泽东对"一五"计划实施以来我国建设实践思考和总结的结果。1956年春，在党即将开启社会主义建设新的伟大事业之际，面对怎样建设和发展社会主义这一崭新课题，毛泽东提出把马克思列宁主义基本原理同中国具体实际进行"第二次结合"，强调要以苏联经验教训为鉴戒，独立探索适合中国国情的社会

[①] 中共中央文献研究室：《建国以来重要文献选编》第九册，中央文献出版社1994年版，第315—316页。

主义建设道路。4月25日，毛泽东在有各省、市、自治区党委书记参加的中央政治局扩大会议上，作了《论十大关系》的报告。在这篇后来被称为探索适合中国国情的社会主义建设道路开篇之作的报告中，毛泽东从我国社会主义建设的实际出发，提出了一系列不同于苏联模式的新的指导思想。在十大关系中，前五条主要讨论经济问题，从经济工作的各个方面来调动各种积极因素。比如，在坚持优先发展重工业的前提下，强调更多地发展轻工业和农业；在沿海工业和内地工业的关系上，在合理安排工业布局的前提下，强调更多地利用和发展沿海工业；在国家、生产单位和个人关系上，强调要兼顾国家集体个人的利益，特别要照顾农民的利益，还要给工厂一定的独立性；在中央和地方关系上，强调要发挥好中央和地方两个积极性。毛泽东后来说，十大关系中，重点是前五个关系。这五条实际上涉及的是如何开辟一条与苏联有所不同的中国工业化道路、经济体制改革等问题。后五条主要是讨论政治关系，强调调动各方面积极因素的问题。《论十大关系》初步提出了中国社会主义经济建设、政治建设的一系列新方针，标志着中国共产党对建设社会主义有了自己新的重要认识，开始提出自己的建设路线。8月30日，毛泽东在党的八大预备会议第一次会议上的讲话中再次明确了搞好经济建设的重要性，他说："六亿人口的国家，在地球上只有一个，就是我们。过去人家看我们不起是有理由的。因为你没有什么贡献，钢一年只有几十万吨"，我们现在"搞起一点来了，今年是四百多万吨，明年突破五百万吨，第二个五年计划要超过一千万吨，第三个五年计划就可能超过两千万吨。我们要努力实现这个目标。虽然世界上差不多有一百个国家，但是超过两千万吨钢的国家只有几个。所以，我们这个国家建设起来，是一个伟大的社会主义国家，将完全改变过去一百多年落后的那种情况，被人家看不起的那种情况"，"而且会赶上世界上最强大的资本主义国家，就是美国。""美国建国只有一百八十年，它的钢在六十年前也只有四百万吨，我们比它落后六十年。假如我们再有五十年、六十年，就完全应该赶过它。这是一种责任。你有那么多人，你有那么一块大地方，资源那么丰富，又听说搞了社会主义，据说是有优越性，结果你搞了五六十年还不能超过美国，你像个什么样子呢？那就要从地球上开除你的球籍！"毛泽东坚定地说："超过美国，不仅有可能，而且完全有必要，完全应该。"①在这里，毛泽东特别警示全党，社会主义建设如果搞得不好，就会被开除"球籍"，向全党发出了"为建设伟大的社会主义中国而奋斗"的号召。

建设社会主义社会的目的是最大限度满足人民的物质文化生活需要。要在生产发展的基础上，不断改善人民生活，这是毛泽东在思考和提出中国社会主义建设新方针时一个重要的指导思想。比如，他在《论十大关系》中指出："我们现在发展重工业可以有两种办法，一种是少发展一些农业、轻工业，一种是多发展一些农业、轻工业。从长远观点来看，前一种办法会使重工业发展得少些和慢些，至少基础不那么稳固，几十年后算总账是划不来的。后一种办法会使重工业发展得多些和快些，而且由于保障了人民生活的需要，会使它发展的基础更加稳固。"②1957年2月27日，毛泽东在最高国务会议第十一次扩大会议上所作的《关于正确处理人民内部矛盾的问题》的讲话中，创造性地提出了正确区分和处理社会主义社会两类不同性质的社会矛盾的科学理论，把正确处理人民内部矛盾作为国家政治生活的主题。比如，他在讲话中针对农业合作化以后有些人说"合作化不行，合作化没有优越性"的议论，强调必须经常注意从生产和分配问题上处理这些矛盾和问题，指出："在分配问题上，我们必须兼顾国家利益、集体利益和个人利益。对于国家的税收、合作社的积累、农民的个人收入这三方面的关系，必须处理适当，经常注意调节其中的矛盾。国家要积累，合作社也要积累，但是都不能过多。我们要尽可能使农民能

---

① 中共中央文献研究室：《毛泽东文集》第七卷，人民出版社1999年版，第88—89页。
② 中共中央文献研究室：《毛泽东文集》第七卷，人民出版社1999年版，第25页。

够在正常年景下，从增加生产中逐年增加个人收入。"①他还从经济和政治的双重意义上提出了勤俭建国的方针。他指出："我们要进行大规模的建设，但是我国还是一个很穷的国家，这是一个矛盾。全面地持久地厉行节约，就是解决这个矛盾的一个方法。"②他提出："我们六亿人口都要实行增产节约，反对铺张浪费。这不但在经济上有重大意义，在政治上也有重大意义。在我们的许多工作人员中间，现在滋长着一种不愿意和群众同甘苦，喜欢计较个人名利的危险倾向，这是很不好的。我们在增产节约运动中要求精简机关，下放干部，使相当大的一批干部回到生产中去，就是克服这种危险倾向的一个方法。要使全体干部和全体人民经常想到我国是一个社会主义的大国，但又是一个经济落后的穷国，这是一个很大的矛盾。要使我国富强起来，需要几十年艰苦奋斗的时间，其中包括执行厉行节约、反对浪费这样一个勤俭建国的方针。"③

为尽快改变贫穷落后的面貌，全党上下都想尽最大努力把社会主义建设搞得更快一点。全党和全国各族人民在生产建设中发挥了高度的社会主义积极性和创造精神，取得了一定的成果。但由于党对社会主义建设经验不足，对经济发展规律和我国经济基本情况认识不足，提出了一些不切实际的目标。1957年11月，毛泽东在莫斯科会议期间提出中国15年赶上或有可能超过英国。1958年5月，党的八大二次会议通过了"鼓足干劲、力争上游、多快好省地建设社会主义"的总路线。这条总路线，反映了广大人民群众迫切要求改变我国经济文化落后状况的普遍愿望，但由于急于求成，忽视了客观的经济规律，脱离了当时生产发展水平。在总路线提出后轻率地发动了"大跃进"运动和农村人民公社化运动，使得以高指标、瞎指挥、浮夸风和"共产风"为主要标志的"左"倾错误严重地泛滥开来。从1958年底到1959

① 中共中央文献研究室：《毛泽东文集》第七卷，人民出版社1999年版，第220—221页。
② 中共中央文献研究室：《毛泽东文集》第七卷，人民出版社1999年版，第239页。
③ 中共中央文献研究室：《毛泽东文集》第七卷，人民出版社1999年版，第240页。

年7月中央政治局庐山会议前期，党中央领导全党努力纠正"左"的错误，克服和解决工作中的缺点和问题。毛泽东在领导纠正"大跃进"和人民公社化运动中的错误时，进一步深化了对社会主义建设规律的认识，提出了一些新的认识和观点，比如：不能剥夺农民、不能超越阶段、反对平均主义、重视商品生产、遵循价值规律、注意综合平衡、按农轻重次序安排国民经济计划等。这些认识和思想观点，是中国共产党探索社会主义建设道路的重要的理论成果。

毛泽东反复强调，搞建设要工作、生活同时并重，生产和生活同时抓；他多次批评只注意工作、忽视人民生活的现象和脱离群众的作风。1958年11月14日，毛泽东针对新华社内参的一则电讯稿《邯郸专区伤寒疫病普遍流行》，在一天之内写了三段批语。他指出此件"很值得注意，是一个带全国性的问题，注意工作，忽视生活，必须立即引起全党各级负责同志，首先是省、地、县三级的负责同志的注意，方针是：工作生活同时并重"。①11月19日，他在审改谭震林、廖鲁言关于农业生产和农村人民公社情况报告时强调："生产和生活两方面，必须同时抓起来。不抓生活，要搞好生产是困难的。生产好，生活好，孩子带得好，这就是我们的口号。"②11月25日，在看了中共云南省委关于肿病死人情况向毛泽东并中央所作的检查报告后，毛泽东写了一大段批语："在我们对于人民生活这样一个重大问题缺少关心，注意不足，照顾不周（这在现时几乎普遍存在）的时候，不能专门责怪别人，同我们对于工作任务提得太重，密切有关。千钧重担压下去，县、乡干部没有办法，只好硬着头皮去干，少干一点就被叫做'右倾'，把人们的心思引到片面性上去了，顾了生产，忘了生活。解决办法：（一）任务不要提得太重，不要超过群众精力负担的可能性，要为群众留点余地；（二）生产、生活同时抓，两条腿走路，不

---

① 中共中央文献研究室：《建国以来毛泽东文稿》第七册，中央文献出版社1992年版，第530页。

② 中共中央文献研究室：《建国以来毛泽东文稿》第七册，中央文献出版社1992年版，第541页。

要片面性。"①

1959年12月至1960年2月，毛泽东在读苏联《政治经济学教科书》时，多次就消费和积累、逐步改善人民生活等问题发表谈话。他指出："这本书在谈到物质利益的时候，不少地方只讲个人的消费，不讲社会的消费，如公共的文化福利事业。这是一种片面性。我们农村的房屋还很不像样子，要有步骤地改变农村的居住条件。我们居民房屋的建设，特别是城市居民的房屋，主要应当用集体的社会的力量来搞，不应当靠个人的力量。社会主义社会，不搞社会集体福利事业还成什么社会主义？"他还说："我们过去有过一种怀疑，苏联也有这样说法，就是说，积累比重太高了有危险。这个问题要看生产增长的情况。如果生产增长得很快，在这个基础上，即使积累的比重大一些，人民生活还能够逐步改善，也可以是没有危险的。"他强调："我们必须把安排人民生活、安排公社积累和安排国家需要这三个方面的工作，同时统筹兼顾。这样，才算真的做到了全国一盘棋。否则所谓一盘棋，实际上只是半盘棋，或者是不完全的一盘棋。一般说来，一九五八年公社的积累多了一点。因此，各地应当根据具体情况，规定一九五九年公社积累的一个适当限度，并且向群众宣布，以利安定人心，提高广大群众的生产积极性。"他指出："人们生活的需要，是不断增长的。需要刺激生产的不断发展，生产也不断创造新的需要。人们对粮食的需要，在数量方面总不能是无限制的，但是在品种方面也会变化。"②

针对"大跃进"和"人民公社化运动"中无偿调拨生产队包括社员个人的财物和劳动力的"共产风"和平均主义，毛泽东1959年2月在郑州举行的政治局扩大会议上严厉批评了这种现象。他说："穷队富队拉平的平均主义分配办法，是无偿占有别人的一部分劳动成果，是违反按劳分配原则的。"他进一步指出："所谓平均主义倾向，即是

---

① 中共中央文献研究室：《毛泽东文集》第七卷，人民出版社1999年版，第451—452页。
② 中共中央文献研究室：《毛泽东文集》第八卷，人民出版社1999年版，第137页。

否认各个生产队和各个个人的收入应当有所差别。而否认这种差别，就是否认按劳分配，多劳多得的社会主义原则。"①他在读苏联《政治经济学教科书》时强调："反对平均主义，是正确的；反过头了，会发生个人主义。过分悬殊也是不对的。我们的提法是既反对平均主义，也反对过分悬殊。"②

这一时期，党和国家领导人、党的文献中使用"共同富裕"一词时，主要集中在农村农民问题上。比如，中共中央1957年10月25日公布的《一九五六年到一九六七年全国农业发展纲要（修正草案）》"序言"中指出："发展农业可以有两条道路。一条是资本主义道路：让农民的命运掌握在地主、富农和投机商人的手里，极少数人发财而大多数人贫困和不断破产。一条是社会主义道路：让农民在工人阶级的领导下掌握自己的命运，共同富裕和共同繁荣。这两条道路的斗争在我国过渡时期中将长期地存在，但是，由于农业合作化的基本完成，我国绝大多数农民已经摆脱了前一条道路，走上后一条道路。今后的任务是要尽力巩固合作化制度，同时继续反对农村中的资本主义自发势力。"③比如，1962年9月25日，朱德在党的八届十中全会上的发言中谈到农业问题时提出："农民以后还是要富的，但不是少数人富，而是集体富，家家富，个个富，共同富裕。"④

毛泽东在这一时期虽然没有提及共同富裕，但他一直没有停止过对实现全体人民共同富裕这一理想的追求。他希望在中国建立一个没有剥削、没有压迫，人人平等、大家共同富裕的社会主义社会。因此，在领导社会主义建设的过程中，他对社会公平、人的平等十分看

---

① 中共中央文献研究室：《毛泽东著作专题摘编》（上），中央文献出版社2003年版，第987页。

② 中共中央文献研究室：《毛泽东文集》第八卷，人民出版社1999年版，第130页。

③ 中共中央文献研究室：《建国以来重要文献选编》第十册，中央文献出版社1994年版，第634页。

④ 中共中央文献研究室：《朱德年谱（一八八六——一九七六）》新编本（下），中央文献出版社2006年版，第1851页。

重，对等级制度、特权思想和造成两极分化的资本主义制度，始终保持着高度的警觉，并着力在实践中加以解决。1958年"大跃进"时，他就多次从生产关系即所有制、人与人在生产中的相互关系、分配三个方面的关系，阐述建立人与人之间的平等关系的重要性，他甚至还提出取消薪水制、恢复供给制。比如，1958年2月18日，他在中央政治局扩大会议上提出，所有制问题已经解决了，现在就要解决人与人在生产中的相互关系问题，就是党政军干部和群众，工厂的领导和职工，合作社的领导和社员之间的相互关系问题。①2月28日，他在会见苏联驻中国大使尤金时说：我们现在解决相互关系问题，就是党、政和群众，工厂的领导和职工，合作社的领导和社员之间的相互关系问题。要消灭官僚主义，消除资产阶级作风，要使得大家感到，现在是真正地解放了，建立起真正平等的关系。他强调，所有制问题解决后，要使社会主义在相互关系中取得胜利还需要相当长的时间。我们这次解决了，以后还会再发生的。以前，我们的相互关系，如在基层，厂长、党委书记、工会主席和职工之间，并不平等，群众把他们称为官，党、政、工、团是四大领袖。现在，经过大鸣大放、大辩论，情况就改变了，群众见到这些人可以批评，他们也真改正缺点，于是群众也纷纷起来改进工作，落后的职工批判了自己过去只为人民币服务、只为"五大件"②服务的错误态度。他们认识到应该为人民服务，于是劳动热情高涨，干劲十足。这样，我们解决相互关系这个中间问题，就进一步巩固了所有制，同时也使得分配问题容易得以解决。③8月21日，他在协作区主任会议上的讲话再次强调："人们在劳动中的相互关系，是生产关系中的重要部分。搞生产关系，不搞相互关系，是不可能的。所有制改变以后，人们的平等关系，不会自然出

① 中共中央文献研究室：《毛泽东年谱（一九四九——一九七六）》第三卷，中央文献出版社2013年版，第301页。
② 指手表、自行车、收音机、缝纫机和毛料衣服。
③ 中共中央文献研究室：《毛泽东年谱（一九四九——一九七六）》第三卷，中央文献出版社2013年版，第305—306页。

现的。中国如果不解决人与人的关系，要大跃进是不可能的。在所有制解决以后，资产阶级的法权制度还存在，如等级制度，领导与群众的关系问题。整风以来，资产阶级的法权制度差不多破坏完了，领导干部不靠威风，不靠官架子，而是靠为人民服务、为人民谋福利，靠说服。"在毛泽东看来，虽然"已经相当地破坏了资产阶级的法权制度，但还不彻底，要继续搞"。他提出："要考虑取消薪水制，恢复供给制的问题。"他说："过去搞军队，没有薪水，没有星期天，没有八小时工作制，上下一致，官兵一致，军民打成一片，成千上万的人调动起来，这种共产主义精神很好。"他提出"要恢复红军、八路军、解放军的传统，恢复马克思主义的传统，要把资产阶级思想作风那一套化掉。"①根据毛泽东这个提议，在中央和地方的不少机关中，开始酝酿恢复供给制，有的地方并已开始实行。但由于实际生活中遇到许多困难，没有搞成，在农村人民公社中却相当普遍地实行了。②这导致了后来的绝对平均主义，刮起了"共产风"，严重妨碍了社会经济的发展与进步。再比如，60年代初，毛泽东因担心农村实行"包产到户"、分田到户的单干会产生两极分化和阶级分化，强调要在农村巩固集体经济，结果导致了分配上的平均主义、大锅饭，造成了实际上的普遍贫穷。正如邓小平后来在总结这段历史经验时所说的："我们坚持走社会主义道路，根本目标是实现共同富裕，然而平均发展是不可能的。过去搞平均主义，吃'大锅饭'，实际上是共同落后，共同贫穷，我们就是吃了这个亏。"③

"四个现代化"奋斗目标的提出

"四个现代化"，是中国共产党在领导全国各族人民进行社会主

① 中共中央文献研究室：《毛泽东年谱（一九四九——一九七六）》第三卷，中央文献出版社2013年版，第417—418页。
② 中共中央文献研究室：《毛泽东传》（四），中央文献出版社2011年版，第1799页。
③ 邓小平：《邓小平文选》第三卷，人民出版社1993年版，第155页。

义革命和建设的实践中，逐步提出和确立起来的党和人民的共同奋斗目标。1954年9月23日，周恩来在一届全国人大一次会议所作的《政府工作报告》中指出："如果我们不建设起强大的现代化的工业、现代化的农业、现代化的交通运输业和现代化的国防，我们就不能摆脱落后和贫困，我们的革命就不能达到目的。"①这是党的领导人对"四个现代化"概念所作的最早的表述。其中，"现代化的交通运输业"在最终确立"四个现代化"作为党和国家的战略目标时，演变为"科学技术现代化"。这表明，现代化是一个历史的、发展的概念，我们党对现代化的认识也是一个历史的、动态的、不断深化的过程。

1955年3月31日，毛泽东在为中国共产党全国代表会议所做的结论中，第一次把"原子能"这一现代科学技术中的高科技概念，纳入全党的视野。他指出："我们进入了这样一个时期，就是我们现在所从事的、所思考的、所钻研的，是钻社会主义工业化，钻社会主义改造，钻现代化的国防，并且开始要钻原子能这样的历史的新时期。""因为现在我们面临的是新问题：社会主义工业化、社会主义改造、新的国防、其他各方面的新的工作。适合这种新的情况钻进去，成为内行，这是我们的任务。"②毛泽东对现代科学技术的重视和关注，对我们党确立正确的发展战略至关重要。

随着现代科学技术日新月异的发展，党中央更加关注和重视现代科学技术的发展。1956年1月14日，周恩来在新中国成立后党中央首次召开的全国知识分子问题会议上所作的主题报告中指出："现代科学技术正在一日千里地突飞猛进。生产过程正在逐步地实现全盘机械化、全盘自动化和远距离操纵，从而使劳动生产率提高到空前未有的水平。""科学技术新发展中的最高峰是原子能的利用。原子能给人类提供了无比强大的新的动力源泉，给科学的各个部门开辟了革新的远大前途。"他在报告中用相当大的篇幅阐述"向现代科学进军"的

① 中共中央文献编辑委员会：《周恩来选集》下卷，人民出版社1984年版，第132页。
② 中共中央文献研究室：《毛泽东文集》第六卷，人民出版社1999年版，第395页。

问题，鲜明地指出："科学是关系我们的国防、经济和文化各方面的有决定性的因素，而且因为世界科学在最近二三十年中，有了特别巨大和迅速的进步，这些进步把我们抛在科学发展的后面很远。""我们必须急起直追，力求尽可能迅速地扩大和提高我国的科学文化力量，而在不太长的时间里赶上世界先进水平。这是我们党和全国知识界、全国人民的一个伟大的战斗任务。"①1月20日，毛泽东在这次会议闭幕大会上的讲话中指出："现在我们的主动一天一天地多起来，农业改造方面主动更多了，资本主义工商业改造方面主动也更多了。但是，在知识分子问题方面我们没有主动，工业方面我们没有主动。大多数重要装备要从外国进口，精密仪器我们自己不能制造，在这上头我们没有主动。经济上没有独立，科学上没有独立。"针对会上有些人所谓不要知识分子也行的言论，毛泽东明确指出："现在我们在革什么命呢？现在是革技术的命，叫技术革命。"号召全党努力学习科学知识，同党外知识分子团结一致，为迅速赶上世界科学先进水平而奋斗。②这次会议发出了"向科学进军"的号召。5天后，1月25日，毛泽东在最高国务会议第六次会议上的讲话中再次强调："我国人民应该有一个远大的规划，要在几十年内，努力改变我国在经济上和科学文化上的落后状况，迅速达到世界上的先进水平。"③

党的八大通过的《关于发展国民经济的第二个五年计划（1958—1962）的建议》，明确了"二五"计划的基本任务是：继续进行以重工业为中心的工业建设，推进国民经济的技术改造，建立我国社会主义工业化的巩固基础；继续完成社会主义改造，巩固和扩大集体所有制和全民所有制；在发展基本建设和继续完成社会主义改造的基础上，进一步地发展工业、农业和手工业的生产，相应地发展运输业和

---

① 中共中央文献编辑委员会：《周恩来选集》下卷，人民出版社1984年版，第181—182页。

② 中共中央文献研究室：《毛泽东年谱（一九四九——一九七六）》第二卷，中央文献出版社2013年版，第515页。

③ 中共中央文献研究室：《毛泽东文集》第七卷，人民出版社1999年版，第2页。

商业；努力培养建设人才，加强科学研究工作，以适应社会主义经济文化发展的需要；在工业农业生产发展的基础上，增强国防力量，提高人民的物质生活和文化生活的水平。[①]党的八大首次把建设"具有强大的现代化的工业、现代化的农业、现代化的交通运输业和现代化的国防"[②]"四个现代化"的目标写进了新党章。

党的八大以后，毛泽东开始把"现代科学文化"的概念同"现代工业""现代农业"并提，形成了"三个现代化"的提法。他在1956年11月提出，中国在解放后把帝国主义赶走，把封建势力推翻，人民获得解放，这才有可能"逐步建设现代化的工业和农业，现代化的文化和科学"[③]，首次提出了科学文化现代化的概念。1957年3月12日，他在全国宣传工作会议上再次强调："我们一定会建设一个具有现代工业、现代农业和现代科学文化的社会主义国家。"[④]这反映了毛泽东对科学文化作为生产力在现代化建设中所起的重要作用的认识。1959年底，毛泽东在《读苏联〈政治经济学教科书〉的谈话》中提出"要加上国防现代化"。他说："建设社会主义，原来要求是工业现代化，农业现代化，科学文化现代化，现在要加上国防现代化。"[⑤]这是党和国家领导人第一次对后来确立为党和国家发展战略的"四个现代化"目标较为完整的表述。其中"科学文化现代化"的表述到60年代在党的文件中和正式发表时改为"科学技术现代化"，一直沿用了下来。从"科学文化"改为"科学技术"，反映了毛泽东和党中央对当时世界生产力发展大势和新科技革命认识的不断深化。

毛泽东和党中央在提出"四个现代化"目标的同时，还设计了实

---

① 中共中央文献研究室：《建国以来重要文献选编》第九册，中央文献出版社1994年版，第357—358页。

② 中共中央文献研究室：《建国以来重要文献选编》第九册，中央文献出版社1994年版，第315—316页。

③ 中共中央文献研究室：《毛泽东年谱（一九四九——一九七六）》第三卷，中央文献出版社2013年版，第24页。

④ 中共中央文献研究室：《毛泽东文集》第七卷，人民出版社1999年版，第268页。

⑤ 中共中央文献研究室：《毛泽东文集》第八卷，人民出版社1999年版，第116页。

现这个目标的战略步骤。1954年6月14日，毛泽东在中央人民政府委员会第三十次会议上初步提出了用50年左右的时间实现党的总目标的两个时间节点：一是大概用三个五年计划即15年左右的时间，为社会主义工业化打下一个基础；二是在前15年奋斗基础上，再用35年左右的时间，真正把中国建设成为一个伟大的社会主义国家。他指出："我们的总目标，是为建设一个伟大的社会主义国家而奋斗。我们是一个六亿人口的大国，要实现社会主义工业化，要实现农业的社会主义化、机械化，要建成一个伟大的社会主义国家，究竟需要多少时间？现在不讲死，大概是三个五年计划，即十五年左右，可以打下一个基础。到那时，是不是就很伟大了呢？不一定。我看，我们要建成一个伟大的社会主义国家，大概经过五十年即十个五年计划，就差不多了，就像个样子了，就同现在大不一样了。"接着，他说出了那段后来被广泛引用的话："现在我们能造什么？能造桌子椅子，能造茶碗茶壶，能种粮食，还能磨成面粉，还能造纸，但是，一辆汽车、一架飞机、一辆坦克、一辆拖拉机都不能造。"[1]9月15日，他在第一届全国人大一次会议开幕词中郑重提出："准备在几个五年计划之内，将我们现在这样一个经济上文化上落后的国家，建设成为一个工业化的具有高度现代文化程度的伟大的国家。"[2]1955年3月21日，他在中国共产党全国代表会议的开幕词中，进一步从时间上明确了现代化建设的战略步骤，指出："在我们这样一个大国里面，情况是复杂的，国民经济原来又很落后，要建成社会主义社会，并不是轻而易举的事。我们可能经过三个五年计划建成社会主义社会，但要建成为一个强大的高度社会主义工业化的国家，就需要有几十年的艰苦努力，比如说，要有五十年的时间，即本世纪的整个下半世纪。"[3]

党的八大前夕，毛泽东根据对社会主义社会主要矛盾的判断，

---

① 中共中央文献研究室：《毛泽东文集》第六卷，人民出版社1999年版，第329页。
② 中共中央文献研究室：《毛泽东文集》第六卷，人民出版社1999年版，第350页。
③ 中共中央文献研究室：《毛泽东文集》第六卷，人民出版社1999年版，第390页。

在起草大会开幕词时提出了中国社会主义现代化建设分"两步走"的设想：第一步，用三个五年计划的时间实现初步工业化。第二步，再用几十年的时间接近或赶上世界最发达的资本主义国家。党的八大确定了毛泽东提出的这个"两步走"的战略目标和构想。在党的八大召开期间，毛泽东又把实现第二步目标所用的"几十年的时间"明确为50年到100年。9月24日，他在会见参加中共八大的南斯拉夫共产主义者联盟代表团时说："关于中国的前途，就是搞社会主义。要使中国变成富强的国家，需要五十到一百年的时光。"①11月12日，他在为纪念孙中山诞辰90周年所写的文章中，以深邃的历史眼光和宏阔的战略思维阐明了中国共产党人实现民族复兴的战略目标："再过四十五年，就是二千零一年，也就是进到二十一世纪的时候，中国的面目更要大变。中国将变为一个强大的社会主义工业国。"②到1957年3月，他进一步明确提出："把我们的国家建设好要多少年呢？我看大概要一百年吧。要分几步来走：大概有十几年会稍微好一点；有个二三十年就更好一点；有个五十年可以勉强像个样子；有一百年那就了不起，就和现在大不相同了。"③按照毛泽东的设想，要把中国建设成为一个富强的社会主义国家，大约需要100年的时间，这100年从新中国成立开始算起大致可分为两个50年，第一个50年即到21世纪初是一个时间节点，第二个50年即从21世纪初到21世纪中叶又是一个时间节点。然而，发展的道路充满曲折。毛泽东这些比较符合我国发展实际的设想不久就出现了反复。从1957年11月毛泽东在莫斯科会议期间提出中国15年赶上或有可能超过英国，特别是1958年发动"大跃进"以后，全党上下在急于改变落后面貌的良好愿望下，盲目乐观情绪开始蔓延，结果导致在实践中背离了党一向倡导的实事求是的原则，提出了很多不切实际的

---

① 中共中央文献研究室：《毛泽东文集》第七卷，人民出版社1999年版，第124页。
② 中共中央文献研究室：《毛泽东文集》第七卷，人民出版社1999年版，第156页。
③ 中共中央文献研究室：《毛泽东年谱（一九四九——一九七六）》第三卷，中央文献出版社2013年版，第119—120页。

目标，使国民经济遭受严重损失，社会主义现代化建设的进程遭受严重挫折。加之随之而来的自然灾害和苏联政府背信弃义撕毁合同，党和人民面临新中国成立以来前所未有的严重经济困难。

20世纪60年代初，在经历了经济建设上不切实际的"超英赶美"和"大跃进"的严重挫折后，中国共产党人对社会主义建设的长期性、艰巨性有了更加清醒的认识。面对严重经济困难，1961年1月召开的党的八届九中全会提出对国民经济实行"调整、巩固、充实、提高"的方针，制定了一系列恢复农业、工业，争取财政经济状况根本好转的正确政策和措施。1962年1月11日至2月7日召开的扩大的中央工作会议即"七千人大会"，初步总结了"大跃进"以来的经验教训，分析了工作中产生缺点错误的原因。毛泽东在1月30日的讲话中说，在社会主义建设上，我们还有很大的盲目性，今后要下苦功夫调查研究，弄清社会主义经济的规律。他指出："中国的人口多、底子薄，经济落后，要使生产力很大地发展起来，要赶上和超过世界上最先进的资本主义国家，没有一百多年的时间，我看是不行的。"[1] 这次大会为动员全党团结奋斗克服困难起到了积极作用。到1962年底，经济形势出现了明显好转。

进入1963年，新的问题又摆在党中央面前：是继续正在进行的国民经济调整计划，还是按原计划开始实施第三个五年计划，需要党中央尽快做出决策。7月3日，毛泽东在召集会议听取中共中央政治局7月1日讨论《关于第二个五年计划后两年的调整计划和计划执行情况的报告》《关于一九六一和一九六二年国家决算草案的报告》的情况汇报时提出："不要马上搞第三个五年计划。从一九六三至一九六五年再搞三年调整，把三年作为过渡年，基本上是调整，也有发展，然后在这个基础上搞五年或十年计划。"[2] 8月下旬，毛泽东在审阅修改《关

---

[1] 中共中央文献研究室：《毛泽东文集》第八卷，人民出版社1999年版，第302页。
[2] 中共中央文献研究室：《毛泽东年谱（一九四九——一九七六）》第五卷，中央文献出版社2013年版，第236页。

于工业发展问题》（初草稿）时，首次明确了中国经济发展分"两步走"的战略构想，并对其中关于工业发展"两步走"的规划的一段文字作了重要修改，即"在三年过渡阶段之后，我们的工业发展可以按两步来考虑：第一步，搞十年，建立一个独立的完整的工业体系，使我国工业大体上赶上世界先进水平；第二步，再用十年，使我国工业接近世界的先进水平"。毛泽东将文中的两个"十年"都改为"十五年"，将"走在世界最前列"，改为"接近世界的先进水平"。8月26日，在中央政治局常委会听取邓小平汇报对这个文件稿的讨论和修改情况的汇报时，毛泽东表示同意文件关于分"两步走"的提法，主要是时间问题。他说，宁可把时间放长一点，第一段十五年，然后再搞十五年。还是不要提"前列"，就是提四化的社会主义强国。总的估计要恰当，对我国现有的水平不要估计过高。估计低一点，留有余地，比较更好一些。① 根据毛泽东提出的这些意见，这年9月召开的中央工作会议决定，1963年到1965年这3年继续进行调整，作为"二五"计划和"三五"计划之间的过渡阶段。会议还进一步提出了在这个过渡阶段任务完成后国民经济分"两步走"的战略设想，即第一步，经过三个五年计划，到1980年建立一个独立的、比较完整的工业体系和国民经济体系；第二步，到20世纪末全面实现四个现代化。中央工作会议期间，毛泽东在审阅修改9月6日送审的《关于工业发展问题》初稿时加写了一段话："我国从十九世纪四十年代起，到二十世纪四十年代中期，共计一百零五年时间，全世界几乎一切大中小帝国主义国家都侵略过我国，都打过我们，除了最后一次，即抗日战争，由于国内外各种原因以日本帝国主义投降告终以外，没有一次战争不是以我国失败、签订丧权辱国条约而告终。其原因：一是社会制度腐败，二是经济技术落后。现在，我国社会制度变了，第一个原因基本解决

---

① 中共中央文献研究室：《毛泽东年谱（一九四九——一九七六）》第五卷，中央文献出版社2013年版，第252页。

了；但还没有彻底解决，社会还存在着阶级斗争。第二个原因也开始有了一些改变，但要彻底改变，至少还需要几十年时间。如果不在今后几十年内，争取彻底改变我国经济和技术远远落后于帝国主义国家的状态，挨打是不可避免的。当然，帝国主义现在是处在衰落时代，我国，社会主义阵营，全世界被压迫人民和被压迫民族的革命斗争，都是处于上升的时代，世界性的战争有可能避免。这里存在着战争可以避免和战争不可避免这样两种可能性。但是我们应当以有可能挨打为出发点来部署我们的工作，力求在一个不太长久的时间内，改变我国社会经济、技术方面的落后状态，否则我们就要犯错误。"①这里，毛泽东深刻总结近代以来我国遭受帝国主义国家侵略的屈辱历史，告诫全党落后就要挨打，要从我国的实际出发，奋发进取、自强不息，彻底改变我国经济技术落后的面貌。

　　1964年12月13日，毛泽东在修改三届全国人大一次会议的政府工作报告稿时，特别强调了现代科学技术在我国现代化建设中的重要作用。他说："我们不能走世界各国技术发展的老路，跟在别人后面一步一步地爬行。我们必须打破常规，尽量采用先进技术，在一个不太长的历史时期内，把我国建设成为一个社会主义的现代化的强国。"②12月21日，周恩来根据毛泽东的提议，在第三届全国人大第一次会议上作的《政府工作报告》中，正式向全党和全国人民提出了建设"四个现代化"的社会主义强国的战略目标，即"要在不太长的历史时期内，把我国建设成为一个具有现代农业、现代工业、现代国防和现代科学技术的社会主义强国，赶上和超过世界先进水平"。宣布了到20世纪末分"两步走"实现现代化的战略步骤，即"从第三个五年计划开始，我国的国民经济发展，可以按两步来考虑：第一步，建立一个独立的比较完整的工业体系和国民经济体系；第二步，全面实

---

① 中共中央文献研究室：《毛泽东年谱（一九四九——一九七六）》第五卷，中央文献出版社2013年版，第258—259页。
② 中共中央文献研究室：《毛泽东文集》第八卷，人民出版社1999年版，第341页。

现农业、工业、国防和科学技术的现代化，使我国经济走在世界的前列。"[①]"四个现代化"从此成为党和全国各族人民的共同奋斗目标，成为凝聚和团结全国各族人民不懈奋斗的强大精神力量。[②]然而，1966年，正当我国完成经济调整任务、开始执行发展国民经济第三个五年计划的时候，发展的道路出现了更大的曲折，"文化大革命"使刚刚开始实施的"四个现代化"战略目标被迫中断。

　　从1956年到1966年全面建设社会主义的10年，是中国共产党艰辛探索中国建设社会主义道路的10年。虽然经历了严重挫折，仍然取得了很大的成就。正如《关于建国以来党的若干历史问题的决议》指出的："我们现在赖以进行现代化建设的物质技术基础，很大一部分是这个期间建设起来的；全国经济文化建设等方面的骨干力量和他们的工作经验，大部分也是在这个期间培养和积累起来的。这是这个期间党的工作的主导方面。" 以1966年同1956年相比，全国工业固定资产按原价计算，增长了3倍。棉纱、原煤、发电量、原油、钢和机械设备等主要工业产品的产量，都有巨大的增长。从1956年起实现了石油全部自给。电子工业、石油化工等一批新兴的工业部门建设了起来。工业布局有了改善。农业的基本建设和技术改造开始大规模地展开，并逐渐收到成效。全国农业用拖拉机和化肥施用量都增长6倍以上，农村用电量增长70倍。高等学校的毕业生为前7年的4.9倍。科学技术工作也有比较突出的成果。1964年10月16日，我国成功爆炸第一颗原子弹，有力打破了大国的核垄断和核讹诈，大大提高了我国的国际地位。

---

① 中共中央文献编辑委员会：《周恩来选集》下卷，人民出版社1984年版，第439页。
② 《中国共产党简史》编写组：《中国共产党简史》，人民出版社、中共党史出版社2021年版，第198页。

中国力争在20世纪末达到比较发展的水平
（1966—1976）

> 现在有一个大局，全党要多讲。大局是什么？三届人大一次会议和四届人大一次会议的政府工作报告，都讲了发展我国国民经济的两步设想：第一步到1980年，建成一个独立的比较完整的工业体系和国民经济体系；第二步到20世纪末，也就是说，从现在算起还有25年时间，把我国建设成为具有现代农业、现代工业、现代国防和现代科学技术的社会主义强国。全党全国都要为实现这个伟大目标而奋斗。
>
> 邓小平：《全党讲大局，把国民经济搞上去》（1975年3月5日）

1966年5月至1976年10月的"文化大革命"，是一场给党、国家、人民带来严重灾难的内乱，是党在探索中国自己建设社会主义道路的历史进程中遭遇的严重挫折。"文化大革命"期间，党和人民同"左"倾错误和林彪、江青反革命集团的斗争一直没有停止过。"文化大革命"初期，一些老一辈革命家就对极"左"思潮造成的混乱的无政府状态进行了抵制和抗争，努力维护党和国家正常工作运转，尽一切可能减少损失。1971年"九一三"事件后，周恩来在毛泽东支持下主持中央日常工作，批判和纠正极"左"思潮的错误，使各方面的工作有了转机。1975年，邓小平在毛泽东、周恩来支持下，主持党、国家、军队日常工作，为扭转"文化大革命"造成的严重混乱局面，开展大刀阔斧的全面整顿，同"四人帮"所谓的宁要贫穷的社会主义和共产主义，不要富裕的资本主义等严重阻碍社会生产力发展的错误思潮展开了针锋相对的斗争。这场尖锐的政治斗争引发了邓小平对什么是社会主义、怎样建设社会主义问题的重新思考并形成了一些初步的新的认识，为后来中国的改革和发展准备了条件。

全党讲大局，把国民经济搞上去

毛泽东发动"文化大革命"的目的是防止资本主义复辟，找到一条中国自己的社会主义建设道路，然而，由于党对社会主义社会的发展规律缺乏充分认识和深入研究，加之从1957年下半年开始出现的"左"的错误在理论和实践上一直未能彻底纠正，特别是党的八大二次会议轻率地改变了八大关于国内主要矛盾转变的正确分析，认为当前我国社会的主要矛盾仍然是无产阶级同资产阶级、社会主义道路同资本主义道路的矛盾，最终酿成了内乱。党的八届十中全会，毛泽东又强调阶级斗争要年年讲，月月讲，以至"以阶级斗争为纲"后来逐步发展成为党的基本路线。党和全国人民始终不能把主要力量集中到经济建设上来。林彪、江青两个反革命集团利用毛泽东的错误，进行了大量祸国殃民的罪恶活动，提出"停产闹革命"，批判"唯生产力论"，从根本上否定经济建设的任务，严重地阻碍了国民经济的发展，使党和国家遭到新中国成立以来最严重的挫折和损失。据统计资料，在1967年到1969年动乱最严重的三年中，我国经济建设已经陷于停顿和倒退。①而这个时期，在新科技革命的推动下，不但日本、美国和欧洲发达国家的经济持续高速发展，而且中国周边原来一些比较落后的国家和地区，如韩国、新加坡和中国香港、台湾等，也抓住机遇快速发展，实现了经济腾飞。

"文化大革命"后期，面对国民经济出现的严重局面，毛泽东和党的其他一些领导人开始把注意力转移到经济建设上。1969年，随着国内局势渐趋稳定和"三五"计划即将收官，周恩来等领导人抓住时

---

① 文国光：《中国十个五年计划研究报告》，人民出版社2006年版，第286页。

机，陆续恢复主要经济工业部门和综合经济部门的工作，并加强了对经济的计划和管理。当年，国民经济即有所回升。1970年7月20日，毛泽东在会见刚果人民共和国国务委员会代表团时说："中国人太多了，同经济发展不相称。你们现在愁你们的经济，我们也愁怎样把经济搞上去一点，我们搞上去一点对你们也没有坏处，搞上去不是造几个原子弹，发射个把卫星，那可怜得很。"①到年底，当年的经济指标"三五"计划主要指标大体完成。1971年，我国开始执行"四五"计划，然而这仍然是一个追求高指标的冒进的计划。"四五"计划的实施，造成国民经济一系列比例关系严重失调、市场供应紧张、人民生活水平下降的严重后果。1972年至1973年，根据周恩来的指示，国务院采取各种措施对国民经济进行调整。1973年下半年，经济形势明显好转，国民经济计划主要指标都完成或超额完成。从1973年起，经周恩来批准并报经毛泽东同意，我国陆续从国外进口一批技术先进的成套设备和单机，包括13套大化肥、4套大化纤、3套石油化工等重要项目，金额达43亿美元，史称"四三方案"。这是继"一五"计划后第二次大规模、多门类地从西方发达国家引进先进技术设备，对我国此后经济发展和技术进步发挥了重要促进作用。

从1974年下半年起，毛泽东在不同时间、不同场合、针对不同情况先后作出了"还是安定团结为好"②、把国民经济搞上去、学习理论反修防修的指示。8月，他提出要安定团结，指出："无产阶级文化大革命，已经八年。现在，以安定为好。全党全军要团结。"③随后，经毛泽东审阅的中共中央1974年10月11日关于准备召开四届人大的通知中用黑体字引用了这段话。这年年底，毛泽东听取周恩来和王洪文

---

① 中共中央文献研究室：《毛泽东年谱（一九四九——一九七六）》第六卷，中央文献出版社2013年版，第312页。

② 中共中央文献研究室：《毛泽东年谱（一九四九——一九七六）》第六卷，中央文献出版社2013年版，第567页。

③ 中共中央文献研究室：《毛泽东年谱（一九四九——一九七六）》第六卷，中央文献出版社2013年版，第543页。

关于四届人大筹备工作的汇报时，第一次称江青、张春桥、王洪文、姚文元为"四人帮"。他说："'四人帮'不要搞了。中央就这么多人，要团结。"①1974年11月，毛泽东针对"文化大革命"后期国民经济严重下滑的局面，提出了"把国民经济搞上去"的指示。②12月27日，他在同周恩来谈到经济问题时说："要安定团结，要把国民经济搞上去。"③把"安定团结"和"把国民经济搞上去"相提并论，既表明了毛泽东想抑制"四人帮"继续制造社会混乱，又表明了他希望尽快结束"文化大革命"的动乱局面，走向天下大治的愿望，从而为当时国内各项工作的发展带来转机。

1974年10月20日，毛泽东在长沙会见丹麦首相哈特林时提出了学习理论，反修防修的指示，会见时邓小平在座。会谈中，毛泽东对哈特林说："总而言之，中国现在属于社会主义国家。以前跟资本主义差不多。八级工资制，按劳分配，货币交换，这些跟旧社会没有多少差别。所不同的是所有制变更了。"④这是毛泽东"文化大革命"以来第一次集中谈理论问题，当时正值他考虑四届人大的国务院领导人选，并对江青一伙人进行批评的时候。12月26日，毛泽东在同周恩来谈话时，对"理论问题"主要讲了以下看法："列宁为什么说对资产阶级专政"，"这个问题不搞清楚，就会变修正主义。要使全国知道。""我国现在实行的是商品制度，工资制度也不平等，有八级工资制，等等。这只能在无产阶级专政下加以限制。""所以，林彪一类如上台，搞资本主义制度很容易。因此，要多看点马列主义的书。""列宁说，'小生产是经常地、每日每时地、自发地和大批地

---

① 中共中央文献研究室：《毛泽东年谱（一九四九——一九七六）》第六卷，中央文献出版社2013年版，第562页。
② 中共中央文献研究室：《毛泽东年谱（一九四九——一九七六）》第六卷，中央文献出版社2013年版，第556页。
③ 中共中央文献研究室：《毛泽东年谱（一九四九——一九七六）》第六卷，中央文献出版社2013年版，第564页。
④ 中共中央文献研究室：《毛泽东年谱（一九四九——一九七六）》第六卷，中央文献出版社2013年版，第553页。

产生着资本主义和资产阶级的'。工人阶级一部分，党员一部分，也有这种情况。""无产阶级中，机关工作人员中，都有发生资产阶级生活作风的。"①

毛泽东的这篇谈话，后来被称为"毛主席关于理论问题的重要指示"。1975年2月9日，《人民日报》发表题为《学好无产阶级专政的理论》的社论，公开发表毛泽东关于理论问题的谈话内容。2月18日，经毛泽东审阅同意，中共中央发出《关于学习毛主席关于理论问题的重要指示的通知》，在全国立即掀起学习理论的热潮。

毛泽东的这三项指示，原本没有联系，更没有把它们并列起来摆在"纲"的位置。中央文件和领导人的讲话在提到这三项指示时，也没有把它们联系起来提到"纲"的高度。分析毛泽东提出每一条指示的背景、对象可以看出他对"文化大革命"的态度。在这三条指示中，毛泽东真正作为"纲"的，只有学习理论反修防修这一条，对此他说得十分清楚："阶级斗争是纲，其余都是目。"②是邓小平在同"四人帮"的斗争中把它们作为互相联系、不能分割的"三项指示"提出来，③并提出了以"三项指示为纲"作为整顿的指导思想。

1975年1月，周恩来在四届人大所作的《政府工作报告》中，重申1964年三届人大提出的"两步设想"："第一步，用十五年时间，即在一九八〇年以前，建成一个独立的比较完整的工业体系和国民经济体系；第二步，在本世纪内，全面实现农业、工业、国防和科学技术的现代化，使我国国民经济走在世界的前列。"④这个报告，是毛泽东委托邓小平代病重的周恩来主持起草，最后经毛泽东、周恩来审阅定稿的。起草过程中，邓小平排除"四人帮"的种种干扰，要求把"四

---

① 中共中央文献研究室：《建国以来毛泽东文稿》第十三册，中央文献出版社1998年版，第413—414页。

② 中共中央文献研究室：《毛泽东年谱（一九四九——一九七六）》第六卷，中央文献出版社2013年版，第621页。

③ 中共中央文献研究室：《邓小平年谱（一九七五——一九九七）》（上），中央文献出版社2004年版，第50页。

④ 中共中央文献编辑委员会：《周恩来选集》下卷，人民出版社1984年版，第479页。

个现代化"作为重点来写，以便与三届人大的提法相衔接。这也是整个报告的精髓。①实现"四个现代化"的宏伟目标，给正在经受"文化大革命"动乱之苦的全国人民以极大的振奋，使人们看到了国家由乱到治的希望。

四届人大以后，为贯彻毛泽东提出的三项重要指示，邓小平开始大刀阔斧地领导整顿。在问题成堆、困难重重的形势下，他果断决定：立即对铁路进行整顿，迅速扭转局面，为把国民经济搞上去创造条件。②为了更好地加强对铁路整顿的领导，邓小平指示铁道部为中共中央起草一份关于解决铁路问题的文件，"要写清楚有关方针政策"。③3月5日，经毛泽东审定、批准，中共中央《关于加强铁路工作的决定》（以下简称《决定》）作为1975年9号文件发出。这对邓小平领导的全面整顿是一个很大的支持。《决定》发出的当天，邓小平在全国省、市、自治区党委主管工业的书记会议上的讲话中指出："现在有一个大局，全党要多讲。"大局是什么？就是三届人大一次会议和四届人大一次会议提出的发展我国国民经济的两步设想，"从现在算起还有二十五年时间，把我国建设成为具有现代农业、现代工业、现代国防和现代科学技术的社会主义强国"，"全党全国都要为实现这个伟大目标而奋斗。"他批驳了当时流行的"抓革命保险，抓生产危险"的说法，指出"这是大错特错的"。④他强调："今年是第四个五年计划的最后一年，生产再搞不好，势必影响第五个五年计划的实行。我们必须预见到这种形势，认真抓这个问题。"⑤他提出：解决铁路问题的办法，就是要加强统一，建立必要的规章制度，增强组织纪

① 中共中央文献研究室：《毛泽东传》（六），中央文献出版社2011年版，第2685页。
② 谷牧：《小平同志领导我们抓对外开放》，载中共中央文献研究室编《回忆邓小平》（上），中央文献出版社1998年版，第153页。
③ 中共中央文献研究室：《邓小平年谱（一九七五——一九九七）》（上），中央文献出版社2004年版，第12页。
④ 龙平平：《百年小平》（下卷），中央文献出版社2004年版，第402—403页。
⑤ 邓小平：《邓小平文选》（第二卷），人民出版社1994年版，第5页。

律性，坚决反对严重妨碍大局的派性。①他说："现在闹派性已经严重地妨害我们的大局。要把这个问题摆到全体职工面前，要讲清楚这是大是大非问题。""要从大局出发，解决问题不能拖。拖到哪一年呢？搞社会主义怎么能等呢？"②

邓小平把"四个现代化"提到全党全国工作的大局，以此反对用"革命"冲击生产的极"左"观点和做法，鲜明地表达出了他领导整顿的指导思想：就是把"四人帮"搞乱了的思想，搞乱了的生产秩序，搞乱了的管理系统恢复起来。实现安定团结，把国民经济搞上去，为"四个现代化"而奋斗。在这个思想的指导下，整顿立即见效。到4月份，铁路运输严重堵塞的路局全部疏通。到6月中旬，"文化大革命"以来多年没有的"铁路正点"在短时间内得以实现。铁路整顿初战告捷，经济整顿随即全面展开。邓小平提出，下一步的中心是要解决钢的问题。③

正当邓小平全力领导整顿时，"四人帮"控制着的全国舆论宣传工具利用"学习无产阶级专政理论"的机会，一手策划了一阵"反经验主义"浪潮。1975年3月1日，张春桥以总政主任的身份在全军各大单位政治部主任座谈会上发表讲话，大谈反对"经验主义"的问题，影射攻击周恩来在四届人大提出的实现"四个现代化"的目标。他提出，要"以主席的指示当作纲"，也就是把学习"无产阶级专政理论"、把"反经验主义"当作各项工作的"纲"。姚文元、江青也随声附和，把周恩来1972年领导批判极"左"思潮、把实现"四个现代化"和邓小平正在领导进行的整顿工作中提出的各种措施，都污蔑为"经验主义"，借以攻击以周恩来、邓小平等为代表的具有丰富经验的党和国家领导人。他们把那些反对"左"倾错误的干部、知识分

---

① 袁宝华：《千秋功业 永世流芳》，载中共中央文献研究室编《回忆邓小平》（上），中央文献出版社1998年版，第266页。
② 邓小平：《邓小平文选》第二卷，人民出版社1994年版，第6—7页。
③ 中共中央文献研究室：《邓小平年谱（一九七五——一九九七）》（上），中央文献出版社2004年版，第29页。

子和群众比作过去民主革命时期在"土围子"中的敌人，提出"打土围子"，对他们实行所谓"全面专政"。邓小平3月在全国工业书记会议上的讲话和中央关于铁路整顿的9号文件，也被攻击为"复辟纲领""资产阶级反动路线"。4月中旬，江青把"反经验主义"问题正式提到中央政治局会议，要求进行讨论，并主张"交锋"。①一时间，在全国掀起了"文化大革命"后批判"唯生产力论"的一个高潮。

邓小平十分清楚，"四人帮"挑起"反经验主义"，直接目的就是要阻碍正在进行的整顿。而其背后所触及的实质问题则是当时一个十分敏感的政治问题，即整顿的理论依据是什么。交锋还是退让，关系整顿的进退成败。邓小平选择了针锋相对。4月18日，邓小平陪同毛泽东会见金日成。会见结束后，他向毛泽东反映北京的最近情况，特别讲到江青等大批所谓"经验主义"的问题。邓小平明确表示，他不同意关于"经验主义是当前主要危险"的提法。毛泽东明确赞同邓小平的意见。5月3日，毛泽东主持召开中央政治局会议，批评了"四人帮"反经验主义、搞宗派主义的错误，重申了"三要三不要"的原则。即要搞马列主义，不要搞修正主义；要团结，不要分裂；要光明正大，不要搞阴谋诡计。毛泽东再次批评"四人帮"，这对支持周恩来、邓小平为代表的党内健康力量，遏制江青等人的气焰，起了关键性作用。邓小平抓住时机，乘势推进全面整顿。

5月，邓小平开始重点解决钢铁工业整顿问题。29日，他在中共中央召开的钢铁工业座谈会上的讲话中，首次提出"三项指示为纲"。强调："毛主席最近有三条重要指示，一条是关于理论问题的，要反修防修，再一条是关于安定团结的，还有一条是要把国民经济搞上去。这三条重要指示，就是我们今后一个时期各项工作的纲。这三条是互相联系的，不能分割的，一条都不能忘记。"②7月4日，他在对中

---

① 中共中央文献研究室：《周恩来传（一八九八——一九七六）》（下），中央文献出版社2008年版，第1917页。
② 中共中央文献研究室：《邓小平年谱（一九七五——一九九七）》（上），中央文献出版社2004年版，第50页。

央读书班第四期学员的讲话中再次强调"三项指示为纲","前一个时期，毛泽东同志有三条重要指示：第一，要学习理论，反修防修；第二，要安定团结；第三，要把国民经济搞上去。这三条指示互相联系，是个整体，不能丢掉任何一条。这是我们这一时期工作的纲。毛泽东同志去年就讲过，文化大革命已经八年了，以安定为好。现在加一年，九年了，要团结起来，安定起来。我们有好多事要办。"①

邓小平针对"四人帮"严重干扰四个现代化建设，只讲毛泽东关于理论问题的指示，却只字不提安定团结和把国民经济搞上去这种断章取义、另搞一套的作法，在整顿一开始就尖锐地直指其要害，鲜明地亮出他领导整顿的态度就是要以周恩来总理在四届人大上提出的"四个现代化"为战略目标，以"三项指示为纲"为指导思想。他把毛泽东的三项指示联系在一起，提到"纲"的高度，强调三项指示不可分割，使"四人帮"暂时难于对整顿进行攻击，为整顿工作的开展增强了主动性。"三项指示为纲"的提出，为全面整顿的继续推进创造了较好的政治环境。7月至8月间，在整顿初见成效，同"四人帮"的"反经验主义"阴谋的斗争取得胜利的情况下，全面整顿层层深入，逐步从工业、农业、商业、财贸扩大到文教、科技等各个方面。

"四个现代化"是全党全国工作的大局

1973年3月10日，中共中央作出决定，恢复邓小平的党的组织生活和国务院副总理的职务。从这年11月下旬开始，邓小平根据毛泽东和周恩来的意见，代病重的周恩来主持起草四届人大《政府工作报告》。考虑到周恩来的身体状况，邓小平提议并报毛泽东同意，把报告的篇幅限定在五千字以内。在起草报告的过程中，邓小平对党和国家全局的工作已形成了一些想法和意见。期间，邓小平就关于"革命和生产的位置怎么摆的问题"同毛泽东有过一次重要的谈话。1974年

---

① 邓小平：《邓小平文选》第二卷，人民出版社1994年版，第12页。

12月17日，邓小平陪同来访的扎伊尔总统蒙博托去长沙见毛泽东。会见结束后，邓小平向毛泽东汇报起草四届人大政府工作报告的情况。在谈到政府工作报告稿时，毛泽东说：看了一遍。邓小平说：工业十年来增加了一点九倍，每年递增百分之十一点几，这个数目还可以。报告想提出到1985年钢达到五千五百万吨左右，粮食达到七千五百亿斤左右。毛泽东说：钢五千五百万吨太多了。邓小平说：到1985年恐怕就十亿人口了。毛泽东说：人口非控制不可。邓小平说：政府工作报告不超过五千字，现在只有四千九百字，不超过主席的规定。毛泽东问：国际部分怎么样？邓小平说：我们研究了主席近来和外宾的谈话，报告中考虑用"革命和战争的因素都在增长"的提法。毛泽东说：天天讲缓和，天天准备打。邓小平说：战争的危险来自两个超级大国，主要来自苏联。毛泽东说：所以我说美国怕苏联。邓小平说：但最近挥舞战争大棒的是美国，石油问题和粮食问题，所以讲多了不好，还是说来自两霸，不为美国开脱。毛泽东说：可以。谈到对外合作和贸易时，邓小平说：当然，我们什么也不搞，也可以发展，但是速度慢些。现在国际上没有哪个国家可以脱离国际范围，都是取长补短，包括美国。以后国际环境可能还能争取到五年，主要是美国不敢打，铺得很开，苏联很集中。我们要利用这五年时间，不能耽误。归根到底就是主席讲的要安定团结，搞建设不安定不行。我觉得主要的关键是要有稳定的、有威信的省委，要能够发号施令，大家都听，当然要发得对。这么大的国家，都靠中央不行。现在下边议论，大家不安，大家感到乱哄哄的。比如，搞科研的绝大多数没有做什么事，不是说群众不要求工作，是没有办法。旷工不是个别的、少数的，而是相当大量的，但这并不等于工人群众对现状满意。总的意见是，这几年认真抓一下生产，鞍钢这样的地方要搞好。毛泽东说：要先念、余秋里、你合作。邓小平说：这个不成问题。恐怕还是革命和生产的位置怎么摆的问题。我看，不安定，生产搞不起来，主席讲八年了，这里包括怎样帮助省委树立威信。毛泽东说：你这个想法好。①邓小平在这里所说的"恐怕还是革命和生产的位置怎么摆的问题""不安定，生产搞不起来"，说出了当时中国发展面临的问题的症结所在。在毛泽东的支持下，邓小平排除"四人帮"的种种干扰，提出把三届全国人大一次会议提出的实现农业、工业、国防和科学技术的四个现代化建设的战略设想作为重点来写，以便与三届人大的提法相衔接。报告最后经毛泽东、周恩来审阅定稿。重申"四个现代化"战略目标，成为《政府工作报告》的精髓。

四届人大结束后，全党上下逐渐形成了抓经济建设的氛围。邓小平从领导整顿一开始，就将他的想法付诸实践，全力推动以经济领域为主的整顿，强调要把经济建设放在重要位置。在领导整顿的过程中，邓小平对本世纪实现四个现代化的目标作了深入思考。1975年3月5日，他在全国主管工业的书记会议上，从"四个现代化"建设的全局和高度，说明"把经济建设搞上去"的重要性。这以后，他在不同场合一再提出和强调全党要讲大局，要从大局出发、以大局为重，不能妨害经济建设和实现四个现代化的大局，使全党对经济发展给予了"文化大革命"以来从未有过的重视。

邓小平认为，四届人大提出的在本世纪内要实现的"四个现代化"的水平，只是接近或比较接近现在发达国家的水平，而不是达到同等的水平，即使是比较接近，至少还要五十年。1975年4月，他在会见美国众议院议长卡尔·艾伯特、众议院共和党领袖约翰·罗兹等人时说："我们这个国家还很落后。我们也有一些雄心壮志，看能不能在二十世纪末达到比较发展的水平。所谓比较发展的水平，比你们、比欧洲的许多国家来说，还是落后的。我国人口多，有八亿人，人均国民收入还是很低的。钢要达到你们和欧洲、日本的水平，至少要

---

① 中共中央文献研究室：《毛泽东年谱（一九四九——一九七六）》第六卷，中央文献出版社2013年版，第560—561页。

五十年的时间，而到那时候，你们又发展了。"①这年6月2日，他在会见以尤金·帕特森为团长的美国报纸主编协会代表团和美联社董事长保尔·米勒时，这样描述四届人大提出的现代化"两步走"的发展目标和战略：总的说来，我们发展社会主义经济，建设国家，是按照毛主席的指示分两步走。第一步是用十年左右的时间，把中国的工业、农业、科学技术这些方面建成独立的比较完整的体系，使各方面都有比较好的发展。第二步是在这个世纪的末期达到现代化水平。所谓现代化水平，就是接近或比较接近现在发达国家的水平。当然不是达到同等的水平。在这个时期内还办不到，因为中国有自己的情况，首先是人口比较多。但还有25年的时间，我们有信心达到比较接近通常说的西方的水平。②

邓小平开阔的国际视野使他对中国现代化建设有了更清晰的定位。中国在70年代初期打开外交新局面后，与西方发达国家的交流也多了起来。1975年分工主管外事的邓小平先后接待、会见、迎送了来自世界32个国家或地区以及国际组织的各种代表团或外宾64批次，陪同毛泽东会见外宾12次。这使他感受到了经过"文化大革命"9年多的动乱之后，中国同世界许多国家的差距拉大了，而且拉得很大。特别是他1974年4月到美国出席联大特别会议和1975年5月出访法国期间，耳闻目睹当代世界现代化发展的最高水平，他更真切地感受到了中国与外部世界的巨大差距，亲身感受到了现代化的大生产和专业化大协作以及先进的生产力给社会生产和人民生活带来的巨大变化。这也使得他常常把中国四个现代化的目标与"发达国家的水平""西方的水平"相比较，从动态的分析中揭示了实现这一目标的艰巨性。1975年9月15日，他在全国农业学大寨会议上的讲话中说："二十五年来，在

---

① 中共中央文献研究室：《邓小平年谱（一九七五——一九九七）》（上），中央文献出版社2004年版，第30页。

② 中共中央文献研究室：《邓小平年谱（一九七五——一九九七）》（上），中央文献出版社2004年版，第52—53页。

农业方面，我们由过去旧中国的半饥饿状态做到了粮食刚够吃，这件事情不可小视，这是一个伟大的成绩。在工业方面，我们也打下了一个初步的基础。但是，我们应该有清醒的头脑，尽管有了这个基础，但我们还很穷、很落后，不管是工业、农业，要赶上世界先进水平还要几十年的时间。所以，我们说形势好，有希望，大有希望，但是，头脑要清醒，要鼓干劲。"他指出："周总理在四届人大讲了毛主席提出的发展国民经济的任务，就是到本世纪末，全面实现农业、工业、国防和科学技术的现代化，使我国国民经济走在世界的前列。从明年起，二十五年，我们赌了咒，发了誓，要干这么一件伟大的工作，这真正够得上是雄心壮志。我们相信大家能够办到，但是不要疏忽大意，不要以为轻而易举。"他特别强调，"四个现代化，比较起来，更加费劲的是农业现代化。如果农业搞不好，很可能拉我们国家建设的后腿"。[①]邓小平的这些思想观点，既是他对中国能否在20世纪末如期实现"四个现代化"、实现什么标准的"四个现代化"所作出的一种实事求是的分析，也是他基于对中国国情和中国与西方发达国家所存在的巨大差距了解下的深刻反思。他把中国四个现代化的目标与"发达国家的水平""西方的水平"相比较，从动态的分析中既揭示了实现这一目标的艰巨性，又反复强调党和人民有信心实现这一雄心壮志。

邓小平认为，要实现四个现代化，不但要有信心，更重要的是路线要正确，政策要正确，方法要正确。他以"三项指示为纲"代替"以阶级斗争为纲"，就是针对"四人帮"把学习理论、"反经验主义"作为各项工作的"纲"，却全然不提毛泽东关于安定团结和把国民经济搞上去这两条指示的错误做法，力图以此来纠正当时居于主导地位的"文化大革命"的指导思想。他从"把国民经济搞上去"和实现"四个现代化"是全党全国工作的"大局"出发，把"三项指示为纲"作为领导整顿的指导思想，这就从根本上抓住了社会主义最基

---

① 中共中央文献研究室：《邓小平年谱（一九七五——一九九七）》（上），中央文献出版社2004年版，第97—98页。

本、最关键、最核心的问题，是对社会主义初步的全新的认识。国务院政治研究室9月初完成的《论全党全国各项工作的总纲》（简称《论总纲》）一文稿，以实现四个现代化为出发点和归宿，全面论述了毛泽东的三项指示的内涵和相互关系，系统地阐发了邓小平以"三项指示为纲"进行全面整顿的思想，集中地反映了1975年中央一系列重要文件的精神，是邓小平领导全面整顿的政治纲领。不久在"批邓、反击右倾翻案风"中，《论总纲》作为邓小平领导全面整顿的政治纲领和《工业二十条》《科学院工作汇报提纲》这两个进行各方面整顿的具体纲领，一起被"四人帮"称为"三株大毒草"而受到批判。

按劳分配是社会主义原则，必须坚持实行

按劳分配是社会主义的分配原则，是对不劳而获的剥削制度的否定。这本来是在理论上和实践中都已经十分明确的问题。对这个问题，本不存在争论。然而，由于"四人帮"在这个问题上的干扰破坏，一个时期内，在我国农村，劳动者的分配采取不合理的工分制，多劳不能多得；在工矿企业，只实行计时工资制，干好干坏一个样。显然，这种分配形式是不利于社会生产力发展的，并且已经造成了人们的生产积极性不高、劳动效率低下的后果。1975年全面整顿期间，邓小平同"四人帮"在社会主义要不要发展生产力，要不要实行按劳分配问题上展开了一场激烈争论。引发这场争论的是张春桥、姚文元发表的所谓反"经验主义"的两篇文章《论对资产阶级的全面专政》和《论林彪反党集团的社会基础》。争论的焦点集中在如何理解2月18日《中共中央关于学习毛主席关于理论问题的重要指示的通知》中毛泽东的几段话："我国现在实行的是商品制度，工资制度也不平等，有八级工资制，等等。这只能在无产阶级专政下加以限制。""所以，林彪一类如上台，搞资本主义制度很容易。"毛泽东的这几段话，提出了一个怎么理解马克思和列宁关于按劳分配的原则和他们曾

经揭示的"资产阶级法权"的问题。

把按劳分配中的等量劳动相交换的原则叫作"资产阶级法权"（后来译为"权利"），是马克思在《哥达纲领批判》中最早提出、用于描述社会主义经济特征的一个概念。当时，马克思虽然没有使用按劳分配这个概念，但实际上正是在这里第一次提出了社会主义社会按劳分配的思想。列宁后来在《国家与革命》中一方面正确地指出了资本主义社会本来意义上的资产阶级法权的内容，明确地把按劳分配中的"资产阶级法权"同本来意义上的资产阶级法权加以区别；另一方面，列宁又不像马克思那样，主要是在等量劳动相交换原则所表现的形式上的平等的意义上来使用"资产阶级法权"的概念，而开始强调"资产阶级法权"所体现的事实上的不平等的含义。"四人帮"正是抓住这段话，利用毛泽东对马克思、列宁所说的"资产阶级法权"的误解，大肆夸大、渲染，制造舆论，硬说"资产阶级法权"的存在"是产生新的资产阶级分子的重要的经济基础"，是"生产力发展的障碍"，强调必须批评、限制、破除"资产阶级法权"。诬蔑实行按劳分配是"搞修正主义""复辟资本主义"。这一极"左"思想的要害就是不要发展生产力，搞平均主义，在当时造成了思想上的极大混乱，以致很多人对于社会主义时期要不要贯彻执行按劳分配的原则，竟产生了怀疑，进而造成了当时实际工作中"干的不如不干的，干好干坏一个样，干多干少一个样"的坏风气，各行各业普遍以政治挂帅，忽视生产效益。

邓小平同"四人帮"攻击诬蔑按劳分配社会主义原则的极"左"观点和阻挠破坏全面整顿的阴谋活动，进行了坚决的斗争。作为以毛泽东为核心的第一代中央领导集体的重要成员，邓小平熟知毛泽东在领导全党探索适合我国情况的社会主义建设道路的心路历程，深谙毛泽东此时提出学习理论、"反修防修"的指示的用意，也十分清楚"四人帮"肆意歪曲、夸大、渲染毛泽东关于理论问题指示中这些错误论述的用心，因此，他从一开始就直击"四人帮"的要害。1975年1

月6日，邓小平即将主持国务院工作，在开始对各方面整顿时就明确提出，毛主席不久前谈到的关于无产阶级专政理论问题、资产阶级法权问题，应认真研究。并强调，这些都是国内外广大群众迫切需要系统解答的问题，要收集大量材料，写出系统的有说服力的文章。①

随着整顿的展开，邓小平对学习无产阶级专政理论、限制"资产阶级法权"的态度也有了明显变化。3月5日，也就是在姚文元的《论林彪反党集团的社会基础》一文在《人民日报》发表4天后，他在中共中央召开的全国各省、市、自治区党委主管工业的书记会议上讲话中，针对姚文元等关于毛泽东理论问题指示的极"左"观点，明确指出："现在学习毛主席关于理论问题的指示，限制资产阶级法权，也要有个物质基础，不然怎么过渡到共产主义？各取所需，是要有丰富的物质基础嘛。这同'唯生产力论'是两回事。"②5月21日，他在国务院办公会议上的讲话中又进一步指出，搞社会主义建设，如果不搞生产，还能谈得上社会主义总路线吗？我们总是要把革命和生产都搞好才行。③到6月8日，当胡乔木提出"资产阶级法权"这个译名欠妥，按原文的意思，"法权"应译为"权利"比较合适时，邓小平听后立即说，这个问题不要提。④邓小平这时开始明显地对限制"资产阶级法权"在理论上采取淡化、回避的态度，主要是由于从1月他提出从理论上研究这个问题到6月，时间已经过去5个月了。其间，他成功地领导了铁路、钢铁的整顿，开始了军队的整顿，并在毛泽东的支持下基本挫败了"四人帮"以"反经验主义"阻挠整顿的阴谋，国内形势出现了由乱而治的转机。此时，他的注意力已经放全力推动关系党和国家

---

① 中共中央文献研究室：《邓小平年谱（一九七五——一九九七）》（上），中央文献出版社2004年版，第3页。
② 中共中央文献研究室：《邓小平年谱（一九七五——一九九七）》（上），中央文献出版社2004年版，第25页。
③ 中共中央文献研究室：《邓小平年谱（一九七五——一九九七）》（上），中央文献出版社2004年版，第48页。
④ 《胡乔木传》编写组：《邓小平的二十四次谈话》，人民出版社2004年版，第15—16页。

命运、社会主义前途命运的全面整顿这项"更重要"的工作上了。①6月12日，针对限制"资产阶级法权"给全面整顿工作带来的不良影响，邓小平向"四人帮"在上海的干将、时任中共上海市委书记的马天水明确表示了不同意见。他说："中国这么多人口，国民经济搞不上去怎么行？我们一定要搞上去。批'唯生产力论'，谁还敢抓生产？现在把什么都说成是资产阶级法权。多劳多得是应该的嘛，也叫资产阶级法权吗？搞生产究竟应当用什么东西作为动力？"②

从要求把"资产阶级法权"作为认真研究、系统解答的理论问题，到强调"限制资产阶级法权，也要有个物质基础"，再到明确反对把按劳分配当成"资产阶级法权"来批判，从邓小平思想变化的这一过程可以清晰地看出，随着整顿的不断深入，他开始淡化一个时期以来党的指导思想上比较注重"反修防修"，忽视生产力发展，盲目限制"资产阶级法权"的做法，更加突出和强调社会主义经济建设和生产发展的任务，并在这个过程中开始考虑更长远的发展目标。6月，他提议召开一个讨论制订国民经济发展的长期规划的务虚会，通盘研究国民经济的发展问题。

根据邓小平的提议，6月16日至8月11日，李先念、谷牧主持召开国务院计划工作务虚会，研究经济发展的长远规划和进一步改善经济管理体制的意见。会议决定制订一个全面整顿工业的文件。8月18日，邓小平在国务院讨论国家计委起草的《关于加快工业发展的若干问题》（也称《工业二十条》）时提出了7条具体意见：一是确立以农业为基础、为农业服务的思想。二是引进新技术、新设备，扩大进出口是一个大政策。三是加强企业的科学研究工作。四是整顿企业管理秩序。五是抓好产品质量。质量第一是个重大政策。六是恢复和健全规章制度。七是坚持按劳分配原则。

---

① 《胡乔木传》编写组：《邓小平的二十四次谈话》，人民出版社2004年版，第16—18页。
② 中共中央文献编写组：《邓小平年谱（一九七五——一九九七）》（上），中央文献出版社2004年版，第56页。

　　针对当时"限制资产阶级法权"、批判按劳分配原则给人们思想带来的混乱，他鲜明地提出："坚持按劳分配原则。这在社会主义建设中始终是一个很大的问题。""所谓物质鼓励，过去并不多。人的贡献不同，在待遇上是否应当有差别？同样是工人，但有的技术水平比别人高，要不要提高他的级别、待遇？技术人员的待遇是否也要提高？如果不管贡献大小、技术高低、能力强弱、劳动轻重，工资都是四五十块钱，表面上看来似乎大家是平等的，但实际上是不符合按劳分配原则的，这怎么能调动人们的积极性？我看高温、高空、井下、有毒的工种，待遇应当跟一般的工种有所不同。工资政策是个很复杂的问题，要研究。"①在限制"资产阶级法权"、拉平分配收入的声浪中，邓小平不仅提出要坚持按劳分配原则，而且提出应当根据贡献的不同拉开收入差距，这实际上是肯定了存在社会差别的必要，否定了把按劳分配当作资产阶级性质随意批判、破除的做法。他的这些思想被写进了当年11月3日完成定稿的《关于加快工业发展的若干问题》。文件指出："限制资产阶级法权，决不能脱离现阶段的物质条件和精神条件，否定按劳分配，不承认必要的差别，搞平均主义。平均主义不仅现在不行，将来也是行不通的。""各尽所能，按劳分配，不劳动者不得食，是社会主义原则。在现阶段，它是基本适合生产力发展的要求的，必须坚持实行。不分劳动轻重，能力强弱，贡献大小，在分配上都一样，不利于调动广大群众的社会主义积极性。"虽然这个文件因为邓小平领导的整顿工作被迫中断而未能下发，但它初步概括了工业整顿的经验，提出了发展工业的许多正确的或较为正确的方针政策，对当时工业战线的整顿发生了直接的推进作用。

　　关于按劳分配的这场争论和思想交锋，实际上涉及的是怎么对待和理解马克思主义、怎样认识和理解社会主义的问题。邓小平虽然没有就按劳分配是社会主义的正确的分配政策作过多的阐释，但他对平

---

① 邓小平：《邓小平文选》第二卷，人民出版社1994年版，第30—31页。

均主义思想的抵制和批评，对"四人帮"把按劳分配作为资本主义因素加以批判的"左"倾错误行为的直接斗争，在一定程度上启迪和鼓舞了人们的思想，为粉碎"四人帮"后在这个问题上的拨乱反正打下了坚实的思想基础。邓小平后来在回顾同"四人帮"这场针锋相对的斗争经历时说："'四人帮'不提倡搞生产，认为搞生产就是'唯生产力论'，就是'不革命'，就是'走资本主义道路'。他们反对按劳分配原则。""群众反对'四人帮'，主要是反对他们不让劳动，不让提高劳动生产率，不鼓励劳动有贡献的人，不让他们多收入一点，不让那些在艰苦劳动条件下劳动的人多收入一点。这是违反马克思主义，违反社会主义原则的。"[①]"这是我们同'四人帮'的重大争论之一。如果不是生产力发展到物质极大丰富，怎么能实现按需分配，怎么能进入共产主义？"[②]

经过全面整顿，形势明显好转。大部分地区社会秩序趋于稳定，国民经济迅速回升。1975年的工农业总产值和大多数产品产量指标按照"四五"计划基本完成。按照邓小平领导整顿的思路，我国现代化建设是能逐步走上预想的正常轨道的。但是，事与愿违。由于党在指导思想上"以阶级斗争为纲"的错误没有得到纠正，不可能集中精力进行现代化建设。不久，在所谓"反击右倾翻案风"的运动中，"四人帮"硬把1975年的政治路线和工作成就说成是所谓"右倾翻案风"，并利用所把持的宣传舆论工具包括文艺作品，向邓小平和他领导的全面整顿大肆反击。在他们笔下，"三项指示为纲"成了"翻案复辟的政治纲领"，"实现四个现代化"是在鼓吹"阶级斗争熄灭论"和"唯生产力论"，邓小平又一次被打倒，整顿被迫中断。

"文化大革命"期间，我国国民经济虽然遭到巨大损失，但仍然在广大干部群众的努力下取得了进展。粮食生产保持了比较稳定的增

---

① 中共中央文献研究室：《邓小平年谱（一九七五——一九九七）》（上），中央文献出版社2004年版，第196页。
② 中共中央文献研究室：《邓小平年谱（一九七五——一九九七）》（上），中央文献出版社2004年版，第222页。

长。工业交通、基本建设和科学技术方面取得了一批重要成就，其中包括一些新铁路和南京长江大桥的建成，一些技术先进的大型企业的投产，氢弹试验和人造卫星发射回收的成功，籼型杂交水稻的育成和推广，等等。在国家动乱的情况下，人民解放军仍然英勇地保卫着祖国的安全。对外工作也打开了新的局面。当然，这一切绝不是"文化大革命"的成果，如果没有"文化大革命"，我们的事业会取得大得多的成就。

从恢复按劳分配原则到"先让一部分人富裕起来"
（1976—1978）

> 我们过去是吃大锅饭，鼓励懒汉，包括思想懒汉，管理水平、生活水平都提不高。现在不能搞平均主义。毛主席讲过先让一部分人富裕起来。好的管理人员也应该待遇高一点，不合格的要刷下来，鼓励大家想办法。
>
> 邓小平：《视察天津时的讲话》（1978年9月20日）

1976年粉碎"四人帮"，"文化大革命"结束，中国处于向何处去的重大历史关头。中国共产党人面对的紧迫历史任务是：彻底纠正"文化大革命"在实践和理论上的错误，使中国社会主义事业重新奋起。从这时起到党的十一届三中全会之前，是党和国家工作在徘徊中前进的两年。当时，摆在党和国家面前的突出问题是生产力发展缓慢，全国人民的温饱问题还没有根本解决。怎样才能最大限度地发展和解放生产力？怎样才能更快地使国家和全国人民摆脱贫困走向富裕？这些过去在建设社会主义过程中没有搞清楚、更没有解决的重大问题日益凸现。邓小平在经历了政治上的大起大落再次复出后，深刻总结社会主义建设正反两方面经验，特别是"文化大革命"的教训，深刻反思中国共产党建设社会主义的出发点和根本目标，深入思考社会主义的根本目的和根本任务，开始在实践中探索和逐步深化对社会主义本质的认识。

"要按劳分配，要有差别，但差别不能太大"

粉碎"四人帮"以后，许多干部和广大理论工作者开始直接批判"四人帮"的一些"左"的错误理论观点。从1977年2月开始，经济理论界就开展了关于按劳分配和"资产阶级法权"等问题的讨论，规模逐步扩大，主要集中在按劳分配和"资产阶级法权"、政治和经济、革命和生产等问题上。邓小平十分关注经济学界这场关于按劳分配问题的讨论，刚一复出，他就旗帜鲜明地支持这场讨论。他还记得1975年同"四人帮"的那场斗争中，关于按劳分配，还有很多问题没有解决。现在，要把按劳分配作为一项经济政策指导实际工作，必须首先从理论上拨乱反正，正本清源。

邓小平不仅对这场讨论给予肯定，还鼓励参加讨论的国务院政治研究室组织力量写一篇大文章。他本人也在不同场合多次为按劳分配正名。1977年8月3日，邓小平在同时任国务院政治研究室负责人胡乔木、于光远、邓力群谈话时，肯定了他们组织撰写的《评"四人帮"对"唯生产力论"的批判》一书，认为"基本上是写得好的，站得住。"在谈到按劳分配问题时，他明确指出："应该有适当的物质鼓励，少劳少得，多劳多得，说得清楚。现在有人把不是毛主席的东西，强加给毛主席，说按劳分配产生资产阶级。这根本不行。五十元工资加到一百元，加到两百元，也变不了资产阶级。"[1]8月8日，他

---

① 中共中央文献研究室：《邓小平年谱（一九七五——一九九七）》（上），中央文献出版社2004年版，第171页。

在科学和教育工作座谈会上提出："讲按劳分配，无非是多劳多得，少劳少得，不劳不得。这个问题从理论到实践，有好多具体问题要研究解决。这不仅是科学界、教育界的问题，而且是整个国家的重大政策问题。"①9月6日，他在会见美联社董事会代表团时说，所谓按劳分配，就是多劳多得，少劳少得，不劳不得。现在，我们要恢复按劳分配的原则。我们是实行低工资政策，要实行好多年。随着经济的发展，才能逐步提高工资。我们采取低工资政策还因为有个城乡关系问题，如果工资过高，农村生活水平不能很快提高，会吸引许多农村劳动力进入城市。即使我们的工业更发达，国家收入更多，也要照顾城乡关系，不能相差太多，当然差距总还是会有的。据此，他特别强调："要按劳分配，要有差别，但差别不能太大。"②10月15日，他在会见加拿大麦吉尔大学东亚研究中心主任林达光教授时说：根据马列主义的观点，最根本最活跃的因素是生产力。上层建筑要为经济基础服务，两者相互影响，在一定条件下上层建筑起决定作用。"四人帮"否认生产力的重要，认为只要上层建筑的问题、所有制的问题解决了，就能进入共产主义。谁提发展生产力，就被说成是"唯生产力论"。这是我们同"四人帮"的重大争论之一。如果不是生产力发展到物质极大丰富，怎么能实现按需分配，怎么能进入共产主义？马列主义没有"唯生产力论"这个词，这个词不科学。③11月1日，他在听取国务院国防工业办公室负责人汇报时指出：中央政治局已经决定，要建立岗位责任制，要坚持按劳分配的原则。物质奖励还是要的，以精神鼓励为主，物质奖励为辅。搞计时工资，也搞计件工资。唐山煤矿的经验是好的，他们一直坚持总工程师制度，文化大革命这么多年，他们的奖金没有取消，一直照发。要有必要的奖励。按劳取酬，

---

① 邓小平：《邓小平文选》第二卷，人民出版社1994年版，第51页。
② 中共中央文献研究室：《邓小平年谱（一九七五——一九九七）》（上），中央文献出版社2004年版，第196页。
③ 中共中央文献研究室：《邓小平年谱（一九七五——一九九七）》（上），中央文献出版社2004年版，第222—223页。

这是社会主义的分配原则。①11月3日，他在会见美籍华人王浩时进一步强调："按劳分配问题过去解决不了。现在看来还得按劳分配，必要的物质鼓励还是得要。"②11月17日，他在听取中共广东省委负责人韦国清、王首道等汇报时说，农村中有个按劳分配问题，工厂同样有这个问题。要采取精神鼓励为主、物质鼓励为辅的按劳分配制度。奖金制度要恢复。奖金制度要恢复。规章制度、管理制度，好的都要恢复。总之，要把那些合理的恢复起来，改掉那些不合理的。③

从现有公开的文献中可以看到，仅在1977年下半年短短4个月的时间里，邓小平谈按劳分配问题就达7次之多，这些论述澄清了"四人帮"在这个问题上制造的混乱，有力地推动了按劳分配问题讨论的深入，给当时还心有余悸的理论工作者以极大的支持和鼓舞。在邓小平的明确支持下，1977年10月底至11月初，在北京举行了按劳分配问题讨论会，有全国20多个省市区的800多人参加。会上有100多人发言，集中批判了把按劳分配说成是"资产阶级法权的经济基础"、把发展生产说成是所谓"唯生产力论"等谬论。《人民日报》《光明日报》等报刊选载了一批讨论文章，把讨论推向了社会。

为了从理论上对按劳分配问题正本清源，在邓小平的指导下，国务院政治研究室组织了一个写作组，从1977年下半年开始起草《贯彻执行按劳分配的社会主义原则》这篇大文章。经过几个月的讨论、修改，1978年3月，拿出了报送给邓小平的送审稿。3月28日，邓小平在看了这篇文章的送审稿后，同胡乔木、邓力群谈了他的看法。他首先肯定这篇文章"写得好，说明了按劳分配的性质是社会主义的，不是资本主义的"。他提出有些地方还要改一下，要"同当前按劳分配

---

① 中共中央文献研究室：《邓小平年谱（一九七五——一九九七）》（上），中央文献出版社2004年版，第233—234页。
② 中共中央文献研究室：《邓小平年谱（一九七五——一九九七）》（上），中央文献出版社2004年版，第236页。
③ 中共中央文献研究室：《邓小平年谱（一九七五——一九九七）》（上），中央文献出版社2004年版，第239页。

中存在的实际问题联系起来"。他明确指出"我们一定要坚持按劳分配的社会主义原则。按劳分配就是按劳动的数量和质量进行分配。根据这个原则，评定职工工资级别时，主要是看他的劳动好坏、技术高低、贡献大小"。强调"只能是按劳，不能是按政，也不能是按资格"。谈到社会上人们最关心的工资政策，他说："我们实行的是低工资政策，这是一个相当长时期的政策。现在八级工的工资最高额是一百零几元，将来随着生产的发展，工资要逐步提高，各级工资数额要有所增加。现在小学教员的工资太低。一个好的小学教员，他付出的劳动是相当繁重的，要提高他们的工资。将来，有些教得很好的小学教员，工资可以评为特级。各行各业都要设立特级，以鼓励人们终身从事自己的职业。"他强调"要实行考核制度。考核必须是严格的、全面的，而且是经常的。各行各业都要这样做"。他说："今后职工提级要根据考核的成绩，合格的就提，而且允许跳级，不合格的就不提。"针对过去否定物质奖励的错误做法，他提出："要有奖有罚，奖罚分明。对干得好的、干得差的，经过考核给予不同的报酬。"他提出："我们过去行之有效的各种措施都要恢复。奖金制度也要恢复。对发明创造者要给奖金，对有特殊贡献的也要给奖金。搞科学研究出了重大成果的人，除了对他的发明创造给予奖励外，还可以提高他的工资级别。""总的是为了一个目的，就是鼓励大家上进。"①4月30日，邓小平再次约见胡乔木、邓力群、于光远，就《贯彻执行按劳分配的社会主义原则》文章的修改发表意见。在这次谈话中，邓小平重点围绕工资改革问题谈了自己的意见，他说，工资级别一定要有，而且定级一定要以技术为主。工人的工资不一定是八级，还可以考虑多几级。总之，八级工资制需要作些改革。行政人员的工资级别，也有一个改革问题。他提出，奖金一定要搞，问题是怎么搞得更合理。②

---

① 邓小平：《邓小平文选》第二卷，人民出版社1994年版，第101—102页。
② 中共中央文献研究室：《邓小平年谱（一九七五—一九九七）》（上），中央文献出版社2004年版，第302—303页。

5月5日，《贯彻执行按劳分配的社会主义原则》一文以特约评论员署名在《人民日报》头版发表，立即引起广泛的社会反响。全文约2万字，分三个部分，论证了按劳分配的社会主义原则，阐述了按劳分配的各种劳动报酬形式，提出了实行按劳分配原则应注意的几个问题。5月7日，国务院发出通知，要求有条件、有计划地实行奖励和计件工资制度。这表明，按劳分配原则已经在绝大多数党和国家领导人中达成共识，并运用于指导实际工作。

重视物质利益，肯定按劳分配，邓小平首次从分配形式上打破了近20多年的"大锅饭"、平均主义对我国多年的思想禁锢和体制上的束缚，开拓了人们在实践中贯彻按劳分配原则的新观念，为社会主义发展生产力、解放生产力开辟了一条捷径。邓小平后来说："从一九五八年到一九七八年这二十年的经验告诉我们：贫穷不是社会主义，社会主义要消灭贫穷。不发展生产力，不提高人民的生活水平，不能说是符合社会主义要求的。"他指出，毛泽东"一个重大的缺点，就是忽视发展社会生产力。不是说他不想发展生产力，但方法不都是对头的，例如搞'大跃进'、人民公社，就没有按照社会经济发展的规律办事"。[1]

"先让一部分人富裕起来"

恢复按劳分配原则，立刻遇到一个问题：我国地区、城乡、行业之间的客观条件千差万别，整个经济的发展不可能齐头并进。在发展社会生产力的过程中，在全国人民走向富裕的进程中，总是有先有后、有快有慢。这是由我国的基本国情决定的。怎么办？这就要求进一步破除过去在分配上吃"大锅饭"，搞平均主义的做法，进而明确一种新的认识，提出一种新的政策。带着这样的思考，从1977年11月到1978年9月，邓小平先后去了广东、四川、辽宁、黑龙江、吉林、

① 邓小平：《邓小平文选》第三卷，人民出版社1993年版，第116页。

河北、天津，从南到北、从东到西，他深入农村、城市，深入田间地头、工矿企业，深入工人、农民中间，深入各级党员干部中间，边走、边看、边听、边谈，探寻在中国这样一个人口众多、生产力落后的大国如何发展生产、发展经济、改善人民生活的出路。所到之处，面对落后的现实和人民生活困苦的现状、面对中国与世界发达国家越拉越大的差距，邓小平在不同的场合反复追问着同一个问题：什么叫社会主义，它比资本主义好在哪里？每个人平均六百几十斤粮食，好多人饭都不够吃，二十八年只搞了二千三百万吨钢，能叫社会主义优越性吗？社会主义不是比资本主义优越吗？不优越叫什么社会主义。人民生活水平不是改善而是后退叫优越性吗？如果这叫社会主义优越性，这样的社会主义我们也可以不要。①

　　1977年11月17日，邓小平在广州听取广东省委负责同志汇报工作时强调：过去许多行之有效、多年证明是好的政策要恢复，现在就可以恢复。说什么养几只鸭子就是社会主义，多养几只就是资本主义，这样的规定要批评，要指出这是错误的。看来最大的问题是政策问题。政策对不对头，是个关键。这也是个全国性的问题。②1978年2月1日，从缅甸访问归来的邓小平在成都听取四川省委负责同志的汇报时说：农村和城市都有个政策问题。我在广东听说，有些地方养三只鸭子就是社会主义，养五只鸭子就是资本主义，怪得很！农民一点回旋余地没有，怎么能行？农村政策、城市政策，中央要清理，各地也要清理一下，零碎地解决不行，要统一考虑。自己范围内能解决的，先解决一些，总要给地方一些机动。③

　　1978年9月13日到18日，从朝鲜访问归来的邓小平特意到了东

---

① 《邓小平年谱（一九七五——一九九七）》（上），中央文献出版社2004年版，第277页。

② 《邓小平年谱（一九七五——一九九七）》（上），中央文献出版社2004年版，第238—239页。

③ 《邓小平年谱（一九七五——一九九七）》（上），中央文献出版社2004年版，第261页。

北。他考察了大庆、鞍钢两个企业，但更多的时间是他自己在谈，不知疲倦地谈，谈那些他思虑已久，如骨鲠在喉、不吐不快的话。9月15日，在哈尔滨听取黑龙江省委常委的工作汇报，在听到七八月工业生产下降有按劳分配方面的问题时，邓小平陷入了沉思。面对中国20多年来因搞平均主义、吃"大锅饭"，导致社会主义共同落后和共同贫穷的现实，联系自己在广州、成都听到和看到的在实际工作中实行按劳分配时存在的问题，他深切地感到，如何看待和实行按劳分配问题，不仅仅是广东、四川、黑龙江省碰到的一个非常现实的问题，也是全国各地普遍存在的、亟待解决的一个重大政策问题。对此，他一针见血地指出：按劳分配政策很值得研究。不能搞平均主义，平均主义害处太大了。管理好的企业，工资待遇应该不同。企业管理得好，为国家贡献大的，应给予奖励，刺激技术水平、管理水平的提高。[1]9月16日，在长春听取吉林省委常委汇报时，邓小平说得更为明确，他提出："要鼓励哪怕是一个生产大队、一个生产队都要很好地思考，根据自己的条件思考怎样提高单位面积产量，提高总产量，还有技术方面、多种经营方面，哪些该搞的还没有搞，怎么搞。""不管大中小企业，搞得好的要奖励，不能搞平均主义，要鼓励先进。""这样鼓励它提高技术水平、管理水平，提高生产能力。""要真正搞按劳分配，鼓励向上，鼓励人们努力学习，这对社会主义的极大益处是发展社会生产力。"[2]他鲜明指出："我们是社会主义国家，社会主义制度优越性的根本表现，就是能够允许社会生产力以旧社会所没有的速度迅速发展，使人民不断增长的物质文化生活需要能够逐步得到满足。""如果在一个很长的历史时期内，社会主义国家生产力发展的速度比资本主义国家慢，还谈什么优越性？我们要想一想，我们给人民究竟做了多少事情呢？我们一定要根据现在的有利条件加速发展生

---

[1] 中共中央文献研究室：《邓小平年谱（一九七五——一九九七）》（上），中央文献出版社2004年版，第376页。

[2] 中共中央文献研究室：《邓小平年谱（一九七五——一九九七）》（上），中央文献出版社2004年版，第378—379页。

产力，使人民的物质生活好一些，使人民的文化生活、精神面貌好一些。"①9月17日，在沈阳听取辽宁省委常委汇报时，他进一步强调："马克思主义认为，归根到底要发展生产力。我们太穷了，太落后了，老实说对不起人民。我们现在必须发展生产力，改善人民生活条件。"②9月18日，在视察鞍钢后听取鞍山市委负责同志汇报时，他再一次急切而又充满期待地谈到怎样搞好社会主义国家建设、充分发挥社会主义制度优越性的问题："社会主义要表现出它的优越性，哪能像现在这样，搞了二十多年还这么穷，那要社会主义干什么？我们要在技术上、管理上都来个革命，发展生产，增加职工收入。"③

邓小平在视察东北6天的时间里，发表了6次重要谈话，史称"北方谈话"。这些谈话涉及开放、改革和政治路线、思想路线，深刻阐述了当时中国社会存在的重大问题和突出矛盾，对新中国成立以来在思想观念、政治体制、经济政策方面存在的错误的、落后的、阻碍生产发展和社会进步的东西，给予了大胆、深刻、尖锐的抨击。特别是他号召在各个领域冲破禁区，破除僵化，解放思想，实事求是，由此解开了多年的思想死结，使困扰人们已久的疑虑涣然冰释，极大地促进了人们的思想解放。东北的广大干部也正是从邓小平的谈话中，慢慢明白了，社会主义首先要搞生产，要搞经济建设。时任中共中央委员、中共辽宁省委第二书记任仲夷后来回忆说："小平同志在辽宁视察时对我说过一句话：'要让一部分人生活先好起来。'我记得很清楚，他当时不是说'要让一部分人先富起来'，但我的理解就是要让一部分人先富起来。别看这么一句话很简单，但意义十分重大。当时很多人还受'富则修'极'左'思想的影响，谈'富'色变。小平同志讲了这么一句话，才冲破'富则修'这种极'左'思想的束缚。为此，我在全省开展'敢不敢富，能不能富，让不让富，会不会富和怎

① 邓小平：《邓小平文选》第二卷，人民出版社1994年版，第128页。
② 中共中央文献研究室：《邓小平年谱（一九七五——一九九七）》（上），中央文献出版社2004年版，第381页。
③ 邓小平：《邓小平文选》第二卷，人民出版社1994年版，第130页。

样富'的致富大讨论，取得了很好的效果，在农村和城市恢复了长期被视之为'资本主义尾巴'的自由市场。那时候，我还提出允许个体经营，大力发展集体所有制企业，为国营企业'松绑'等问题。"①

9月20日，邓小平经唐山到天津考察。他在听取天津市委常委汇报时进一步阐发了他这次东北之行提出的一些新思想、新战略。正是在这次谈话中，他首次鲜明提出了"先让一部分人富裕起来"的重要思想。他说："我走了几个地方，一再讲就是要解放思想，开动机器，不要当懒汉，要从实际出发。大队、小队都有特殊性，不能画框框，不能鼓励懒汉。""我们过去是吃大锅饭，鼓励懒汉，包括思想懒汉，管理水平、生活水平都提不高。现在不能搞平均主义。毛主席讲过先让一部分人富裕起来。好的管理人员也应该待遇高一点，不合格的要刷下来，鼓励大家想办法。"毛泽东究竟在什么时候、什么场合提出过这一思想，从目前公开的文献中没有查到，但邓小平在这个时候重新提出并突出强调毛泽东的这个思想，是符合当时我国生产力发展实际的。邓小平在讲话中进一步指出："讲物质刺激，实际上就是要刺激。我们过去也是老观念，认为工资总额、劳动定额不能突破，这样调剂的能力没有了。"②

邓小平从明确提出恢复和坚持按劳分配原则，坦然承认分配上的差别，到提出"先让一部分人富裕起来"，看似一个提法上的不同和变化，实际上是对传统社会主义观念的一个重大突破，从根本上改变了过去对待生产力和生产关系这一社会主义最根本问题的认识，在理论上迈出了跨越时代的一大步。

---

① 《北京日报》，2004年8月9日。
② 中共中央文献编辑室：《邓小平年谱（一九七五——一九九七）》（上），中央文献出版社2004年版，第387页。

第三章　逐步实现共同富裕

改革开放和社会主义现代化建设新时期，党面临的主要任务是，继续探索中国建设社会主义的正确道路，解放和发展社会生产力，使人民摆脱贫困、尽快富裕起来，为实现中华民族伟大复兴提供充满新的活力的体制保证和快速发展的物质条件。

——《中共中央关于党的百年奋斗重大成就和历史经验的决议》

为了全体人民的**共同富裕**

　　1978年12月，党的十一届三中全会果断结束"以阶级斗争为纲"，实现党和国家工作中心战略转移，开启了改革开放和社会主义现代化建设新时期，实现了新中国成立以来党的历史上具有深远意义的伟大转折。中国共产党在团结带领人民进行社会主义建设和现代化建设的伟大实践中，深刻总结新中国成立以来建设社会主义正反两方面历史经验，提出了"走社会主义道路，就是要逐步实现共同富裕""社会主义的本质是解放生产力，发展生产力，消灭剥削，消除两极分化，最终达到共同富裕"的全新论断。这一全新论断，突破了长期以来人们对社会主义的误解和曲解，打破了把共同富裕等同为同步富裕、同等富裕等"一大二公"、平均主义的传统体制和传统观念的束缚，明确了社会主义的根本任务是解放和发展生产力，贫穷不是社会主义，发展太慢也不是社会主义，必须从中国的国情出发，根据生产力发展的要求，创造出与之相适应和便于继续前进的生产关系的具体形式，在充分解放和发展社会生产力基础上有步骤分阶段推进共同富裕；明确了建设社会主义的出发点和根本目标是为了全国各族人民都能比较快地富裕起来，在中国这样一个贫穷落后、地域广大、条件千差万别的大国，共同富裕是一个长期的过程，必须因地制宜、量力而行，积极奋斗，要鼓励劳动者"八仙过海，各显其能"，寻求致富之路，要允许和鼓励一部分有条件的地区、一部分勤劳肯干和有经营能力的人先富起来，带动越来越多的地区和群众走向富裕，逐步达到共同富裕；明确了社会主义最大的优越性就是共同富裕，要使全体人民共享改革发展的成果，朝着共同富裕的方向稳步前进。这一全新论断，大大深化了人们对社会主义本质特征和社会主义建设规律的认识，推动我国实现了从生产力相对落后的状况到经济总量跃居世界第二的历史性突破，实现了人民生活从温饱不足到总体小康、奔向全面小康的历史性跨越，推进了中华民族从站起来到富起来的伟大飞跃。

让一部分人、一部分地区先富起来，大原则是共同富裕
（1978—1992）

共同富裕的构想是这样提出的：一部分地区有条件先发展起来，一部分地区发展慢点，先发展起来的地区带动后发展的地区，最终达到共同富裕。

邓小平：《在武昌、深圳、珠海、上海等地的谈话要点》

（1992年1月18日—2月21日）

允许一部分地区、一部分人先富裕起来，带动越来越多的地区、越来越多的人比较快地富裕起来，最终实现全国人民的共同富裕，这是1978年12月13日邓小平在中央工作会议闭幕会上发表的题为《解放思想，实事求是，团结一致向前看》的著名讲话中首次提出的一个影响和带动整个国民经济发展的"大政策"。邓小平在讲话中是这样说的："在经济政策上，我认为要允许一部分地区、一部分企业、一部

分工人农民，由于辛勤努力成绩大而收入先多一些，生活先好起来。一部分人生活先好起来，就必然产生极大的示范力量，影响左邻右舍，带动其他地区、其他单位的人们向他们学习。这样，就会使整个国民经济不断地波浪式地向前发展，使全国各族人民都能比较快地富裕起来。"①在这段重点明确的讲话中，可以清晰地看出，讲话的重心是在先让一部分地区、一部分人"富裕起来"，还没有提出"共同富裕"的确切概念，但其最终目的却是十分明确的，就是"使全国各族人民都能比较快地富裕起来"。为了引起与会者的高度重视，邓小平强调："这是一个大政策，一个能够影响和带动整个国民经济的政策，建议同志们认真加以考虑和研究。"②这个"大政策"，贯穿于他领导和指导、决策和推动改革开放和社会主义现代化建设伟大实践的始终，也贯穿于他理论思考和理论创造的始终，并在实践中将"最终达到共同富裕"升华为社会主义的根本目标和本质要求。

"万元户"成为农村先富起来的一部分人的象征

1978年的中国，生产技术水平还处于"几亿人口搞饭吃，粮食问题还没有真正过关"③的状况。当时，全国8亿多人中有2.5亿人口没有解决温饱问题，大部分在农村，约占当时农村人口的30%。中国的事情能不能办好，农业的发展状况具有决定性意义。全党必须集中主要精力把农业尽快搞上去，是十一届三中全会提出的一个重大决策。为此目的，必须首先调动我国几亿农民的社会主义积极性，必须在经济上充分关心他们的物质利益。会议还提出了发展农业生产的一系列政策措施，其中一条就是"必须认真执行按劳分配的社会主义原则，按

---

① 邓小平：《邓小平文选》第二卷，人民出版社1994年版，第152页。
② 邓小平：《邓小平文选》第二卷，人民出版社1994年版，第152页。
③ 邓小平：《邓小平文选》第二卷，人民出版社1994年版，第90页。

照劳动的数量和质量计算报酬，克服平均主义"。[1]

我国改革率先从农村实行家庭联产承包责任制取得突破。"大政策"也从1979年开始在占我国人口80%的农村地区同家庭联产承包责任制配套实施。在农村改革的历程中，较早在实践中较取得突破的是安徽省和四川省。

1977年6月，万里出任中共安徽省委第一书记。经过近半年的调研，万里对安徽农民生活的困苦现状深感痛心。他深切地感到，从1958年开始已经实行了整整20年的人民公社制度把农民牢牢地拴在土地上，"大锅饭"捆住了农民手脚，挫伤了农民积极性。为此，在他的主持下，安徽省委根据本省农业生产的实际，当年11月就制定颁布了以"允许生产队根据农活建立不同的生产责任制""尊重生产队的自主权""落实按劳分配制度""粮食分配要兼顾国家、集体和个人利益""减轻生产队和社员负担""允许和鼓励社员经营自留地和正当的家庭副业"等为主要内容的《关于当前农村经济政策几个问题的规定（试行草案）》（简称农村《六条》）。[2]农村《六条》突破了以往的不少政策"禁区"，使安徽由此迈出了纠正农业上"左"的错误、解决农村政策问题的步伐，是中国农村改革的一个重要信号。这个文件一经发布，即受到广大农民和基层干部的欢迎和响应，并在全国产生了积极的影响。

1978年夏秋之际，安徽遭受百年不遇的特大旱灾，全省大幅度减产已成定局，使这片本来就已十分贫瘠的土地雪上加霜。中共安徽省委作出把土地借给农民耕种，不向农民征统购粮的决策。这一决策很快激发和调动起了广大基层干部群众的生产积极性，战胜了特大旱灾，当年全省完成了秋种计划。一些地方的干部群众还从"借地"中受到启发，开始冲破传统体制的限制和束缚，开始包干到组、包产到户。其中，梨园公社小岗生产队最早开始实行"包干到户"。当时，

[1] 中共中央文献研究室编：《十一届三中全会以来党的历次全国代表大会中央全会重要文件选编》（上），中央文献出版社1997年版，第24页。
[2] 《万里文选》，人民出版社1995年版，第645页注释18。

为了全体人民的**共同富裕**

　　小岗生产队是全公社乃至全县最穷的，是远近闻名的"吃粮靠返销，用钱靠救济，生产靠贷款"的"三靠村"，每年秋收后几乎家家外出讨饭。1978年夏收分麦子，每个劳动力才分到3.5公斤。干了一季的活，糊不了三天的嘴巴！全队20户人家，只有两户没讨过饭，一户是教师，一户在银行工作。1978年冬，小岗生产队18户农民，面对"不许包产到户""不许分田单干"的禁令，神色庄重地在分田到户的"契约"上按下了手印，发誓要消灭缠绕他们20年之久的饥饿。这18位农民没有想到，他们签下的这个"生死契约"，会迅速地引发中国农村打破旧的经济体制，解放生产力的一场新的革命。梨园公社小岗生产队不是最早推行农村改革的，但却因为最早尝试"大包干"而受到瞩目，并被作为"中国农村改革第一村"而载入史册。

　　继安徽之后，四川不少地方的农民陆续开始实行包产到组等责任制形式，全省的农业因此得以迅速恢复和发展。包干到户、包产到户、包产到组的尝试，实际上是否定了1958年以来"一大二公"的人民公社制度，抛弃了"大锅饭"、平均主义的体制，把集体所有的土地交给农民去管理、去经营，也突破了"三级所有、队为基础"的框架。后来这些做法被统称为"家庭联产承包责任制"，邓小平称之为"农民的伟大创举"。所谓"家庭联产承包责任制"，就是土地归集体所有的性质不变，把经营权即耕种权承包给农民家庭，其产品在缴纳国家税收和集体提留之后的剩余部分归自己，用农民的话说，就是"大包干，大包干，直来直去不拐弯，交够国家的，留足集体的，剩下都是自己的"。一"包"就灵，正是这一个"包"字，使农民看到了解决困扰他们多年的温饱问题的希望。

　　1979年的春天，过去的"讨饭队"小岗生产队一派繁忙的景象，家家户户都在自家的责任田里忙着春耕。这年的春节，千里之外的客家山区的一家农户门口贴出了这样一副对联："包包包包好，好好好好包。"两个字构成一副对联，一边感激不尽地赞美承包，一边语重心长自勉好好承包，言简意赅到极致。刚刚从土地联产承包政策中得到实惠的农民，用他们最朴实的语言，通过这种最传统的方式表达了自己拥有土地使用权的激动心情。实行"包干到户"的当年，小岗生产队就获得了大丰收，粮食总产达6.6万多公斤，是1966年至1970年5年的总和；油料总产达1.75万公斤，是过去20年的总和；交售给国家粮食1.25万公斤，超额完成任务近8倍，结束了20多年未向国家交售一粒粮的历史。人均收入从过去的20元提高到400元，不但没用国家的一分钱贷款，还还清了多年欠下的贷款。"包干到户"创造了奇迹，使小岗生产队从一个"讨饭队"一年就翻了身，结束了祖祖辈辈逃荒要饭的历史。

此后，在安徽、四川的影响和带动下，贵州、甘肃、内蒙古、河南、广东等地也逐步突破了"不许包产到户"的政策禁区，开始大胆尝试各种符合本地实际的、以包产到户和包干到户为主要形式的生产责任制。虽然包产到户、包干到户等多种农业生产责任制形式在实践中显示了强大的生命力，反映了广大农民的迫切要求。但是，有些领导干部仍然固守陈旧观念，担心这样做会影响农村集体经济、偏离农村发展的社会主义方向。1979年春，《人民日报》等主要报纸上也出现了关于"包产到户"姓"社"姓"资"的争论。尽管报纸上的争论并没有中断农民的探索，但却导致在农村出现了"两怕"：群众怕变，干部怕错。关键时刻，邓小平、陈云等都给予了明确支持。1979年6月，当万里向邓小平汇报安徽农村一些地方已经搞起包产到户但有人反对时，邓小平明确表示："不要争论，你就这么干下去就行了，就实事求是干下去。"[1]在征询陈云意见时，陈云也明确表示："我双手赞成。"[2]邓小平和陈云在关键时刻的这一重要表态，不仅给予了安徽等省以坚定支持，也十分有利于包产到户、包干到户等生产责任制在实践和政策上的进一步突破。

---

[1] 《邓小平关于"三农"问题的论述（一九七五——一九九二年）》，《党的文献》，2004年第5期。

[2] 朱佳木：《陈云的改革开放思想——纪念陈云同志诞辰110周年》，《当代中国史研究》，2015年第3期。

为了全体人民的**共同富裕**

　　1979年7月15日，邓小平在黄山听取中共安徽省委和徽州地委主要负责人汇报时进一步肯定了安徽的做法。他坚定地说：你们就这么干下去，实事求是地干下去，要不拘形式，千方百计使农民富起来。他明确指出："9亿人口的收入平均发展是不可能的，总是有的地区先富裕起来，一个地区总有一部分人先富裕起来。"①

　　"我们的家乡，在希望的田野上，炊烟在新建的住房上飘荡，小河在美丽的村庄旁流淌……"1980年，一曲《在希望的田野上》唱遍了大江南北，中国社会以一种前所未有的自信和乐观迎来了20世纪80年代的第一个春天。这年春天，"万元户"首次出现在《人民日报》的报道中。报道说，兰州市郊雁滩人民公社滩尖子大队一队社员李德祥家有六个壮劳动力，1979年从队里分了一万元，社员们把他家叫"万元户"。②从此，"万元户"成为农村先富起来的一部分人的象征。

　　　　说凤阳，道凤阳，凤阳本是个好地方，自从出了个朱皇帝，
　　　　十年倒有九年荒……

　　这首著名的凤阳花鼓，传唱了一代又一代。它让过去的凤阳人流泪，也让今天的中国人心酸。1980年，富裕起来的凤阳人再一次用凤阳花鼓唱出了自己的心声。

　　　　说凤阳，道凤阳，凤阳它是好地方，自从实行大包干，春风
　　　　艳阳好风光……

　　农民生活的这种变化是在十一届三中全会以后短短一年多的时间内完成的，带给他们这一实惠的正是他们自己在生产实际中创造出的

---

① 中共中央文献研究室：《邓小平年谱（一九七五——一九九七）》（上），中央文献出版社2004年版，第536页。
② 祖伯光：《雁滩的春天——访兰州市郊雁滩人民公社社长马锡禄》，《人民日报》，1980年4月18日第3版。

家庭联产承包责任制。

1980年5月31日，邓小平发表谈话，旗帜鲜明地支持农村改革实践。他满怀信心地说："农村政策放宽以后，一些适宜搞包产到户的地方搞了包产到户，效果很好，变化很快。安徽肥西县绝大多数生产队搞了包产到户，增产幅度很大，'凤阳花鼓'中唱的那个凤阳县，绝大多数生产队搞了大包干，也是一年翻身，改变面貌。有的同志担心，这样搞会不会影响集体经济。我看这种担心是不必要的。"[1]他强调："关键是发展生产力"，"只要生产发展了，农村的社会分工和商品经济发展了，低水平的集体化就会发展到高水平的集体化，集体经济不巩固的也会巩固起来"。[2]在邓小平看来，由于劳动者之间和地区之间因所处的具体条件不同，出现先富、后富和富裕程度的差别是不可避免的，这是实现共同富裕的目标所必须经历的一个阶段。因为只有生产力发展了，才能创造出实现共同富裕的物质条件。这年9月，中共中央印发《关于进一步加强和完善农业生产责任制的几个问题》，在中央文件上肯定了"包产到户"的社会主义性质，广大干部群众称这是给"包产到户"落了"户口"。

农村家庭联产承包责任制的实行，逐步打破了平均主义、"大锅饭"，人们被压制多年的致富冲动被激发出来，极大地调动了农民的生产积极性，使越来越多的人和地区走上富裕之路。1980年7月，为大好形势感到欢欣鼓舞的邓小平感慨地说："要承认不平衡，搞平均主义没有希望。一部分地区先富起来，国家才有余力帮助落后地区。不仅全国，一个省、一个社、一个队也是这样。百分之二十先富起来，会把其他的带动起来。"[3]陈云在1981年充分肯定"自党的十一届三中全会以来，我国农业方面的改革已经取得了极大的成功。工商业及财

---

[1] 邓小平：《邓小平文选》第二卷，人民出版社1994年版，第315页。
[2] 邓小平：《邓小平文选》第二卷，人民出版社1994年版，第315页。
[3] 中共中央文献研究室：《邓小平年谱（一九七五——一九九七）》（上），中央文献出版社2004年版，第657页。

政、计划等方面的改革，也经过了几年的酝酿、试点和实践，取得了不少成效和经验"，高度评价"这个改革的意义，不下于五十年代对资本主义工商业的改造"。"因为，对工商业的改造是要消灭剥削，正在进行的体制改革则是要打破'大锅饭'。平均主义'大锅饭'实质上也是不干活的人占有干活的人的劳动成果，打破这个'大锅饭'，将会大大调动广大工人、农民、知识分子和干部进行四化建设的积极性，使我国的生产力获得一次新的大解放。"①

从1982年开始，党中央连续5年发出中央一号文件，把以家庭联产承包为主的责任制推向全国，农村改革就从局部试验进入全面推广阶段，在短短几年时间里，犹如大地回春，万象更新，迅速在全国推开。1984年，全国粮食总产8070亿斤，人均800斤。长期困扰中国人民的温饱问题，基本解决了。1984年10月1日，在国庆35周年的游行队伍中，农民代表高抬着的"中央一号文件好"和国庆彩车上树立的"联产承包好"的巨型标语牌，展示了中国农村改革取得的巨大成就和历史性突破，更表明了人们对这一政策的拥护。1985年4月，邓小平在向来访的外宾谈到农村改革时说："改革首先是从农村做起的，农村改革的内容总的说就是搞责任制，抛弃吃大锅饭的办法，调动农民的积极性，为什么要从农村开始呢？因为中国人口的百分之八十在农村，如果不解决这百分之八十的人的生活问题，社会就不会是安定的。工业的发展，商业的和其他的经济活动，不能建立在百分之八十的人口贫困的基础之上。"他说："农村改革经过三年的实践证明是成功的，现在农村面貌一新，百分之九十的人生活改善了……中国最大的变化在农村。"②

家庭联产承包责任制的广泛推行，在中国广大农村也引发了一场深刻的经济体制和政治体制改革。1979年8月，四川省广汉县进行人民公社管理体制改革试点，将原人民公社"政社合一"改为"政社分

① 陈云：《陈云文选》第三卷，人民出版社1995年第2版，第336—337页。
② 邓小平：《邓小平文选》第三卷，人民出版社1993年版，第117页。

开"，取消人民公社管理委员会，成立乡政府；取消生产大队，改设行政村。在总结试点的基础上，1982年12月4日，五届全国人大五次会议通过的《中华人民共和国宪法》规定，在县以下设立乡、民族乡、镇一级人民代表大会和人民政府，作为一级政权机关，行使行政权力。为适应这一形势，1983年10月12日，中共中央、国务院发出《关于实行政社分开，建立乡政府的通知》，并据此提出了一系列实行政社分开的具体措施。到1985年这项涉及农村基层组织的重大变革届已全部完成。[①]至此，中国农村的人民公社体制在实行27年后终于退出历史舞台。

"农村、城市都要允许一部分人先富裕起来"

农村改革的成功，极大地增强了亿万人民对于改革开放的信心。紧随其后，政策的效力迅速扩展到深圳、珠海、汕头、厦门等经济特区、沿海开放城市和一些先行改革的试点企业和城市，形成了有相当气候的改革开放大好形势。1979年4月17日，邓小平在谈到设立经济特区的问题时就明确指出，"广东、福建实行特殊政策，利用华侨资金、技术，包括设厂，这样搞不会变成资本主义"，因为"我们是全民所有制"，"如果广东、福建两省八千万人先富起来，没有什么坏处"。[②]

与农村改革不同的是，国有企业改革是在中央和国务院的统一领导下，从试点企业逐步推开的。1978年10月，四川省宁江机床厂等6家工业企业在全国率先进行了扩大企业自主权的试点，由此拉开了我国城市经济体制改革的序幕。1980年7月3日，《人民日报》对这些最先试点的企业作了跟踪报道，文中特别提到宁江机床厂1979年6月25日在《人民日报》上登出的一则"承接国内外用户直接订货"的广告。

---

① 当代中国研究所：《中华人民共和国史稿（1976—1984）》（第四卷），人民出版社、当代中国出版社2012年版，第138—139页。
② 中共中央文献研究室：《邓小平年谱（一九七五——一九九七）》（上），中央文献出版社2004年版，第506页。

为了全体人民的**共同富裕**

这是新中国历史上第一个生产资料广告。这个在今天看来最普通不过的广告，在当时的企业界、经济学界以及某些政府部门间甚至引发了"想挑战马克思"的争论。薄一波后来称赞说："这则广告在中国经济体制改革中立了一功。"[1]

当改革的重点即将由农村转向城市之际，1983年1月，邓小平在同国家计委、国家经委和农业部门负责同志谈话时说："农村、城市都要允许一部分人先富裕起来，勤劳致富是正当的。一部分人先富裕起来，一部分地区先富裕起来，是大家都拥护的新办法。"他明确提出判断新办法好坏的标准，是看它"是否有助于人民的富裕幸福，是否有助于国家的兴旺发达"。还说，几年的实践证明，"新办法比老办法好"。[2]"大政策"的实施，不仅仅触及到了"按劳分配"的问题，也开始冲击人们的一些传统观念。

1983年的春天，全国最富有的农村——江苏省江阴县华西大队出了一件新鲜事。华西大队要从兄弟社队招聘合同工，消息在当地不胫而走。十里八村的农民都赶来报名，吸引他们的是华西大队越来越富裕的生活。当时，华西大队有1100多人，790多亩耕地，有塑料、纺织、农药械、钢网、钣金加工4个工厂和猪、兔、鸡等13个饲养场，还设有商店和一些服务行业，人均分配达到800元，强劳力的月工资超过了150元。绝大多数社员都住进了新楼房。平均每户存款千元以上。家家都有电视机、电风扇和洗衣机，是当时中国最富有的农村。不久，从江阴县7个公社23个大队择优录用的84名合同工带着尽快致富的愿望来到了华西。1983年4月7日，《人民日报》以《华西大队从兄弟社队招聘合同工》为题报道了这个消息。1983年，在江浙一带，像华西大队这样的社队企业，已经不再忽明忽暗、躲躲闪闪，而是开始凭借灵活的经营机制成长起来。祖祖辈辈同土地打交道的农民结束了几千

[1] 中共中央文献研究室本书编写组：《中国1978—2008》，中央文献出版社、湖南人民出版社2009年版，第38页。
[2] 邓小平：《邓小平文选》第三卷，人民出版社1993年版，第23页。

年"日出而作,日落而息"的生活方式,他们进厂不进城,离土不离乡,亦工亦农,开辟出一片崭新的天地。不久,这些社队企业有了一个共同的名字——"乡镇企业"。这些企业中的农民合同工也成了最早的一批"农民工"。乡镇企业,是中国农民继"包产到户"之后的又一个伟大创造,被称为中国农村改革的第二次革命。乡镇企业异军突起,有力地促进了农村经济的发展和农村剩余劳动力的消化,给农村带来了物质和文化生活的巨大变化。当时,在江浙一带,"小康之家"已比比皆是。说起党的政策给农村带来的变化,农民常用这样三句话:"一年不变有饭吃,两年不变有钱花,三年不变小康家。"乡镇企业异军突起,极大地唤起了各行各业改革的热情,为农村剩余劳动力从土地上转移出来,为农村致富和逐步实现现代化,为促进工业和整个经济的改革和发展,开辟了一条新路。

在农村改革的巨大影响和推动下,国有企业改革在当时机制相对灵活的中小企业,特别是当时被称为"大集体"的国有地方企业迈出了更大的步伐。地处偏僻一隅、名不见经传的浙江海盐县衬衫厂成了这一轮改革的领头羊。当时,海盐衬衫厂是个只有300多名职工的小厂。当厂长步鑫生接手时,企业濒临破产,年产四五十万件衬衣,却有近一半堆在仓库里。老工人的退休金也无处可支。被逼得走投无路的步鑫生想到了改革。他打破企业内部体制机制的条条框框和分配上的平均主义、吃"大锅饭",学习农村的联产承包责任制,在车间实行"联产计酬制"等措施。改革很快收到了成效,工人收入提高了,勤奋、手巧的工人收入是原先的2到3倍;工厂像样了,被誉为花园式的文明工厂;职工在工作日还可享受免费午餐,这在当时是破天荒的;退休职工的养老金也有了着落。此后,全国各地迅即出现了"步鑫生热",仅新华社一家在一个多月里就播发了27篇报道,共计3万多字。各路参观团、考察团涌进小小的海盐县城,中央各机关、各省市纷纷邀请步鑫生去作报告,他被全国政协选为"特邀委员",他用过的裁布剪刀被收入中国历史博物馆。"步鑫生热"的兴起并不是偶然的，他实行的改革与当年中央开始倡导的改革措施十分合拍，特别是他打破"大锅饭"和砸碎"铁饭碗"的举动，与中央当时正在推行的扩大企业自主权、实行厂长负责制、打破"铁饭碗"和"大锅饭"等改革理念非常吻合。

　　1983年2月22日，劳动人事部发出关于积极试行劳动合同制的通知。所谓劳动合同制，就是通过签订劳动合同规定劳动者和用人单位双方的义务与权利，实行责、权、利相结合，把用工合同制同经济责任制结合起来。劳动合同制是企业用工制度方面一项带方向性的重大改革。从20世纪50年代中期开始，中国在"左"倾错误的影响下，劳动人事制度统得越来越死，包得越来越多，存在着许多严重的弊端。实行劳动合同制，企业可以根据生产需要选择用人，劳动力可以在一定程度上实行社会调节；个人在一定范围内有选择职业的自由，能更有效地调动职工的积极性。这一制度打破了新中国成立后几十年来用工制度上的"铁饭碗""大锅饭"，真正建立起了竞争机制。

　　与此同时，国营企业改革在扩大企业自主权的基础上又向前迈出了一步。1983年3月21日至4月1日，国务院在北京召开全国工业交通会议，强调当前主要是对国营企业推行以税代利的改革，坚持以提高经济效益为中心，实现速度和效益的统一。4月24日，国务院批转了财政部《关于全国利改税工作会议报告》和《关于国营企业利改税试行办法》，决定从6月1日起开征国营企业的所得税，把执行多年的利润上缴方式，改成有比例的纳税制。有盈利的国营大中型企业均根据实现的利润，按55%的税率缴纳所得税。企业的留利部分，再根据不同情况分别采取递增包干上缴、固定比例上缴、缴纳调节税、定额包干上缴等办法，上缴国家财政。国营小型企业则试行八级超额累进税制，缴纳所得税后，由企业自负盈亏。"利改税"是国营企业进行现代化公司治理制度改革的第一个重要举措。

　　这一时期，先富起来的一个群体"个体户"开始为中国老百姓所熟知，也引发了一些争议。比如，安徽出了个"傻子瓜子"，其雇工问题引起了人们的广泛关注。年广九，是安徽省芜湖市经营炒货生意的个体户，他制作和销售的"傻子瓜子"在当地出了名，生意越做越大。为了扩大生产经营，他开始雇工。他先是雇用了10个人帮他炒卖瓜子，后来又陆续雇用了100多人，据年广九本人介绍，1980年他已经雇用到138人。依据马克思《资本论》里说的，雇工超过8个人，就有剩余价值被资本家剥削。按照1979年2月中央批准的工商行政管理局长会议文件，准许个体经济发展，但不许雇工。1981年10月17日中央和国务院《关于广开就业门路，搞活经济，解决城镇就业问题的若干决定》，开了个小口子，允许个体户带2个帮手5个学徒。从理论依据、政策规定看，年广九的经营显然超出了传统社会主义所允许的范围。政策界限是7个人，超过7人就算雇工。雇工意味着剥削，性质就不一样了。

怎样看待传统意义上的剥削问题？怎样对待改革开放过程中出现的这一新情况？是支持鼓励，还是压制打击？人们在观望。1983年底，上面来了调查组，有人主张取缔"傻子瓜子"。官司打到了邓小平那里。邓小平在1984年10月表态说："前些时候那个雇工问题，相当震动呀，大家担心得不得了。我的意见是放两年再看。那个能影响到我们的大局吗？如果你一动，群众就说政策变了，人心就不安了。你解决了一个'傻子瓜子'，会牵动人心不安，没有益处。让'傻子瓜子'经营一段，怕什么？伤害了社会主义吗？"[1]随后，他又说："目前，有的雇工达二十人，有些同志就着急了。我说，不要着急，这只是个别现象，不必改变现行的政策，过几年再说。"[2]看得出，这时候邓小平着重强调的是这些现象有利于经济发展的一面，而经济发展才是"改革的大局"，让一部分人先富起来是服务这个大局的。由此，动不动"傻子瓜子"，就有了象征意义，不单是一个人、一个企业的问题，而是一种战略性的考虑。但在邓小平的思考中，问题还有

---

① 邓小平：《邓小平文选》第三卷，人民出版社1993年版，第91页。
② 中共中央文献研究室：《邓小平年谱（一九七五——一九九七）》（下），中央文献出版社2004年版，第1014页。

另一面，这就是这个时候不动并不是永远不动，而是过几年再说，这也意味着这个问题早晚需要正视、解决，关键看实践发展的需要。

政策稳定了，老百姓致富的心气就更高了。"下海"经商成为热潮。1984年，个体工商户发展到590万户，比上年增长126%；从业人员达到746万人，比上年增长133.4%。到1987年，雇工超过8人的民营企业比比皆是，中央发出的文件中，民营企业的雇工人数被"允许"彻底放开。突破这些思想难关，社会生产力被释放出来，一部分人和一部分地区渐渐富裕起来，社会财富的积累也多了起来。当年，一些地方为打消老百姓的思想顾虑、支持和鼓励老百姓靠勤劳致富，想了很多办法，做了很多工作。1983年至1985年习近平担任河北正定县委书记时就有很多创新举措。习近平针对当时全县干部群众中普遍存在的"想富不敢富、想富不会富、想富不能富"的现象，多次在会议上批评一些干部把先富起来的"两户一体（指专业户、重点户、经济联合体）"看成是搞歪门邪道的非"正统"百姓，他说，这是一种偏见。比如，1983年10月，他在全县第一次大型商品生产会议——发展商品生产三级干部会上明确提出："要继续放宽政策，搞活农村经济，使农民有更多的发展余地，这是时代的要求，党的要求，农民的希望。"再比如，1984年2月，他在一次会议上强调："治国之道首先裕民，民富才能国强。"大力支持并号召群众靠勤劳致富。在习近平的主持推动下，县委县政府出台了一系列支持和鼓励群众致富的政策措施，在经济上大力帮助扶持、在法律上坚决给予保护，使广大群众都能够大胆致富、公开致富、光荣致富。同时，他在各种会议上反复强调"鼓励勤劳致富、率先致富，是党的一项基本政策"，"正当的劳动致富，都是无可指责的，必须大力支持"。他还提议县委、县政府设立"率先致富奖"等奖项，表彰那些靠辛勤劳动富起来的普通农民。1985年1月，正定县委、县政府召开了庄重热烈的表彰大会，奖项有"伯乐奖""自学成才奖""特别奖"，其中让很多人感到惊喜的奖项，是为先富起来的"万元户"颁发的"率先致富奖"，获奖者既有种花养鸡的普通农民，也有个体户和开办私营企业的小老板。每一位获奖者都拿到了写着县委书记和县长名字的证书、300元奖金和一辆自行车。老百姓也通过这种仪式感很强的活动方式，深切地感受到政府这是在"给致富农民撑腰"，鼓励大家都能致富。有率先致富的带头人榜样的力量，有一系列帮助扶持的政策措施，越来越多的人成为致富能手，成为致富带头人。①

"社会主义的目的就是要全国人民共同富裕，不是两极分化"

在实行"大政策"的最初几年间，邓小平始终注意在实践中验证并不断完善这个政策，并注意从人民群众鲜活的实践中总结经验。他从各地的实际情况出发，强调反对平均主义，鼓励一部分人一部分地区"先富起来"，思考和提出问题的重点是放在鼓励先富、扶持先富、引导先富上。实践证明，这样做在很大程度上调动了广大人民群众的生产热情，有力地促进了生产力的发展。与此同时，邓小平心里还有一本账，即"先富""共富"问题与改革大局密切相关，更与我们的社会制度密切相关。社会主义不能搞平均主义，同时我国社会主义制度的根本性质决定了我们还要避免和防止两极分化，这是实现共同富裕的根本保证。

早在1979年11月，邓小平就明确指出："社会主义特征是搞集体富裕，它不产生剥削阶级。"②1980年四五月间，邓小平在几次谈话中集中论述了"社会主义首先要发展生产力"这个他总结国内外经验得出的重要结论。他指出："讲社会主义，首先就要使生产力发展，这是主要的。只有这样，才能表明社会主义的优越性。社会主义经济政策对不对，归根到底要看生产力是否发展，人民收入是否增加。这

---

① 《河北日报》2017年8月14日。
② 邓小平：《邓小平文选》第二卷，人民出版社1994年版，第236页

是压倒一切的标准。空讲社会主义不行，人民不相信。"①他强调："经济发展对我们来说是一个新的问题"，"不解放思想不行，甚至于包括什么叫社会主义这个问题也要解放思想。经济长期处于停滞状态总不能叫社会主义。人民生活长期停止在很低的水平总不能叫社会主义。"②还指出："社会主义是一个很好的名词，但是如果搞不好，不能正确理解，不能采取正确的政策，那就体现不出社会主义的本质。"③这是邓小平第一次提出"社会主义本质"这一概念。尽管他还没有说明社会主义的本质是什么，但他从发展生产力和提高人民生活这两个方面来论述社会主义优越性，抓住了问题的关键。在当时的历史条件下，搞清社会主义的本质是什么，至关重要。如果把一些非本质的、手段性的东西当作本质加以固守，就会阻碍社会主义发展。过去我们长期把计划经济看作是社会主义的本质，把纯粹的公有制看作是社会主义的本质，结果导致了体制的僵化。新时期的思想解放，关键是在这个问题上的思想解放。改革开放以来我国社会的发展进步和发生的历史性变化，就是逐渐搞清楚这个问题的过程。在这个过程中，邓小平总是从社会主义一定要比资本主义优越这个角度来阐发社会主义的本质属性，一再强调"社会主义要消灭贫穷。贫穷不是社会主义，更不是共产主义"，"社会主义的优越性归根到底要体现在它的生产力比资本主义发展得更快一些、更高一些，并且在发展生产力的基础上不断改善人民的物质文化生活"。④

　　也是在这段时期，邓小平第一次提到社会主义发展的阶段问题。他说："不要离开现实和超越阶段采取一些'左'的办法，这样是搞不成社会主义的。"⑤1981年《关于建国以来党的若干历史问题的决议》首次提出："我们的社会主义制度还是处于初级的阶段"，现阶

---

① 邓小平：《邓小平文选》第二卷，人民出版社1994年版，第314页。
② 邓小平：《邓小平文选》第二卷，人民出版社1994年版，第312页。
③ 邓小平：《邓小平文选》第二卷，人民出版社1994年版，第313页。
④ 邓小平：《邓小平文选》第三卷，人民出版社1993年版，第63—64页。
⑤ 邓小平：《邓小平文选》第二卷，人民出版社1994年版，第312页。

段我国所要解决的主要矛盾依然是"人民日益增长的物质文化需要同落后的社会生产之间的矛盾。党和国家工作的重点必须转移到以经济建设为中心的社会主义现代化建设上来，大大发展社会生产力，并在这个基础上逐步改善人民的物质文化生活"。也就是说，按照马克思当初设想的较高级的社会主义发展阶段，我国当时的生产力水平是不够格的。因此，这一阶段，必须从我国的国情出发，根据我国经济文化比较落后的情况来决定我们的政策，决定怎么搞社会主义。后来党的十三大系统阐述了社会主义初级阶段的理论，明确提出了党在社会主义初级阶段的基本路线，其主要内容概括起来就是"一个中心、两个基本点"，即以经济建设为中心，坚持四项基本原则，坚持改革开放。这条基本路线，体现了社会主义本质的要求，使党内外对我国社会主义的长期性、艰巨性和复杂性有了深刻的认识，也使人们对现阶段的基本国情和主要特点有了更加清醒的了解。

1981年12月，邓小平在向外国客人谈到我国的国情和社会制度时指出："坚持社会主义制度，始终要注意避免两极分化。"强调："要逐步增加人民收入，不允许产生剥削阶级，也不赞成平均主义。"他指出："西方有人认为我们放弃了基本立场和信仰，这不确实。马克思主义有很多新发展。马克思主义归根到底是要发展生产力，贫困不等于马克思主义。以前我们犯过平均主义、吃大锅饭的错误，影响了生产力的发展。"[1]党的十一届三中全会后，我们党首先解决农村政策问题，实行家庭联产承包责任制，抛弃吃"大锅饭"的办法，充分调动起广大农民的积极性，农村经济向着专业化、商品化、社会化迅速发展，广大城乡人民得到显著实惠，带动了整个改革和建设事业。

经过几年的实践，1984年10月，党的十二届三中全会通过的《中共中央关于经济体制改革的决定》（以下简称《决定》），突破了把

---

[1] 中共中央文献研究室：《邓小平年谱（一九七五——一九九七）》（下），中央文献出版社2004年版，第790—791页。

计划经济同商品经济对立起来的传统观念，提出中国社会主义经济是公有制基础上的有计划的商品经济的新概念。这是一个理论上的重大突破。邓小平盛赞其"解释了什么是社会主义"，说了一些"我们老祖宗没有说过的""新话"。①《决定》也解答和澄清了"大政策"实施以来国内外、党内外人们对先富、共富的疑虑和错误认识，首次把鼓励一部分人、一部分地区先富起来的政策写进党的文件，明确指出"只有允许和鼓励一部分地区、一部分企业和一部分人依靠勤奋劳动先富起来，才能对大多数人产生强烈的吸引和鼓舞作用。并带动越来越多的人一浪接一浪地走向富裕"。文件明确了"社会主义社会要保证社会成员物质、文化生活水平的逐步提高，达到共同富裕的目标"；明确了"共同富裕决不等于也不可能是完全平均，决不等于也不可能是所有社会成员在同一时间以同等速度富裕起来"；明确了"必须对老弱病残、鳏寡孤独等实行社会救济，对还没有富裕起来的人积极扶持，对经济还很落后的一部分革命老根据地、少数民族地区、边远地区和其他贫困地区实行特殊的优惠政策，并给以必要的物质技术支援"的政策要求；明确了"由于一部分人先富起来产生的差别，是全体社会成员在共同富裕道路上有先有后、有快有慢的差别，而绝不是那种极少数人变成剥削者，大多数人陷于贫穷的两极分化"；明确了"鼓励一部分人先富起来的政策，是符合社会主义发展规律的，是整个社会走向富裕的必由之路"。②

由于政策对头，我国经济从1984年到1988年经历了一个加速发展的飞跃时期，国民生产总值从1984年7206.7亿元，增长到1988年的14922.3亿元，整整增长了一倍，综合国力上了一个新台阶。到20世纪80年代末，全国大部分地区基本上摆脱了贫困，解决了温饱问题，开始向20世纪末"翻两番"的小康目标迈进。伴随着80年代中期经济快速发展和从

---

① 邓小平：《邓小平文选》第三卷，人民出版社1993年版，第91页。
② 中共中央文献研究室：《十二大以来重要文献选编》（中），人民出版社1986年版，第578页。

计划经济体制到有计划的商品经济的转变过程，我国地区之间、居民之间的贫富差距也随之拉大，贫富差距开始显现。人们开始担心我们的社会主义性质会变，担心我们的社会主义方向要变。针对国内出现的这些疑虑和国外的种种猜测，邓小平反复强调："如果我们的政策导致两极分化，我们就失败了；如果产生了什么新的资产阶级，那我们就真是走了邪路了。"[1]"社会主义有两个非常重要的方面，一是以公有制为主体，二是不搞两极分化"，"如果导致两极分化，改革就算失败了。"[2]"只要我国经济中公有制占主体地位，就可以避免两极分化。"[3]毫无疑问，这本账在邓小平的心目中是从不含糊的。

那么，究竟什么是"两极分化"呢？邓小平作出了一个明确的政策界定："所谓两极分化就是出现新资产阶级。"[4]在社会生产力发展过程中会不会产生新的资产阶级？邓小平清醒地意识到，通过先富带动后富实现共同富裕是一个长期的历史进程，如何避免两极分化是中国共产党人必须面对和解决好的一个重大课题。他说："我们的政策是不使社会导致两极分化"，"不会导致富的越富，贫的越贫"，"我们不会允许产生新的资产阶级"，[5]"在我们的发展过程中不会产生资产阶级"，"因为我们的分配原则是按劳分配"，[6]"因为我们在改革中坚持了两条，一条是公有制经济始终占主体地位，一条是发展经济要走共同富裕的道路，始终避免两极分化"[7]当然，"个别资产阶级分子可能会出现，但不会形成一个资产阶级。"[8]

在这一经济快速发展和体制发生转变的进程中，邓小平对"大政

① 邓小平：《邓小平文选》第三卷，人民出版社1993年版，第111页。
② 邓小平：《邓小平文选》第三卷，人民出版社1993年版，第138—139页。
③ 邓小平：《邓小平文选》第三卷，人民出版社1993年版，第149页。
④ 中共中央文献研究室：《邓小平年谱（一九七五——一九九七）》（下），中央文献出版社2004年版，第1014页。
⑤ 邓小平：《邓小平文选》第三卷，人民出版社1993年版，第172页。
⑥ 邓小平：《邓小平文选》第三卷，人民出版社1993年版，第255页。
⑦ 邓小平：《邓小平文选》第三卷，人民出版社1993年版，第149页。
⑧ 邓小平：《邓小平文选》第三卷，人民出版社1993年版，第139页。

策"思考的侧重点开始由"先富"转向"共富"。

1984年11月，邓小平明确提出了"共同富裕"的问题。他指出："近几年来，我们在农村进行了改革，百分之九十的农民生活有了很大的提高。我们党已经决定国家和先进地区共同帮助落后地区。在社会主义制度下，可以让一部分地区先富裕起来，然后带动其他地区共同富裕。"①此后，他在不同场合多次强调："社会主义的目的就是要全国人民共同富裕，不是两极分化"②；"社会主义与资本主义不同的特点就是共同富裕，不搞两极分化。创造的财富，第一归国家，第二归人民，不会产生新的资产阶级。"③

1985年9月23日，邓小平在中国共产党全国代表会议上的讲话中更明确地提出，共同富裕是社会主义要达到的目的。他说："鼓励一部分地区、一部分人先富裕起来，也正是为了带动越来越多的人富裕起来，达到共同富裕的目的"④；"我们坚持走社会主义道路，根本目标是实现共同富裕。"⑤他的这个思想被写进了这次代表会议通过的《中共中央关于制定国民经济和社会发展第七个五年计划的建议》（以下简称《建议》）。《建议》指出，"在生产发展的基础上，不断提高人民的物质文化生活水平，使全体社会成员共同富裕，是我们党和国家推进社会主义现代化建设的全部政策的基本出发点"，同时强调，"'七五'期间，必须进一步贯彻按劳分配原则，继续落实鼓励一部分地区、一部分企业和一部分人先富起来的政策，着重克服平均主义的弊端，同时防止收入差距的过分悬殊，以保障社会的安定团结和体现社会主义制度的优越性"。⑥

---

① 中共中央文献研究室：《邓小平年谱（一九七五——一九九七）》（下），中央文献出版社2004年版，第1014页。
② 邓小平：《邓小平文选》第三卷，人民出版社1993年版，第110—111页。
③ 邓小平：《邓小平文选》第三卷，人民出版社1993年版，第123页。
④ 邓小平：《邓小平文选》第三卷，人民出版社1993年版，第142页。
⑤ 邓小平：《邓小平文选》第三卷，人民出版社1993年版，第155页。
⑥ 中共中央文献研究室：《十二大以来重要文献选编》（中），人民出版社1986年版，第828页。

　　1986年3月，邓小平首次把实现共同富裕确定为社会主义的根本目标，指出："我们坚持走社会主义道路，根本目标是实现共同富裕。"①这年的8月20日，他在天津视察期间再次强调："我的一贯主张是，让一部分人、一部分地区先富起来，大原则是共同富裕。"②

　　社会发展到一个什么样的状态才是共同富裕？什么时候能够达到全体人民的共同富裕？随着社会生产的快速发展和财富的不断积累，邓小平在设计中国经济社会未来发展的战略目标时，逐步明确了两个标准：一个是"人均国民生产总值四千美元"的人均收入标准；一个是21世纪中叶达到中等发达国家水平的时间标准。关于第一个标准，邓小平1986年12月30日在同几位中央负责同志的谈话中提出："如果我们达到人均国民生产总值四千美元，而且是共同富裕的，到那时就能够更好地显示社会主义制度优于资本主义制度，就为世界四分之三的人口指出了奋斗方向，更加证明了马克思主义的正确性。"③关于第二个标准，邓小平1987年4月16日会见香港特别行政区基本法起草委员会委员时明确指出："我们社会主义制度是以公有制为基础的，是共同富裕"，"到本世纪末，中国人均国民生产总值将达到八百至一千美元，看来一千美元是有希望的"，这"是人民生活普遍提高的小康社会"，"更重要的是，有了这个基础，再过五十年，再翻两番，达到人均四千美元的水平"，中国就是个"中等发达的国家了"。④十天后，4月26日，他进一步强调："只有到了下世纪中叶，达到了中等发达国家的水平，才能说真的搞了社会主义，才能理直气壮地说社会主义优于资本主义。"⑤四天后，4月30日，他在同西班牙政府副首相格拉会谈时，第一次完整概括了从20世纪80年代到21世纪中叶70年间

---

①　邓小平：《邓小平文选》第三卷，人民出版社1993年版，第155页。

②　中共中央文献研究室：《邓小平年谱（一九七五——一九九七）》（下），中央文献出版社2004年版，第1130页。

③　邓小平：《邓小平文选》第三卷，人民出版社1993年版，第195—196页。

④　邓小平：《邓小平文选》第三卷，人民出版社1993年版，第215—216页。

⑤　邓小平：《邓小平文选》第三卷，人民出版社1993年版，第225页。

中国现代化"三步走"的战略设想："第一步在八十年代翻一番。以一九八〇年为基数，当时国民生产总值人均只有二百五十美元，翻一番，达到五百美元。第二步是到本世纪末，再翻一番，人均达到一千美元。实现这个目标意味着我们进入小康社会，把贫困的中国变成小康的中国。"他强调："我们制定的目标更重要的还是第三步，在下世纪用三十年到五十年再翻两番，大体上达到人均四千美元。做到这一步，中国就达到中等发达的水平。"①近代以来，中国人第一次对自己的未来有了如此清晰、如此自信的设计。邓小平说："这是我们的雄心壮志。"②他还说过："我虽然活不到那个时候，但有责任提出那个时候的目标。"③

　　1987年10月，党的十三大确立了邓小平提出的中国现代化的"三步走"发展战略：第一步，实现国民生产总值比1980翻一番，解决人民的温饱问题；第二步，到20世纪末，使国民生产总值再增长一倍，人民生活达到小康水平；第三步，到21世纪中叶，人均国民生产总值达到中等发达国家的水平，人民过上比较富裕的生活，基本上实现现代化。共同富裕首次被写进了党的代表大会的报告。十三大报告指出："在所有制和分配上，社会主义社会并不要求纯而又纯，绝对平均。在初级阶段，尤其要在以公有制为主体的前提下发展多种经济成分，在以按劳分配为主体的前提下实行多种分配方式，在共同富裕的目标下鼓励一部分人通过诚实劳动和合法经营先富起来。"④"我们的分配政策，既要有利于善于经营的企业和诚实劳动的个人先富起来，合理拉开收入差距，又要防止贫富悬殊，坚持共同富裕的方向，在促进效率提高的前提下体现社会公平。"⑤

① 邓小平：《邓小平文选》第三卷，人民出版社1993年版，第226页。
② 邓小平：《邓小平文选》第三卷，人民出版社1993年版，第226页。
③ 王春明：《大型电视文献纪录片〈邓小平〉》，中央文献出版社1997年版，第153页。
④ 中共中央文献研究室：《十三大以来重要文献选编》（上），人民出版社1991年版，第14页。
⑤ 中共中央文献研究室：《十三大以来重要文献选编》（上），人民出版社1991年版，第32页。

由此可见，我们党鼓励先富、扶持先富、引导先富的目的，就是为了使全国人民都能更快地富裕起来，最终实现全体人民的共同富裕。邓小平明确提出不允许产生剥削阶级，不允许出现两极分化，同时也没有忘记共同富裕这个远大目标。他强调，"提倡一部分地区先富裕起来，是为了激励和带动其他地区也富裕起来，并且使先富裕起来的地区帮助落后的地区更好地发展。提倡人民中有一部分人先富裕起来，也是同样的道理"①。

"两个大局""共同富裕"与社会主义本质问题

邓小平坚定地认为鼓励先富、扶持先富、引导先富的政策是完全正确的。他多次强调："我们的政策是让一部分人、一部分地区先富起来，以带动和帮助落后的地区，先进地区帮助落后地区是一个义务。"②"一部分地区发展快一点，带动大部分地区，这是加速发展、达到共同富裕的捷径。"③但现实很快又提出了新的问题。改革开放以来，从地域环境来看，无论沿海地区还是内地（即东部和中西部地区），经济的发展都在明显地加快，但沿海省市的率先起飞带来的同内地越来越大的差距以及与之共生共长的矛盾都凸显出来。怎样缓解沿海同内地地域发展之间的矛盾，怎样逐步消除地域之间过大的贫富差距呢？

1988年9月12日，邓小平首次提出了沿海地区和内地达到共同富裕的"两个大局"的战略构想。他指出："沿海地区要加快对外开放，使这个拥有两亿人口的广大地带较快地先发展起来，从而带动内地更好地发展，这是一个事关大局的问题。内地要顾全这个大局。反

---

① 邓小平：《邓小平文选》第三卷，人民出版社1993年版，第111页。
② 邓小平：《邓小平文选》第三卷，人民出版社1993年版，第166页。
③ 中共中央文献研究室：《邓小平年谱（一九七五——九九七）》（下），中央文献出版社2004年版，第1130页。

过来，发展到一定的时候，又要求沿海拿出更多力量来帮助内地发展，这也是个大局。那时沿海也要服从这个大局。"①随后，他在10月5日谈到中国经济发展规划时进一步指出："我们的发展规划，第一步，让沿海地区先发展；第二步，沿海地区帮助内地发展，达到共同富裕。共同富裕是社会主义制度不能动摇的原则。"他还谈到了制定这个发展规划时的考虑，指出："先沿海后内地是我们的发展规划，但原材料很多在内地，不在沿海，这样就会出现沿海和内地的种种矛盾。所以每走一步都要考虑客观世界，制定下一步的方法和步骤。"他强调："讲发展，第一要有一个长期的战略设想，第二每走一步都要小心谨慎。既要大胆，坚持现行的方针和政策，又要步伐稳妥。"②基于邓小平的这些思想，1990年3月20日，国务院总理李鹏在第七届全国人民代表大会第三次会议上的政府工作报告中指出："实行允许一部分人和地区先富裕起来的政策，对于打破平均主义，促进经济发展，起了很大的作用。实践证明这个政策是正确的，应当继续坚持。现在要强调两点：一是坚持社会主义方向，坚持勤劳致富、合法致富；一是提倡先富裕起来的人和地区，要帮助还没有富裕起来的人和地区，最终达到共同富裕。这样做有利于缓解社会分配不公。要宣传这两个方面好的事例和经验，使之成为一种社会风气。"③

这时，邓小平还从社会稳定的角度来考虑全面贯彻"大政策"的现实必要性。1990年4月，他明确指出："我们搞的四个现代化，是社会主义的四个现代化。只有社会主义，才能有凝聚力，才能解决大家的困难，才能避免两极分化，逐步实现共同富裕。如果中国只有一千万人富裕了，十亿多人还是贫困的，那怎么能解决稳定问题？我们是允许存在差别的。像过去那样搞平均主义，也发展不了经济。但是，经济发

---

① 邓小平：《邓小平文选》第三卷，人民出版社1993年版，第277—278页。
② 中共中央文献研究室：《邓小平年谱（一九七五——一九九七）》（下），中央文献出版社2004年版，第1253页。
③ 中共中央文献研究室：《十三大以来重要文献选编》（中），人民出版社1991年版，第970页。

展到一定程度，必须搞共同富裕。我们要的是共同富裕，这样社会就稳定了。社会稳定，才能发展经济。"他强调："现在，沿海地区先发展起来了，发展到一定程度，就要注意内地的发展，否则社会稳定不了。中国情况是非常特殊的，即使百分之五十一的人先富裕起来了，还有百分之四十九，也就是六亿多人仍处于贫困之中，也不会有稳定。中国搞资本主义行不通，只有搞社会主义，实现共同富裕，社会才能稳定，才能发展。社会主义的一个含义就是共同富裕。"①"如果搞两极分化，情况就不同了，民族矛盾、区域间矛盾、阶级矛盾都会发展，相应地中央和地方的矛盾也会发展，就可能出乱子。"②

　　对于何时解决日渐扩大的贫富差距，特别是沿海同内地之间贫富差距的问题，邓小平一直十分关注。早在1984年11月，他就提出这个问题要"过几年再说"③。到1990年4月，他又明确表示"经济发展到一定程度"④再说。这年12月，他再次提出共同致富"将来总有一天要成为中心课题"⑤。

　　为什么邓小平早在80年代中期就注意到的这个问题，一直到90年代初都没有提出明确的解决问题的时间呢？从我国改革发展的进程可以看出，一是，他想要作为我国经济高速增长支撑点的沿海地区继续先发展，特别是想让在整个80年代肩负着支持全国改革开放重任的上海，能够迅速发展起来，待具备相当的经济实力后，以更加雄厚的力量来帮助不发达地区。如果过早强调先富帮后富，势必会削弱它的活力，挫伤先富地区的积极性。他在1989年2月会见外宾时特别谈到了这

---

① 中共中央文献研究室：《邓小平年谱（一九七五——一九九七）》（下），中央文献出版社2004年版，第1312页。
② 邓小平：《邓小平文选》第三卷，人民出版社1993年版，第364页。
③ 中共中央文献研究室：《邓小平年谱（一九七五——一九九七）》（下），中央文献出版社2004年版，第1014页。
④ 中共中央文献研究室：《邓小平年谱（一九七五——一九九七）》（下），中央文献出版社2004年版，第1312页。
⑤ 中共中央文献研究室：《邓小平年谱（一九七五——一九九七）》（下），中央文献出版社2004年版，第1324页。

个问题，他说："我们是一个有十亿人口的国家，地区与地区之间发展不平衡，存在的问题也不一样。要我们所制定的每项政策都能照顾到各个方面，是不可能的。总有一部分人得益多些，另一部分人得益少些"，"完全照顾到十亿人不容易"。虽然解决这个问题并不容易，但他十分明确地指出，"这些问题我们要解决，也是能够解决的"。①二是，他还要继续通过对全国迅速变化着的纷繁复杂的社会生产力发展作进一步的深入观察思考后，再提出成熟的意见。邓小平认为，生产力高度发达是实现共同富裕的基本前提和必然要求。离开解放和发展生产力空谈共同富裕，是站不住脚的。他强调："坚持社会主义的发展方向，就要肯定社会主义的根本任务是发展生产力，逐步摆脱贫穷，使国家富强起来，使人民生活得到改善。没有贫穷的社会主义。社会主义的特点不是穷，而是富，但这种富是人民共同富裕。"②

　　经过几年的观察和深思熟虑，邓小平1992年初在南方谈话中提出了解决这个问题的设想。他说："什么时候突出地解决这个问题，在什么基础上提出和解决这个问题，要研究。可以设想，在本世纪末达到小康水平的时候，就要突出地提出和解决这个问题。"他认为，在20世纪末我国经济发展的第二步战略目标已经实现，东部沿海发达地区的经济实力更为强大，整个国家的经济基础更加雄厚，从而已经具备了大力度帮助、支持内地发展的条件。因此，他满怀信心地说："就全国范围来说，我们一定能够逐步顺利解决沿海同内地贫富差距的问题。"③

　　实现真正意义上的沿海地区和内地的共同富裕，需要两三代人的共同努力，但共同发展、逐步向共同富裕过渡却是从20世纪末开始就可以做到的。邓小平认为"沿海如何帮助内地，这是一个大问题"④，

① 中共中央文献研究室：《邓小平年谱（一九七五——一九九七）》（下），中央文献出版社2004年版，第1266页。
② 邓小平：《邓小平文选》第三卷，人民出版社1993年版，第264—265页。
③ 邓小平：《邓小平文选》第三卷，人民出版社1993年版，第374页。
④ 邓小平：《邓小平文选》第三卷，人民出版社1993年版，第364页。

对此他提出了初步的原则性设想：

第一，调节分配，实行调节税。他在1984年11月就提出"经济发展起来后，当一部分人很富的时候，国家有能力采取调节分配的措施"①。到1990年7月，他明确指出："现在有些地区，允许早一点、快一点发展起来，但是到一定程度，国内也好，地区也好，集体也好，就要调节分配，调节税要管这个。"②

第二，"可以由沿海一个省包内地一个省或两个省，也不要一下子负担太重，开始时可以做某些技术转让。"③

第三，"先富起来的地区多交点利税，支持贫困地区的发展。"当然，太早这样办也不行，现在不能削弱发达地区的活力，也不能鼓励吃"大锅饭"。④

第四，"对一部分先富裕起来的个人，也要有一些限制"，"提倡有的人富裕起来以后，自愿拿出钱来办教育、修路。当然，决不能搞摊派，现在也不宜过多宣传这样的例子，但是应该鼓励。"⑤

随着对共同富裕认识的不断深化，1990年12月24日，邓小平第一次把共同富裕确定为社会主义的本质要求。他指出："社会主义不是少数人富起来，大多数人穷，不是那个样子。社会主义最大的优越性是共同富裕，这是体现社会主义本质的一个东西。"⑥邓小平1978年倡导改革开放的时候，要求全党弄清楚什么是社会主义、怎样建设社会主义的问题。邓小平从发展生产力入手，经过14年的不断探索，对社会主义的本质问题逐步有了明确的认识。1992年，他在南方谈话中对这个问题作出了明确回答和经典概括："社会主义的本质，是解

---

① 中共中央文献研究室：《邓小平年谱（一九七五——一九九七）》（下），中央文献出版社2004年版，第1014页。
② 中共中央文献研究室：《邓小平年谱（一九七五——一九九七）》（下），中央文献出版社2004年版，第1317页。
③ 邓小平：《邓小平文选》第三卷，人民出版社1993年版，第364页。
④ 邓小平：《邓小平文选》第三卷，人民出版社1993年版，第374页。
⑤ 邓小平：《邓小平文选》第三卷，人民出版社1993年版，第111页。
⑥ 邓小平：《邓小平文选》第三卷，人民出版社1993年版，第364页。

放生产力，发展生产力，消灭剥削，消除两极分化，最终达到共同富裕。"在南方谈话中，邓小平和盘托出了他长期以来对什么是共同富裕、怎样实现共同富裕的大思路，指出："走社会主义道路，就是要逐步实现共同富裕。"共同富裕的构想是这样提出来的：一部分地区有条件先发展起来，一部分地区发展慢点，先发展起来的地区带动后发展的地区，最终达到共同富裕。"如果富的愈来愈富，穷的愈来愈穷，两极分化就会产生，而社会主义制度就应该而且能够避免两极分化"①，"如果从建国起，用一百年时间把我国建设成中等水平的发达国家，那就很了不起！从现在起到下世纪中叶，将是很要紧的时期，我们要埋头苦干。我们肩膀上的担子重，责任大啊！"②

富裕起来以后财富怎样分配，是个大问题

1992年初邓小平南方谈话后，特别是党的十四大确立社会主义市场经济体制后，中国经济出现新一轮腾飞。中国的发展引起世界各国特别是主要资本主义国家的关注，也引起了敌视中国社会主义制度的人的不安。

1992年12月18日，《参考消息》上刊登的《马克思主义新挑战更加令人生畏》和《中国将成为最大的经济强国》两篇文章，引起了邓小平的注意。前一篇文章认为："社会主义并没有销声匿迹。""马克思可能会卷土重来，而且再度兴起的马克思主义对西方古典自由主义的思想和体制构成的挑战，会比苏联共产党政权曾经构成的挑战更加令人生畏。"后一篇文章指出："过去14年里，中国国民生产总值年实际平均增长率高出美国6.5个百分点，如果这一差异持续下去，到2010年稍过一点，中国就将成为世界上最大的经济强国。"邓小平当

---

① 中共中央文献研究室：《邓小平年谱（一九七五——一九九七）》（下），中央文献出版社2004年版，第1343页。
② 中共中央文献研究室：《邓小平年谱（一九七五——一九九七）》（下），中央文献出版社2004年版，第1345页。

然能够洞察这两篇文章的含义，其结论是不言而喻的：一是社会主义制度已经并将全面显示出比资本主义制度的优越性；二是中国总体经济实力的快速增长，使资本主义国家"望而生畏"。其实，早在1985年1月2日路透社记者就曾用"令人生畏"一词来描述中国经济体制改革给社会主义中国带来的巨大变化和对世界产生的深远影响。《参考消息》的这篇路透社记者杰里夫·克利夫特从北京发回的报道称：中国最高领导人邓小平正以令人生畏的高速度加紧进行一系列激进的改革。他的这场席卷全国的平和的革命将抛弃陈旧的经济体制，代之以一种同刺激鼓励联系在一起的更加富有生气的社会主义，目的就是要到21世纪使中国成为一个经济大国。邓小平正在使这个有十亿人口的国家走上一条新的道路，而这条道路将会在全球产生深远的影响。也正是从这个时候开始，国外媒体开始提到"中国的道路"。正是沿着这条新的道路，我们党坚定不移地实行改革开放政策，极大地促进了生产力的发展，引起了经济生活、社会生活、工作方式和精神状态的一系列深刻变化。

中国经济发展到一定的程度后，怎样谋求更大的发展，逐步走向共同富裕？《参考消息》在同一天登载的这两篇文章，引发了邓小平对分配问题的深入思考。他提出："中国发展到一定的程度后，一定要考虑分配问题。""要研究提出分配这个问题和它的意义。""到本世纪末就应该考虑这个问题了。我们的政策应该是既不能鼓励懒汉，又不能造成打'内仗'。"[①]

实行按劳分配，打破平均主义，让一部分人、一部分地区先富起来，是邓小平启动改革开放，解放和发展社会生产力的重大举措。特别是邓小平在1988年9月首次提出了"科学技术是第一生产力"的崭新论断，深刻揭示了科学技术对当代生产力发展和社会经济发展的第一位的变革作用，从而加速了我国经济建设进一步向依靠科技进步

---

① 中共中央文献研究室：《邓小平年谱（一九七五——一九九七）》（下），中央文献出版社2004年版，第1356—1357页。

　　和劳动者素质的转移，也大大加速了我国经济社会的发展。到了90年代，中国经济有了很大发展以后，邓小平对这个问题关注和思考的重点转向了在大力解放和发展社会生产力的前提下，如何解决好分配问题和如何防止两极分化、实现共同富裕的问题。

　　1993年9月16日，他在同弟弟邓垦谈话时提出了他的一些新思考和新认识。他说："十二亿人口怎样实现富裕，富裕起来以后财富怎样分配，这都是大问题。题目已经出来了，解决这个问题比解决发展起来的问题还困难。分配的问题大得很。"①

　　为什么邓小平在这时把财富分配问题当作"大得很"的问题提出来呢？按照他在20世纪80年代提出的"三步走"发展战略，到21世纪中叶达到第三步战略目标的时候，才可以说基本实现了共同富裕的目标。虽然到那个时候我国还算不上发达国家，只能达到中等发达国家或者接近发达国家的水平，人民生活还只是比较富裕，因为"我们实行的是社会主义的分配制度，我们的人均四千美元不同于资本主义国家的人均四千美元。特别是中国人口多，如果那时十五亿人口，人均达到四千美元，年国民生产总值就达到六万亿美元，属于世界前列"②，"当然分配中还会有差别，但我们的目的是共同富裕"③。但是，到90年代初的时候，邓小平已经敏锐地观察到，在确立了社会主义市场经济体制后，随着公有制为主体的多种经济成分的新的经营形式的出现，分配方式也随之发生显著变化，形成了明显的不同层次的社会群体或阶层，特别是一些人利用我国经济体制的双轨制、市场经济体制不健全、经济立法跟不上、税收政策执行不力等体制上的漏洞，非法牟取私利、积聚财富。少数人的暴富与其付出的劳动、投入的资金、承担的风险完全不成比例，从许多方面直接或间接地影响着

---

① 中共中央文献研究室：《邓小平年谱（一九七五——一九九七）》（下），中央文献出版社2004年版，第1364页。
② 邓小平：《邓小平文选》第三卷，人民出版社1993年版，第224—225页。
③ 邓小平：《邓小平文选》第三卷，人民出版社1993年版，第255页。

社会的公正分配。市场经济实际上已经带来两极分化"自然出现"的可能性（虽然这时还远远没有到两极分化的程度）。因此，他提醒后人："我们讲要防止两极分化，实际上两极分化自然出现。""少部分人获得那么多财富，大多数人没有，这样发展下去总有一天会出问题。分配不公，会导致两极分化，到一定时候问题就会出来。这个问题要解决。过去我们讲先发展起来。现在看，发展起来以后的问题不比不发展时少。""要利用各种手段、各种方法、各种方案来解决这些问题。"[①]在这里，邓小平把在实现"先富""共富"过程中客观存在的贫富差距继续拉大的风险，把分配不公导致两极分化的危害，讲得清楚明白，分析得十分透彻。

实现全体人民的共同富裕，是邓小平最大的心愿，也是他晚年最为牵挂的一个大问题。怎样把社会主义的本质要求与社会主义初级阶段的实际状况联系起来，怎样发挥社会主义制度的优势，逐步消除"自然形成"的两极分化，逐步实现全体人民的共同富裕，这是党和人民进行中国特色社会主义事业伟大实践的进程中必须始终面对的一个重大课题。尽管形势严峻，但邓小平认为，中国特色社会主义能够解决好这个问题，也应该解决好这个问题。他满怀信心地说："解决这些问题需要一些年富力强的同志。现在证明，我退休以后，江泽民他们搞得不错。""让他们放手去搞。现在我比较放心，我看我们的事业有希望，我们国家大有希望，我们民族大有希望。""国家发展了，我当一个富裕国家的公民就行了。"[②]这既是邓小平对他精心设计的第三步发展战略美好愿景的期待，也是对他开创的中国特色社会主义事业的殷殷嘱托。

---

① 中共中央文献研究室：《邓小平年谱（一九七五——一九九七）》（下），中央文献出版社2004年版，第1364页。
② 中共中央文献研究室：《邓小平年谱（一九七五——一九九七）》（下），中央文献出版社2004年版，第1364页。

先富带动和帮助后富，逐步实现共同富裕
（1992—2002）

平均主义不是社会主义，两极分化也不是社会主义。允许和鼓励一部分地区、一部分人通过诚实劳动和合法经营先富起来，带动和帮助其他地区和其他群众，最终达到全国各地区普遍繁荣和全体人民共同富裕，这是我们必须长期坚持的一项大政策。

江泽民：《二十年来我们党的主要历史经验》（1998年12月18日）

1989年6月24日，党的十三届四中全会选举江泽民为中共中央总书记。这时，国内外形势正在发生着深刻变化。国际上，随着20世纪80年代末90年代初苏联解体、东欧剧变，社会主义在世界范围内的实践陷入低潮，从理论到实践向所有社会主义国家提出了新的严峻挑战和时代课题：社会主义制度要赢得与资本主义竞争的相对优势，就必须抓住机遇加快发展，必须在经济发展上表现出更高的效率。从国内来看，以1992年邓小平南方谈话和党的十四大为标志，中国改革开放和社会主义现代化建设进入新的发展阶段。党的十四大确立社会主义市场经济体制的改革目标，为社会主义现代化建设带来了勃勃生机，同时也带来了新问题和新矛盾，社会主义市场经济要走出与资本主义市场经济完全不同的共同富裕的道路，这也是中国共产党人必须作出回答的重大时代课题。以江泽民为主要代表的中国共产党人，团结带领人民从容应对关系我国改革发展稳定全局的一系列风险考验，坚定不移、毫不动摇地坚持以经济建设为中心，坚持四项基本原则，坚持改

革开放，从社会主义初级阶段的国情出发，对社会主义市场经济条件下如何推进共同富裕、让广大人民群众共享改革发展的成果，进行了新的探索和实践。

只有社会主义才能实现全体人民的共同富裕

1989年6月24日，新当选的中共中央总书记江泽民在党的十三届四中全会上的讲话中旗帜鲜明地指出："我们党已经制定和形成了一条建设有中国特色社会主义的路线和一系列基本政策。概括地说，就是小平同志多次指出、最近再次强调的，以经济建设为中心，坚持四项基本原则，坚持改革开放。这是我们有信心做好工作的根本的、坚实的基础。这次中央领导机构作了一些人事调整，但是，党的十一届三中全会以来的路线和基本政策没有变，必须继续贯彻执行。在这个最基本的问题上，我要十分明确地讲两句话：一句是坚定不移，毫不动摇；一句是全面执行，一以贯之。"[1]这是江泽民代表受命于重大历史关头的新一届中央领导集体向全党全国人民作出的庄严承诺。党的十三届四中全会以后，新的中央领导集体肩负着全党4800万党员、全国11亿人民的重托和期望，坚定不移、一以贯之、全面执行党的基本路线不动摇，一手抓治理整顿、深化改革，一手抓党的建设、精神文明建设和思想政治工作，卓有成效地开展工作。

坚持党的基本路线不动摇，关键是要坚持以经济建设为中心不动摇。1989年9月9日至14日，在国庆40周年前夕，江泽民到陕西视察工作。视察期间，他专程到陕北革命老区，听取了延安地区和延安市的工作汇报，视察了延安市郊区的农村，瞻仰了毛泽东和老一辈无产阶级革命家的旧居和革命遗址。在已经脱贫致富的延安枣园乡庙沟村，他登上山坡看了枝头挂满硕果的果园，并到收入万元以上的农户贺巨

---

① 江泽民：《江泽民文选》第一卷，人民出版社2006年版，第57页。

庭的窑洞里做客。在比较贫困的万花乡向阳村，江泽民坐在贫困户胡进海的炕头和他拉家常。当听说胡进海一家生活困难时，他就关照村支书孙文义多支持和帮助他。在窑外大树下，听到村支书汇报他们村脱贫致富的决心时，江泽民说，要有一股自力更生的精神。在延安，江泽民会见了参加陕北老区经济开发座谈会的许多老同志，并在会上讲了话。他在讲话中要求各级党组织和政府部门把帮助老少边穷地区人民脱贫致富作为一项重要的政治任务和经济任务来抓；希望各地在脱贫致富、改变落后面貌时，要发扬延安精神；各地要把单纯救济式的扶贫，改为新的经济开发式的扶贫。视察期间，江泽民反复强调自力更生、艰苦奋斗的延安精神没有过时。抗日战争、解放战争的艰苦岁月要发扬延安精神；社会主义初级阶段，也离不开延安精神。否则，我们的社会主义是很难建成的。[①]9月29日，他在庆祝中华人民共和国成立40周年大会上的讲话中进一步明确指出，社会主义制度的确立、巩固和发展，是中国历史上最伟大、最深刻的变革。"如果新中国建立以后不走社会主义道路，不坚持人民民主专政，就不可能维护国家的统一和民族的独立，不可能逐步实现人民共同富裕的愿望"，"如果今后不坚持社会主义，而是像有人主张的那样退回去走资本主义道路，用劳动人民的血汗去重新培植和养肥一个资产阶级，在我国人口众多、社会生产力水平很低的情况下，只能使大多数人重新陷入极其贫困的状态"，[②]强调"只有社会主义才能救中国，只有社会主义才能发展中国"[③]，中国共产党人"要更加坚定不移地把马克思主义普遍真理同我国具体实际结合起来，走自己的路，建设有中国特色的社会主义"[④]。

　　1990年底，"七五"计划所规定的国民经济和社会发展各项指标绝大部分完成或超额完成，提前实现了第一步战略目标。国民生产

① 王煌彦：《在视察陕北革命老区时江泽民强调发扬延安精神要求把党的基层组织建设好发挥党员先锋模范作用》，《人民日报》，1989年9月15日第1版。
② 江泽民：《江泽民文选》第一卷，人民出版社2006年版，第67页。
③ 江泽民：《江泽民文选》第一卷，人民出版社2006年版，第68页。
④ 江泽民：《江泽民文选》第一卷，人民出版社2006年版，第69页。

总值由4470亿元增加到17400亿元，人民生活水平进一步提高，全国绝大多数地区解决了温饱问题，开始向小康社会迈进，少数地区已经率先实现了小康。新华社发出的一篇题为《我国农村发生举世瞩目变化　第一阶段温饱问题基本解决　部分地区已开始迈向小康》的报道说："在中国960万平方公里土地上，过去千百年一直困扰中华民族的'饿肚子'问题，到1990年底，终于获得基本解决，温饱线以下的贫困人口已降到占全国人口总数的3%以下；东部沿海各省和大中城市郊区约占农村总人口1/3以上的农民，在实现温饱以后，开始向着'穿讲艳，吃讲鲜，家用电器不稀罕'的小康目标前进了。""一个占世界人口1/5的大国发生这样的巨变，被世人认为是奇迹。"[1]

按照党的十三大确立的"三步走"发展战略，从1991年到2000年，我国要实现第二步战略目标，即从温饱走向小康。这是我国现代化建设一个更为重要、更为关键的发展阶段。如何带领全党全国人民顺利实现第二步发展战略目标，让最广大的人民群众都享受到改革开放的成果，这是历史赋予以江泽民为主要代表的中国共产党人的重大责任和光荣使命。1990年12月，当"七五"计划胜利完成的时候，党的十三届七中全会审议通过了《中共中央关于制定国民经济和社会发展十年规划和"八五"计划的建议》（以下简称《建议》）。《建议》提出了今后十年和"八五"时期国民经济和社会发展的基本任务和方针政策，提出了建设有中国特色社会主义的十二条原则，其中第七条原则是"实行以按劳分配为主体、其他分配方式为补充的分配制度，允许和支持一部分人、一部分地区通过诚实劳动和合法经营先富起来，鼓励先富起来的帮助未富起来的，以利于全体人民和各个地区逐步实现共同富裕"[2]。12月30日，江泽民在全会闭幕时的讲话中也将"关于共同富裕的问题"作为"大家讨论中比较集中的几个问题"之

---

① 马成广、蒲立业：《我国农村发生举世瞩目变化　第一阶段温饱问题基本解决　部分地区已开始迈向小康》，《人民日报》，1991年3月19日第1版。
② 中共中央文献研究室：《十三大以来重要文献选编》（中），人民出版社1991年版，第1378页。

一作了进一步阐释。他说："我们既要允许和鼓励一部分人、一部分地区通过诚实劳动、合法经营先富起来，又要提倡先富起来的帮助还没有富起来的，逐步实现共同富裕。贫穷不是社会主义。少数人富起来，大部分人穷，也不是社会主义。社会主义制度最大的优越性就在共同富裕，防止两极分化。社会主义的本质也主要体现在这里。"对于怎样逐步实现共同富裕，他明确提出："经济发达的省、市和地区要继续发挥自己的优势，发展本省、本市和本地区的经济。经济不发达的省、自治区和地区，也要根据各自的特点和优势，积极创造条件发展经济。经济发达的省、市和地区要通过横向联合、技术转让等经济办法，来帮助经济不发达的省、自治区和地区。"他还特别强调："这要作为一个重要问题来研究，并逐步形成具体的措施、办法。"①

怎样在实现小康以后使全国人民都能更好地走上共同富裕道路？1991年3月25日，李鹏在七届全国人大四次会议上所作的《关于国民经济和社会发展十年规划和第八个五年计划纲要的报告》中明确了方向。他指出："二〇〇〇年实现小康，走共同富裕的道路是确定无疑的。允许和支持一部分人、一部分地区通过诚实劳动和合法经营先富起来，这个方针应当继续贯彻执行。但是，我们什么时候都不能忘记，实行这个方针的目的，是为了促进全国人民和各个地区更好地走上共同富裕的道路。因此，既要反对平均主义，又要防止收入差距过分悬殊。社会主义制度的一项最重要的优越性，就表现在共同富裕上。"②

1991年7月1日，江泽民在庆祝中国共产党成立70周年大会上的讲话中进一步明确了现阶段逐步实现全体人民共同富裕的思路。他说："中国的基本国情，决定了我国处在社会主义的初级阶段。社会主义的根本任务是发展社会生产力，在初级阶段，我们更要自觉地坚定不

① 中共中央文献研究室：《十三大以来重要文献选编》（中），人民出版社1991年版，第1433—1434页。

② 中共中央文献研究室：《十三大以来重要文献选编》（下），人民出版社1993年版，第1507页。

移地把这个任务放在中心位置。""要通过社会主义制度的自我完善和发展，建设有中国特色社会主义的经济、政治、文化，以适应和促进社会生产力不断发展和社会全面进步，实现社会主义现代化。"①他强调："有中国特色社会主义的经济，必须坚持以生产资料社会主义公有制为主体，允许和鼓励其他经济成分适当发展，既不能脱离生产力发展水平搞单一的公有制，又不能动摇公有制经济的主体地位，不能搞私有化"，"必须实行以按劳分配为主体、其他分配方式为补充的分配制度，既要克服平均主义，又要防止两极分化，逐步实现全体人民共同富裕。"他明确指出："以生产资料公有制为基础的社会主义生产关系，能够从根本上克服资本主义生产方式中生产资料私人占有同生产社会化的基本矛盾，保证生产、流通、分配置于社会的自觉调节和控制下，实现经济有计划按比例地合理发展和社会成员共同富裕。""动摇了生产资料公有制，就动摇了社会主义的经济基础，必将损害全体人民的根本利益，也就谈不上社会主义了。"②12月7日，江泽民在中央军委扩大会议上的讲话中，从《共产党宣言》发表一个半世纪以来社会主义从无到有、从弱到强，从理论到实践的巨大发展，从历史到现实的生动实践，深刻指出，社会主义是"推动人类历史进步的一支伟大力量，也成为西方资本主义最惧怕的一支力量"。他明确指出：社会主义在自身发展中，表现出强大的生命力、巨大的吸引力。它代表了人类历史发展方向，只有社会主义才能消灭人剥削人的制度，只有社会主义才能实现全体人民的共同富裕。③

　　党的十三届四中全会以来两年多的时间里，以江泽民为主要代表的中国共产党人，面对世界范围内的社会主义实践陷入低潮，面对以美国为首的西方国家对我国的施压、渗透和颠覆，面对西方反共反社会主义势力对我国进行的攻击、污蔑、丑化和妖魔化等国内外环境的

① 江泽民：《江泽民文选》第一卷，人民出版社2006年版，第152—153页。
② 江泽民：《江泽民文选》第一卷，人民出版社2006年版，第153页。
③ 中共中央文献研究室：《江泽民论有中国特色社会主义（专题摘编）》，中央文献出版社2002年版，第402页。

不利影响，高举马克思主义的旗帜，坚定不移地沿着中国特色社会主义道路，坚定地推进改革开放，在坚持、捍卫、巩固和发展中国特色社会主义的伟大实践中，不断推动着理论创新和实践创新。1992年6月9日，江泽民在中央党校省部级干部进修班上的讲话中强调，要深刻领会和全面落实邓小平南方谈话精神，把经济建设和改革开放搞得更快更好些，明确指出："加快经济体制改革的根本任务，就是要尽快建立社会主义的新经济体制。而建立新经济体制的一个关键问题，是要正确认识计划和市场问题及其相互关系，就是要在国家宏观调控下，更加重视和发挥市场在资源配置中的作用。"[1]在谈到经济体制改革的目标时，他提出了这段时间以来反复思考、多方调研、广泛征求意见形成的新认识、新想法，首次提出了建立社会主义市场经济体制的新思想，迈出了我国经济体制改革的决定性的一步，这实际上也为党的十四大报告定了基调。江泽民指出，在党的十四大报告中，应确定一种大多数同志都赞同的有关经济体制的比较科学的提法，以利于进一步统一全党同志的认识和行动，以利于加快我国社会主义的新经济体制的建立。"我个人的看法，比较倾向于使用'社会主义市场经济体制'这个提法"，"我觉得使用'社会主义市场经济体制'是可以为大多数干部群众所接受的。"他进而强调："不管党的十四大报告中最后确定哪一种提法，都需要阐明我国社会主义的新经济体制的主要特征。"他明确提出了三个主要特征："一是在所有制结构上，坚持以公有制经济为主体，个体经济、私营经济和其他经济成分为补充，多种经济成分共同发展；二是在分配制度上，坚持以按劳分配为主体，其他分配方式为补充，允许和鼓励一部分地区、一部分人先富起来，逐步实现共同富裕，防止两极分化；三是在经济运行机制上，把市场经济和计划经济的长处有机结合起来，充分发挥各自的优势作用，促进资源优化配置，合理调节社会分配。"[2]10月12日，江泽民

---

① 江泽民：《江泽民文选》第一卷，人民出版社2006年版，第198页。
② 江泽民：《江泽民文选》第一卷，人民出版社2006年版，第202—203页。

在党的十四大报告中明确指出："我国经济体制改革确定什么样的目标模式，是关系整个社会主义现代化建设全局的一个重大问题。这个问题的核心，是正确认识和处理计划与市场的关系"，"实践的发展和认识的深化，要求我们明确提出，我国经济体制改革的目标是建立社会主义市场经济体制，以利于进一步解放和发展生产力。"[①]后来，针对有些人不断提出的市场经济前面加"社会主义"几个字是多余的错误看法，他曾在不同场合，特别是对西方国家一些来访的人一再强调："我们搞的市场经济，是同社会主义的基本制度紧密结合在一起的。"他一针见血地指出："如果离开了社会主义基本制度，就会走向资本主义。中国如果走向资本主义是个什么结局呢？不但发展不起来，富强不起来，而且连国家和民族的独立也保不住，势必变成帝国主义的附庸，变成发达资本主义国家的附庸，没有什么独立自主权。"他强调指出："我们搞的是社会主义市场经济，'社会主义'这几个字是不能没有的，这并非多余，并非'画蛇添足'，而恰恰相反，这是'画龙点睛'。所谓'点睛'，就是点明我们市场经济的性质。""西方市场经济是在资本主义制度下搞的，我们的市场经济是在社会主义制度下搞的，这是不同点，而我们的创造性和特色也就体现在这里。"[②]

效率优先、兼顾公平，逐步实现共同富裕

1992年10月，党的十四大确定了我国经济体制改革的目标是建立社会主义市场经济体制。江泽民在报告中对这一全新的经济体制作出了明确界定："我们要建立的社会主义市场经济体制，就是要使市场在社会主义国家宏观调控下对资源配置起基础性作用，使经济活动遵循价值规律的要求，适应供求关系的变化；通过价格杠杆和竞争机

---

① 江泽民：《江泽民文选》第一卷，人民出版社2006年版，第225—226页。
② 中共中央文献研究室：《江泽民论有中国特色社会主义（专题摘编）》，中央文献出版社2002年版，第69页。

制的功能，把资源配置到效益较好的环节中去，并给企业以压力和动力，实现优胜劣汰；运用市场对各种经济信号反应比较灵敏的优点，促进生产和需求的及时协调。同时也要看到市场有其自身的弱点和消极方面，必须加强和改善国家对经济的宏观调控。"①这一理论上的重大突破，标志着经过改革开放以来14年的不懈探索，中国共产党终于在理论上成功实现了从高度集中的计划经济体制到充满活力的社会主义市场经济体制的历史性转变，对于我国改革开放和经济社会发展发挥了极为重要的作用。由此，我国进入了加快改革开放，建立社会主义市场经济体制的新阶段。

在社会主义市场经济条件下如何推进共同富裕？党的十四大报告指出："在现代化建设的长过程中要抓住时机，争取出现若干个发展速度比较快、效益又比较好的阶段，每隔几年上一个台阶。贫穷不是社会主义，同步富裕又是不可能的，必须允许和鼓励一部分地区一部分人先富起来，以带动越来越多的地区和人们逐步达到共同富裕。"②报告在提出建立社会主义市场经济体制的同时，明确指出"社会主义市场经济体制是同社会主义基本制度结合在一起的"。并从所有制结构、分配制度和宏观调控三个方面确定了社会主义市场经济的基本特征，这就明确了以公有制经济为主体、多种所有制经济共同发展的所有制结构，必须实行按劳分配为主体的多种分配方式。为了实现共同富裕，报告首次提出要"兼顾效率与公平"，明确指出："在分配制度上，以按劳分配为主体，其他分配方式为补充，兼顾效率与公平。运用包括市场在内的各种调节手段，既鼓励先进，促进效率，合理拉开收入差距，又防止两极分化，逐步实现共同富裕。"③党的十四大通过的《中国共产党章程（修正案）》首次增写了收入分配和共同富裕的内容，即"社会主义的本质，是解放生产力，发展生产力，消灭剥

---

① 江泽民：《江泽民文选》第一卷，人民出版社2006年版，第226—227页。
② 江泽民：《江泽民文选》第一卷，人民出版社2006年版，第220页。
③ 江泽民：《江泽民文选》第一卷，人民出版社2006年版，第227页。

削，消除两极分化，最终达到共同富裕"；"必须坚持以生产资料公有制为主体、多种经济成分并存的所有制结构，实行以按劳分配为主体、其他分配方式为补充的分配制度，鼓励一部分地区和一部分人先富起来，逐步消灭贫穷，达到共同富裕，在生产发展和社会财富增长的基础上不断满足人民日益增长的物质文化需要"。

社会主义市场经济是社会主义的制度优势与市场配置资源的效率优势的结合，反映在分配制度上，就是效率与公平的结合。高效率、社会公正、共同富裕，都是社会主义制度的应有之义。1993年3月7日，他在党的十四届二中全会上的讲话中指出："我们建设的是有中国特色的社会主义，出发点和归宿是发展社会生产力，不断增强综合国力，不断提高人民生活水平，并且逐步实现全体人民的共同富裕。"强调"任何时候，都不能忘记这个大原则"。①他提出："在发展社会主义市场经济的过程中怎样正确处理社会分配问题，就是一个很大的问题。鼓励一部分地区一部分人先富起来是完全正确的，采取这个重要政策的目的，是要通过他们带动其他地区其他人也富起来，最终实现共同富裕。地区之间发展差距要适度。如果长时期里，只是一部分地区一部分人富，大部分地区大部分人富不起来，那就不是社会主义了。先发展起来的，要帮助没有发展起来的也发展起来，互相支持，共同发展。这些问题，从现在起就要进行研究。"②不久，他在经济情况通报会上的讲话中指出："在允许一部分地区一部分人先富起来的同时，如何解决东西部地区经济发展差距扩大和个人收入悬殊的问题。正常的差距有利于激励竞争，调动积极性。但差距过大，长期得不到解决，就有可能影响经济、政治和社会的稳定。我们的政策是，承认发展中的不平衡性，不能鼓励懒汉思想，允许一部分地区一部分人先富起来，但要加强政策调节，通过自身努力，实现共同富

① 中共中央文献研究室：《十四大以来重要文献选编》（上），人民出版社1996年版，第129页。
② 中共中央文献研究室：《十四大以来重要文献选编》（上），人民出版社1996年版，第131—132页。

裕。"①他后来还多次提出要通过"合理调节分配，促进共同富裕"，"继续破除平均主义，鼓励多劳多得、勤劳致富，允许适当的收入差距，同时，注意运用税收杠杆，调节过高收入，缓解社会分配不公的矛盾，防止出现贫富两极分化"。②他强调指出："社会主义应当创造比资本主义更高的生产力，也应当实现资本主义难以达到的社会公正。从根本上说，高效率、社会公正和共同富裕是社会主义制度本质决定的。"③

1993年11月14日，党的十四届三中全会通过的《中共中央关于建立社会主义市场经济体制若干问题的决定》，在兼顾效率与公平的基础上进一步提出了"效率优先、兼顾公平"。他指出："建立以按劳分配为主体，效率优先、兼顾公平的收入分配制度，鼓励一部分地区一部分人先富起来，走共同富裕的道路；建立多层次的社会保障制度，为城乡居民提供同我国国情相适应的社会保障，促进经济发展和社会稳定。"④"个人收入分配要坚持以按劳分配为主体、多种分配方式并存的制度，体现效率优先、兼顾公平的原则。劳动者的个人劳动报酬要引入竞争机制，打破平均主义，实行多劳多得，合理拉开差距。坚持鼓励一部分地区一部分人通过诚实劳动和合法经营先富起来的政策，提倡先富带动和帮助后富，逐步实现共同富裕。"⑤

从兼顾效率与公平到效率优先、兼顾公平，反映了党中央在确立社会主义市场经济体制基本框架的过程中对效率与公平问题认识的深化。强调效率优先，这是由我国所处的社会主义初级阶段的基本国情所决定的。党的十四大作出了我国还处在社会主义初级阶段的科学论断，强调这是一个至少上百年的很长的历史阶段，制定一切方针政

---

① 江泽民：《论社会主义市场经济》，中央文献出版社2006年版，第54—55页。
② 江泽民：《论社会主义市场经济》，中央文献出版社2006年版，第58页。
③ 江泽民：《论社会主义市场经济》，中央文献出版社2006年版，第137页。
④ 中共中央文献研究室：《十四大以来重要文献选编》（上），人民出版社1996年版，第520—521页。
⑤ 中共中央文献研究室：《十四大以来重要文献选编》（上），人民出版社1996年版，第534页。

策都必须以这个基本国情为依据，不能脱离实际，超越阶段。在这个历史阶段，我国社会的主要矛盾始终是人民日益增长的物质文化需要同落后的社会生产之间的矛盾，这一基本国情决定了我国社会主义建设的根本任务，是进一步解放生产力，发展生产力。这也是我国确立社会主义市场经济体制的根本目的。可见效率问题至关重要，事关我国经济社会能否快速健康发展，事关能否创造出更多的社会财富，为社会公平打下坚实的物质基础的问题。在强调效率优先的同时，党中央也时刻关注着社会公平问题。公平问题关乎分配制度，事关每一个社会成员的切身利益，事关改革发展稳定的大局。早在1989年6月，江泽民就在《求是》杂志上发表的《认真消除社会分配不公现象》一文中指出："衡量社会公平的标准必须看是否有利于社会生产力发展和社会进步。"①平均主义是分配不公的一种表现，收入差距悬殊是分配不公的另一种表现。强调要"在促进效率提高的前提下体现社会公平"②，"要坚决保护合法收入、合理调节过高收入、严厉取缔非法收入"③。到1993年9月，他明确指出："各地区的经济发展不可能没有差距。对于地区间存在的发展上的差距，要有一个全面认识和科学态度。既要看到这种差距是历史形成的客观存在，消除它需要一个历史过程，不是一朝一夕可以办到的；又要看到在发展过程中，这种差距是要逐步缩小的。办法就是通过一部分人、一部分地区先富起来的带动和促进作用，通过国家的宏观调节和地区自身的努力，在共同发展生产力的基础上，使这种差距逐步得到缩小，最终达到共同富裕。"④11月7日，他在全国统战工作会议上的讲话中强调："要千方百计地加快民族地区经济的发展，逐步缩小民族之间的发展差距，逐步实现各民族共同繁荣"，"要通过共同努力使发展差距逐步缩小，

① 江泽民：《江泽民文选》第一卷，人民出版社2006年版，第48页。
② 江泽民：《江泽民文选》第一卷，人民出版社2006年版，第52页。
③ 江泽民：《江泽民文选》第一卷，人民出版社2006年版，第55页。
④ 江泽民：《论社会主义市场经济》，中央文献出版社2006年版，第137页。

最终达到共同富裕。"①1994年1月1日，他在全国政协新年茶话会上的讲话中提出要"以人民群众为本"。他强调："要认真研究新形势下人民内部矛盾的表现形式和发展趋向，特别是要注意在深化改革中由于进一步进行利益格局、利益关系的必要调整而可能引发的新矛盾新问题，千万不可疏忽大意。"他指出："从长远看，经济的发展和改革的深化，能够使各种利益格局、利益关系更加趋向合理，最终达到全体人民共同富裕的目标。但是，在改革的一定时期内，人们的受益程度存在某些差别是难以避免的。"要求各级干部要"处处以党和人民的利益为重，以人民群众为本"，"在全心全意为人民谋利益方面创造出新的气象"。②

随着建立社会主义市场经济体制的各项改革的不断深化，我国国民经济和社会发展不断取得新成就。"八五"期间，国民经济持续快速增长，国民生产总值年均增长12.3%，到1995年，"八五"计划提出的主要指标完成或超额完成，国民生产总值达到61130亿元，提前5年实现了原定2000年国民生产总值比1980年翻两番的目标。新目标激发了全社会奔小康的积极性。总量翻两番实现之后，党中央又及时提出了人均产值翻两番的更高要求和更长远的发展目标，带领人民朝着共同富裕的方向不断迈进。

1995年9月28日，党的十四届五中全会通过的《中共中央关于制定国民经济和社会发展"九五"计划和2010年远景目标的建议》，将"九五"国民经济和社会发展的主要奋斗目标确定为：全面完成现代化建设的第二步战略部署，2000年，在我国人口将比1980年增长3亿左右的情况下，实现人均国民生产总值比1980年翻两番；基本消除贫困现象，人民生活达到小康水平。2010年国民经济和社会发展的主要奋斗目标是：实现国民生产总值比2000年翻一番，使人民的小康生活更加宽裕，形成比较完善的社会主义市场经济体制。确定2010年国民

---

① 中共中央文献研究室：《十四大以来重要文献选编》（上），人民出版社1996年版，第515—516页。

② 江泽民：《江泽民文选》第一卷，人民出版社2006年版，第363—364页。

经济和社会发展的主要奋斗目标是：实现国民生产总值比2000年翻一番，使人民的小康生活更加宽裕，形成比较完善的社会主义市场经济体制。强调"经过十五年的努力，我国社会生产力、综合国力、人民生活水平将再上一个大台阶，社会主义精神文明建设和民主法制建设将取得明显进展，为下个世纪中叶实现第三步战略目标，基本实现现代化，开创新的局面。为下世纪初开始实施第三步战略部署奠定更好的物质技术和经济体制基础"。[①]关于如何更好实现"九五"和2010年的奋斗目标，江泽民在十四届五中全会上的讲话中，把收入分配作为社会主义现代化建设中的十二个重大关系之一，作了进一步阐述。他指出："在收入分配中，必须坚持按劳分配为主体、多种分配方式并存的原则，体现效率优先、兼顾公平，把国家、企业、个人三者的利益结合起来。""在社会主义初级阶段，社会成员之间收入存在一定程度的差距，是难以避免的。但是，如果差距悬殊，而且任其扩大，就会造成多方面的严重后果。我们必须坚持允许和鼓励一部分地区一部分人先富起来、最终实现共同富裕的政策。要在发展经济的基础上，逐步增加城乡居民收入。同时，要把调节个人收入分配、防止两极分化，作为全局性的大事来抓。要区分不同情况，采取有针对性的措施，保护合法收入，取缔非法收入，调节过高收入，保障低收入者的基本生活。"[②]

　　收入分配差距和地区差距扩大的问题，直接关系到人民群众的切身利益，关系到经济发展和社会稳定，这不仅是个经济问题，也是个政治问题。党中央对这个问题高度重视，一再强调，允许和鼓励一部分地区、一部分人通过诚实劳动和合法经营先富起来，先富带动和帮助后富，最终实现全体人民共同富裕，是党要继续坚持贯彻的一项大政策。要贯彻落实好这项大政策，就"要把调节个人收入分配、缩小地区经济差距作为关系全局的大事来抓，认真处理好经济发展

① 中共中央文献研究室：《十四大以来重要文献选编》（中），人民出版社1997年版，第1480—1481页。
② 江泽民：《江泽民文选》第一卷，人民出版社2006年版，第469—470页。

中的各种社会关系和矛盾。"①1997年9月，江泽民在党的十五大报告中把"公有制为主体、多种所有制经济共同发展"②明确为我国社会主义初级阶段的一项基本经济制度，强调："必须坚持以生产资料公有制为主体、多种经济成分并存的所有制结构，实行以按劳分配为主体、其他分配方式为补充的分配制度，鼓励一部分地区和一部分人先富起来，逐步消灭贫穷，达到共同富裕，在生产发展和社会财富增长的基础上不断满足人民日益增长的物质文化需要。"报告进一步提出要"把按劳分配和按生产要素分配结合起来，坚持效率优先、兼顾公平"，指出："依法保护合法收入，允许和鼓励一部分人通过诚实劳动和合法经营先富起来，允许和鼓励资本、技术等生产要素参与收益分配。取缔非法收入，对侵吞公有财产和用偷税逃税、权钱交易等非法手段牟取利益的，坚决依法惩处。整顿不合理收入，对凭借行业垄断和某些特殊条件获得个人额外收入的，必须纠正。调节过高收入，完善个人所得税制，开征遗产税等新税种。规范收入分配，使收入差距趋向合理，防止两极分化。"③

使全国人民共享经济社会发展成果，是共同富裕的基本要求和最终目标。1998年12月18日，江泽民在纪念党的十一届三中全会召开20周年大会上的讲话中，总结改革开放20年以来党的主要历史经验，深刻阐释了如何推动实现社会公平和共同富裕的问题，明确指出："公有制为主体、多种所有制经济共同发展，决定了我们必须实行按劳分配为主体的多种分配方式。要把按劳分配、劳动所得，同允许和鼓励资本、技术等生产要素参与收益分配结合起来，坚持效率优先、兼顾公平。平均主义不是社会主义，两极分化也不是社会主义。允许和鼓励一部分地区、一部分人通过诚实劳动和合法经营先富起来，带动和帮助其他地区和其他群众，最终达到全国各地区普遍繁荣和全体人民共同富裕，这是我们必须长期坚持的一项大政策。它符合经济发展客

---

① 江泽民：《江泽民文选》第一卷，人民出版社2006年版，第543页。
② 江泽民：《江泽民文选》第二卷，人民出版社2006年版，第17页。
③ 江泽民：《江泽民文选》第二卷，人民出版社2006年版，第22—23页。

观规律的要求，是社会主义优越性在经济上的重要体现。"①他强调："在整个改革开放和现代化建设的过程中，都要努力使工人、农民、知识分子和其他群众共同享受到经济社会发展的成果。"② 2001年11月27日，他在中央经济工作会议上的讲话中从我国将长期处于社会主义初级阶段的基本国情况出发，提出了促使全体人民共享发展成果的设想："正确处理一次分配和二次分配的关系，在经济发展的基础上普遍提高居民收入水平，逐步形成一个高收入人群和低收入人群占少数、中等收入人群占大多数的'两头小、中间大'的分配格局，使人民共享经济繁荣成果。"③

消灭贫困，实现共同富裕

消灭贫困，实现共同富裕，是社会主义的本质要求和社会主义优越性的体现。扶持贫困地区尽快改变贫穷落后的面貌，是党和国家的一贯方针。早在1984年9月，中共中央、国务院就联合发出《关于帮助贫困地区尽快改变面貌的通知》，提出"对贫困地区要进一步放宽政策，实行比一般地区更灵活、更开放的政策，彻底纠正集中过多、统得过死的弊端，给贫困地区农牧民以更大的经营主动权"④。党和国家由此开始了全国范围有组织、有领导的扶贫工作。1986年4月，全国人大六届四次会议原则批准国务院制订的《中华人民共和国国民经济和社会发展第七个五年计划》，提出了在"七五"期间基本解决农村贫困人口温饱问题的设想。当年，为了加大扶贫力度，中共中央、国务院成立了国务院贫困地区经济开发领导小组，负责制定贫困地区发展的方针、政策和规划，协调解决有关贫困地区发展的重大问题，

---

① 江泽民：《江泽民文选》第二卷，人民出版社2006年版，第256页。
② 江泽民：《江泽民文选》第二卷，人民出版社2006年版，第262页。
③ 江泽民：《论社会主义市场经济》，中央文献出版社2006年版，第583页。
④ 中共中央文献研究室：《十二大以来重要文献选编》（中），人民出版社1986年版，第540页。

领导、组织、监督和检查全国贫困地区的经济开发工作。各级政府也相继成立了类似的机构，配备了专职人员，形成了比较完整的工作体系，逐层落实扶贫开发的工作责任。经过连续多年的艰苦努力，到1993年，全国农村没有完全稳定解决温饱问题的贫困人口由1978年的2.5亿人，减少到8000万人，这是一个巨大的历史性成就。同时，党中央也清醒地认识到，解决8000万人的温饱问题难度很大，扶贫工作的任务仍然十分艰巨。1993年9月，为适应扶贫攻坚的新形势，国务院贫困地区经济开发领导小组更名为国务院扶贫开发领导小组。9月22日，国务院扶贫开发领导小组第一次会议决定：我国将制订并实施全国"八七扶贫攻坚计划"，即从1994年开始到世纪末，用7年时间基本解决目前尚未完全解决温饱的8000多万人的温饱问题。我国近12亿人口中有9亿多农民，9亿多农民中有8000多万还没有完全解决温饱问题。这是必须正视的严峻现实。要十分重视农民和农村问题，尤其要努力解决贫困地区农民的温饱问题。①11月5日，中共中央、国务院印发《关于当前农业和农村经济发展的若干政策措施》，首次提出了扶贫攻坚的要求，指出："我国农村地区之间经济发展很不平衡，要实现共同富裕的目标，必须切实解决贫困地区的问题。"要求"各级党委和政府要继续坚持扶贫开发工作'分级负责、关键在省'的原则，进一步加强领导，稳定和加强扶贫开发工作机构，集中力量打好扶贫开发的'攻坚战'。"②

　　1994年2月28日至3月3日，国务院召开全国扶贫开发工作会议。会议决定实施《国家八七扶贫攻坚计划（1994—2000）》。计划从1994年到2000年，集中人力、物力、财力，动员社会各界力量，力争用7年左右的时间，基本解决目前全国农村8000万贫困人口的温饱问题。③

---

① 中共中央文献研究室小康社会研究课题组：《小康社会理论与实践发展三十年》，中央文献出版社2009年版，第185页。

② 中共中央文献研究室：《十四大以来重要文献选编》（上），人民出版社1996年版，第490页。

③ 中共中央文献研究室：《十四大以来重要文献选编》（上），人民出版社1996年版，第774页。

主要奋斗目标是，巩固现有扶贫成果，在解决贫困地区人民温饱的基础上进一步脱贫致富。不仅要使贫困地区经济得到发展，而且要在社会文化、教育、科技等方面也能得到进一步发展。[1]这项旨在消除贫困的宏伟计划，是党中央、国务院在我国扶贫开发工作取得巨大成就的基础上，作出的重大决策，是我国历史上，也是全球反贫困事业历史上第一个有明确目标、明确对象、明确措施、明确时限的扶贫开发行动纲领，标志着我国以解决温饱为目标的扶贫开发工作进入了最后攻坚阶段。历史和现实表明，在中国这样一个幅员广大、经济发展不平衡、地区差别较大、有着几千万贫困人口的大国里，要消灭绝对贫困人口，使全体人民都能过上小康生活，都能向着共同富裕的目标迈进，是一件何等艰苦卓绝的事业。3月3日，江泽民在这次会议上的讲话中从"实现全体人民的共同富裕"[2]的目标出发，强调"扶贫开发要坚持不懈、锲而不舍地长期抓下去"[3]。他明确指出："我们是社会主义国家，我们的目标是实现全体人民的共同富裕，我们的扶贫工作不是权宜之计，必须长期坚持下去。""我们党领导人民搞革命、搞社会主义，就是为了解放和发展生产力，使人民富裕起来。改革开放以来，我们允许和鼓励一部分人一部分地区先富起来，也是为了带动其他人、其他地区富起来，更好地实现共同富裕的目标。"他强调："我们发展社会主义市场经济体制，既要追求资源配置的效率目标，也要兼顾公平原则，更要对贫困地区采取有效的扶持政策。"他指出："消灭贫困，实现共同富裕，是改革和发展的要求，也是维护稳定的重要条件。"他强调："各地发展不平衡，有的快一些，有的相对慢一些，这是不可避免的。但是，在这个过程中，我们必须始终关注贫困地区经济的发展。"[4]他要求"各级党委和政府要加强对扶贫开

① 中共中央文献研究室：《十四大以来重要文献选编》（上），人民出版社1996年版，第776页。
② 江泽民：《论社会主义市场经济》，中央文献出版社2006年版，第166页。
③ 江泽民：《论社会主义市场经济》，中央文献出版社2006年版，第164页。
④ 江泽民：《论社会主义市场经济》，中央文献出版社2006年版，第166页。

发工作的领导", "善于动员和组织各方面的力量，开创全社会扶贫济困的新局面"。①

贫困是一个世界性问题，消除贫困是一个世界性难题。1996年，是联合国宣布的"国际消除贫困年"。这年的1月18日，一座两米多高的贫困钟在联合国总部的公共大厅落成。钟面上的红色数字，触目惊心地警示人们：每天有6.7万人，每年有2500万人成为贫困人口中的一员。在过去的50年中，世界财富增加了7倍，但世界范围内的贫困问题也日渐突出。据联合国统计，截至1996年，全世界有13亿贫困人口，比5年前增加了3亿。第三世界的贫困问题尤为严重。在南亚居住着世界1/3的人口，贫困人口却占了一半。非洲6.3亿人口中，约有一半挣扎在饥饿线上。拉美地区有近2亿人口生活在贫困线之下，占拉美人口总数的1/3以上。世界最不发达国家已从1974年的29个增加到1996年的48个。发达国家的贫富悬殊问题日趋严重，贫困人口也出现上升趋势，美国、西欧等发达国家有15%的人生活在贫困线之下。②

社会主义要消灭贫穷，作为一个占世界人口1/5的社会主义国家，消除贫困、实现共同富裕，不仅是我国社会发展的根本目的，也是中国共产党的崇高历史使命。中国共产党和中国政府始终把最终消除绝对贫困、实现全体人民共同富裕作为奋斗目标。从1978年到1995年，全国农村贫困人口从2.5亿人减少到6.5千万人，由占世界贫困人口的1/4降低到1/20，这是一个巨大的历史性成就。为了更好地推进扶贫开发工作，1995年，党中央在"九五"计划建议中明确提出沿海发达地区对口帮扶西部地区。1996年5月，党中央对东西部扶贫协作作出部署，确定北京、上海、浙江、福建等东部13个省市与西部10个省区开展扶贫协作。当时，对口帮扶宁夏回族自治区的福建省，成立了对口帮扶宁夏领导小组，时任福建省委副书记的习近平担任组长，牵头负责对口帮扶宁夏工作。1997年，习近平专程到宁夏调研对口帮扶

---

① 江泽民：《论社会主义市场经济》，中央文献出版社2006年版，第167—168页。
② 李淑兰：《1996——"国际消除贫困年"》，《人民日报》，1996年1月2日第7版。

工作。在西海固，他被这里的贫困深深震撼，面对西海固这个最不适宜人类生存的地区之一和"一方水土养活不了一方人"的现状，习近平经过深入调研，作出了将西海固不宜生存地区的贫困群众"吊庄"搬迁到适宜生产生活的河套平原待开发地区的决定，并以福建和宁夏两省区的简称将其命名为"闽宁村"。他说："闽宁村现在是个干沙滩，将来会是一个金沙滩。"①之后，习近平先后5次出席闽宁联席会，提出了"优势互补、互利互惠、长期协作、共同发展"的指导原则，"联席推进、结对帮扶、产业带动、互学互助、社会参与"的合作机制，"以促进贫困地区经济发展为中心"等思路举措。②2016年7月，习近平再次到这里考察时，经过20年的帮扶和发展，这个当年只有8000人的贫困移民村，已经发展成6万多人的"江南小镇"闽宁镇，成为东西部扶贫协作的样本。看到红瓦白墙、小楼鳞次栉比的新村新貌，习近平感慨地说："闽宁合作探索出了一条康庄大道，这个宝贵经验可以向全国推广，做一个示范，实现共同富裕。"他在随后召开的东西部扶贫协作座谈会上强调，东西部扶贫协作和对口支援，是实现先富帮后富、最终实现共同富裕目标的大举措。组织东部地区支援西部地区，而且大规模长时间开展这项工作，在世界上只有我们党和国家能够做到，这就是我们的政治优势和制度优势。东西部扶贫协作和对口支援必须长期坚持下去。③

1996年9月1日，京九铁路全线开通运营。修建京九铁路是几代人的宏愿。早年，孙中山先生就曾提出修建这条铁路的设想。新中国成立后，党中央的三代领导集体为修建这条铁路，都倾注了大量心血。这条纵贯南北的交通大动脉，北起北京西站，南至深圳，连接香港九龙，沿线跨越京、津、冀、鲁、豫、皖、鄂、赣、粤9省市的98个市县。④细心的人们发现，在许多地段，这条铁路不走平地爬大

---

① 人民日报海外版：《习近平扶贫故事》，商务印书馆2020年版，第372—373页。
② 杨绍华、石雷：《闽宁镇的幸福生活》，《求是》，2022年第8期。
③ 人民日报海外版：《习近平扶贫故事》，商务印书馆2020年版，第372—377页。
④ 金矢：《京九铁路提前建成通车的启示》，《人民日报》，1996年9月17日第9版。

山，不走直径绕大弯，沿途经过的冀鲁豫交界地区、大别山地区、井冈山地区、赣南地区、粤东北地区，都是全国著名的革命老区，也是国家重点扶持的贫困地区。京九铁路的通车，使这些地区有了一条联结外部发达地区的大通道，对加快当地的经济社会发展，扩大对外开放，尽早实现脱贫致富，产生了深远影响，人民群众称赞它是一条幸福路、致富路。9月16日至21日，京九铁路刚刚开通运营，江泽民就乘火车沿京九铁路南下，先后看了安徽、湖北、江西三个省的八个县市，对沿线的贫困地区和革命老区的扶贫工作进行实地考察。9月20日，他在江西考察时说："这次到安徽、湖北、江西来，主要是看扶贫、看京九，或者叫沿着京九看扶贫。"京九线的开通，"将有力地带动中部地区特别是革命老区、贫困地区的发展。可以说，京九铁路也是一条扶贫路、发展路"。[1]他指出："解决农村贫困人口的温饱问题，关系到"九五"计划目标的全面实现，关系到整个国家经济和社会的协调发展和长期稳定，关系到社会主义的优越性和党在人民群众中的威信。这不仅是个经济问题，也是一个政治问题。"他强调："实现扶贫攻坚目标，到本世纪末基本解决全国农村贫困人口的温饱问题，是我国社会主义现代化建设进程中必须完成的最艰巨的任务之一。""这个任务一定要完成，不能把贫困问题留到下个世纪再去解决。"[2]回京后，9月23日，他在中央扶贫开发工作会议上的讲话中进一步强调"到本世纪末基本解决贫困人口温饱问题的目标绝不能动摇"，提出今后五年不管扶贫任务多么艰巨，时间多么紧迫，都要下决心打赢这场攻坚战，啃下这块硬骨头。他指出："我们搞社会主义，是要解放和发展生产力，消灭剥削和贫穷，最终实现全体人民共同富裕。贫穷不是社会主义。一部分人富起来、一部分人长期贫困，也不是社会主义。鼓励一部分地区、一部分人先富起来，先富带动和帮助未富，最终实现共同富裕，是我们既定的政策。这个政策不能

---

① 江泽民：《论社会主义市场经济》，中央文献出版社2006年版，第317页。
② 江泽民：《论社会主义市场经济》，中央文献出版社2006年版，第319—320页。

变。"①1999年6月9日，在国家"八七"扶贫攻坚计划即将收官之际，江泽民在中央扶贫开发工作会议上的讲话中号召"全党全社会进一步动员起来，夺取八七扶贫攻坚决战阶段的胜利"。他指出："坚持走有中国特色社会主义道路，是我国各族人民实现共同富裕和国家富强的必由之路。"②他强调："基本解决农村贫困人口的温饱问题这项任务完成以后，扶贫开发仍然不能放松，要继续抓下去。""这项工作，必须同我们对下个世纪整个经济发展战略的考虑结合起来，同加快中西部地区建设、缩小东西部地区发展差距，实现共同富裕的目标结合起来。这是一个大战略，要早作筹划。"③

2000年，全国农村没有解决温饱的贫困人口从1994年的8000万减少到3200万人，贫困人口占农村人口的比重下降到3%左右。《国家八七扶贫攻坚计划》确定的战略目标基本实现。在这么短的时间内，解决了这么多贫困人口的温饱问题，这在中国历史上和世界范围内都是了不起的成就，充分体现了中国特色社会主义制度的优越性。2001年5月25日，江泽民在中央扶贫开发工作会议上充分肯定了我国扶贫开发取得的巨大成就，同时也明确指出："实现国家八七扶贫攻坚计划确定的目标，只是一个阶段性胜利。下一个阶段的扶贫开发，要向更高水平迈进。"他强调"扶贫开发是贯穿社会主义初级阶段全过程的历史任务"。江泽民明确提出今后10年我国扶贫开发的奋斗目标是："尽快解决少数贫困人口的温饱问题，进一步改善贫困地区的基本生产生活条件，巩固温饱成果，提高贫困人口的生活质量和综合素质，加强贫困乡村的基础设施建设，逐步改变贫困地区社会、经济、文化的落后状态，为达到小康水平创造条件。"他说，"这个目标是实事求是的，经过努力可以实现"，但"必须看到，实现这个目标，任务是相当艰巨的"，"要根本改变贫困地区的面貌，更是一项长期

---

① 江泽民：《江泽民文选》第一卷，人民出版社2006年版，第548—549页。
② 江泽民：《江泽民文选》第一卷，人民出版社2006年版，第447页。
③ 江泽民：《论社会主义市场经济》，中央文献出版社2006年版，第454页。

而艰巨的任务"。他明确指出："帮助贫困地区发展经济文化，帮助贫困地区群众与全国人民一起逐步走上共同富裕的道路，是贯穿社会主义初级阶段全过程的历史任务，全党全国上下必须锲而不舍地长期奋斗。"他进一步强调："帮助贫困地区群众脱贫致富，是实现各地区协调发展、全面建设小康社会、进而实现第三步战略目标的必然要求，是逐步实现各族人民共同富裕的重大战略措施，也是维护国家改革发展稳定大局的需要。""我们正在向现代化建设的第三步战略目标迈进，前十年一定要开好头、打好基础。"①2001年6月13日，国务院印发《中国农村扶贫开发纲要（2001—2010年）》，确定我国2001年至2010年扶贫开发总的奋斗目标是："尽快解决少数贫困人口温饱问题，进一步改善贫困地区的基本生产生活条件，巩固温饱成果，提高贫困人口的生活质量和综合素质，加强贫困乡村的基础设施建设，改善生态环境，逐步改变贫困地区经济、社会、文化的落后状况，为达到小康水平创造条件。"②文件明确指出："缓解和消除贫困，最终实现全国人民的共同富裕，是社会主义的本质要求，是中国共产党和人民政府义不容辞的历史责任。"要求全党全社会"要充分认识扶贫开发的长期性、复杂性和艰巨性，继续把扶贫开发放在国民经济和社会发展的重要位置，为贫困地区脱贫致富做出不懈努力。"③

实施西部大开发战略，推动实现全体人民共同富裕

逐步缩小全国各地区之间的发展差距，实现全国经济社会的协调发展和最终达到全体人民的共同富裕，是社会主义本质特征的要求，也是关系我国跨世纪发展全局的一个重大问题。我国地域辽阔、人口众多，各地条件差异大、经济发展不平衡，促进区域经济协调发

---

① 江泽民：《江泽民文选》第三卷，人民出版社2006年版，第249—250页。
② 中共中央文献研究室：《十五大以来重要文献选编》（下），人民出版社2003年版，第1877—1878页。
③ 中共中央文献研究室：《十五大以来重要文献选编》（下），人民出版社2003年版，第1876—1877页。

展，始终是党和国家着力解决的一个重大战略问题。我国社会主义实践的经验教训充分证明，采用平均主义的办法不可能实现共同富裕，要求同步富裕、同等富裕是不现实的，也是不可能的，必须允许和鼓励一部分地区一部分人先富起来，以带动越来越多的地区和人们逐步达到共同富裕。按照邓小平提出的"两个大局"的战略构想和战略安排，在20世纪末我国达到小康水平的时候，就要突出地提出和解决东部和西部、沿海和内地之间的贫富差距、实现共同富裕的问题。20世纪末，我国提前实现了国民生产总值翻两番的战略目标，经济总量和综合国力显著增强，人民生活总体上实现了由温饱到小康的历史性跨越。同时，党中央也清醒地认识到，我们所达到的小康还是初步的、低水平的、不全面的、发展很不平衡的小康。正如邓小平所预料的，随着沿海地区的快速发展，西部地区与东部地区的发展差距不断拉大，贫富差距逐步扩大，区域发展不协调、不平衡的矛盾日益突出，已经成为影响共同富裕的主要因素。世纪之交，加快中西部地区发展步伐、促进社会公平的物质基础已经具备，支持西部加快发展的条件和时机已经成熟。党和国家开始从让一部分地区、一部分人先富起来的阶段，向先富带后富、最终实现共同富裕的阶段过渡，及时地把解决贫富差距、逐步实现共同富裕提上了议事日程。实施西部大开发战略，就是党中央推动中西部地区快速发展、实现共同富裕的重大战略举措。

1995年，我国提前5年实现了原定2000年国民生产总值比1980年翻两番的目标，社会主义现代化建设进入全面实现第二步战略目标，并将向第三步战略目标迈进的新的发展阶段。这时，西部地区和东部地区经济发展的差距日益扩大，不协调、不平衡的问题日益严重。9月28日，江泽民在党的十四届五中全会上的讲话将"东部地区和中西部地区的关系"作为他提出的社会主义现代化建设中要正确处理的十二个重大关系之一，进行了全面深刻的分析和阐述，明确提出"要以邓小平同志关于让一部分地区一部分人先富起来、逐步实现共同富裕的战

略思想来统一全党的认识"，"要用历史的辩证的观点认识和处理地
区差距问题"。他强调"实现共同富裕是社会主义的根本原则和本质
特征，绝不能动摇"；"要高度重视和采取有效措施正确解决地区差
距问题"，"把缩小地区差距作为一条长期坚持的重要方针"。①这次
全会通过的《中共中央关于制定国民经济和社会发展"九五"计划和
2010年远景目标的建议》，把解决地区发展差距问题提高到具有全局
意义的高度，突出地提出了"坚持区域经济协调发展，逐步缩小地区
发展差距"的方针。文件指出："从战略上看，沿海地区先发展起来
并继续发挥优势，这是一个大局，内地要顾全这个大局。发展到一定
时候沿海多做一些贡献支持内地发展，这也是大局，沿海也要服从这
个大局。"要求"从'九五'开始，要更加重视支持内地的发展，实
施有利于缓解差距扩大趋势的政策，并逐步加大工作力度，积极朝着
缩小差距的方向努力。"②1996年3月17日，八届全国人大四次会议批
准的《中华人民共和国国民经济和社会发展"九五"计划和2010年远
景目标纲要》专设"促进区域经济协调发展"一个部分，明确了1996
年到2010年15年间国家区域经济协调发展的方向和主要政策措施，提
出"引导地区经济协调发展，形成若干各具特色的经济区域，促进全
国经济布局合理化"，以"逐步缩小地区发展差距，最终实现共同富
裕"。③8月6日，江泽民在中央财经领导小组会议上的讲话中，针对地
区经济发展差距扩大引起的一些突出矛盾和问题，明确指出："贫富
差距扩大不仅是个经济问题，也是个政治问题。"他强调："一些发
展中国家的经验证明，社会成员之间、地区之间贫富差距过大，就会
引发民族矛盾、地区矛盾、阶级矛盾以及中央和地方的矛盾，就会出
大乱子。因此，收入分配差距和地区差距扩大的问题，必须引起我们

---

① 江泽民：《江泽民文选》第一卷，人民出版社2006年版，第465—466页。
② 中共中央文献研究室：《十四大以来重要文献选编》（中），人民出版社1997年版，
第1485页。
③ 中共中央文献研究室：《十四大以来重要文献选编》（中），人民出版社1997年版，
第1868页。

高度重视。"①

1997年9月12日，江泽民在党的十五大报告中进一步对"促进地区经济合理布局和协调发展"作出部署："东部地区要充分利用有利条件，在推进改革开放中实现更高水平的发展，有条件的地方要率先基本实现现代化。中西部地区要加快改革开放和开发，发挥资源优势，发展优势产业。国家要加大对中西部地区的支持力度，优先安排基础设施和资源开发项目，逐步实行规范的财政转移支付制度，鼓励国内外投资者到中西部投资。进一步发展东部地区同中西部地区多种形式的联合和合作。更加重视和积极帮助少数民族地区发展经济。从多方面努力，逐步缩小地区发展差距。"②

1998年2月26日，江泽民在党的十五届二中全会上强调"要加快中西部地区开发的步伐"。他提出："要利用当前国有工业企业正在调整和优化结构的有利时机，在进一步提高东部地区发展水平的同时，加强中西部地区基础设施建设和资源开发，并加大引导外资投向中西部地区的力度。"③5月14日，江泽民在党中央、国务院召开的国有企业下岗职工基本生活保障和再就业工作会议上的讲话中提出"要进一步研究如何加快中西部特别是西部地区的开发步伐"。他指出："广大西部地区的开发和发展如果不加快步伐，如果那里的经济搞不上去，广大群众的购买力提不高，就会影响我们整个经济的发展，影响我们扩大内需。现在离下个世纪中叶全国基本实现现代化，只有五十年了，逐步加快开发西部地区，是时候了。"④12月7日，他在中央经济工作会议上进一步提出："要从全国经济协调发展的战略高度，着眼于地区优势的相互结合，相互补充，相互促进，共同发展，把东中西各地区的积极性都调动起来。"强调"要在东部地区快速发展的同时，促进和带动中西部地区发展得更好"。要求"国务院有关部门，

---

① 江泽民：《江泽民文选》第一卷，人民出版社2006年版，第543页。
② 江泽民：《江泽民文选》第二卷，人民出版社2006年版，第25页。
③ 江泽民：《江泽民文选》第二卷，人民出版社2006年版，第105页。
④ 江泽民：《论社会主义市场经济》，中央文献出版社2006年版，第384—385页。

要深入研究各地区的发展战略和生产力布局，制订区域发展规划，加大对中西部地区的支持力度，促进区域经济协调发展。"①

1999年3月，江泽民在九届全国人大二次会议和全国政协九届二次会议的党员负责人会议上，首次提出"西部大开发"的战略概念。他说："西部地区迟早是要大开发的，不开发，我们怎么实现全国的现代化？中国怎么能成为经济强国？""实施西部地区大开发，是全国发展的一个大战略、大思路"。要求全党全国上下提高和统一认识，"精心研究、统筹规划，科学地提出大开发的政策、办法、实施步骤和组织形式等"。②6月9日，他在中央扶贫开发工作会议上重申邓小平"两个大局"的重要战略构想，明确指出："加快中西部地区发展步伐的条件已经具备，时机已经成熟。"他告诫全党："如果我们看不到这些条件，不抓住这个时机，不把该做的事情努力做好，就会犯历史性的错误。"他强调"在继续加快东部沿海地区发展的同时，必须不失时机地加快中西部地区的发展。从现在起，这要作为党和国家一项重大的战略任务，摆到更加突出的位置。"③6月17日，江泽民在西安举行的西北五省区国有企业改革和发展座谈会上的讲话中，立足世纪之交我国改革发展稳定全局，着眼全国经济社会协调发展大局，深刻阐释了邓小平"两个大局"和先富、共富思想的深刻内涵，发出了实施西部大开发战略的动员令。他说："我国地域辽阔，人口众多，生产力不发达，要在一个时期实现同步富裕、同等富裕是不现实的，必然会有的先富、有的后富。我理解，邓小平同志提出通过一部分地区、一部分人先富起来，然后逐步达到共同富裕，还不是终点。到了一个比较高的水平时，先进地区一定还要往前走。平衡是相对的，不平衡是绝对的，这是事物发展的客观规律。在发展战略布局上，必须有全盘的构想。邓小平同志的这个战略设想是，根据生产力发展水平

---

① 江泽民：《论社会主义市场经济》，中央文献出版社2006年版，第421页。
② 江泽民：《江泽民文选》第二卷，人民出版社2006年版，第341页。
③ 江泽民：《论社会主义市场经济》，中央文献出版社2006年版，第457页。

和各方面条件，东部地区先加快发展，然后带动和支持中西部地区发展，最终实现全国各地区共同繁荣、共同富裕。实践证明，这是完全正确的。"他明确指出："现在，我们正处在世纪之交，应该向全党全国人民明确提出，必须不失时机地加快中西部地区发展，特别是要抓紧研究实施西部地区大开发。"①9月22日，党的十五届四中全会通过的《中共中央关于国有企业改革和发展若干重大问题的决定》（以下简称《决定》）首次将"实施西部大开发战略"写进党的文件。《决定》指出："国家要实施西部大开发战略。中西部地区要从自身条件出发，发展有比较优势的产业和技术先进的企业，促进产业结构的优化升级。东部地区要在加快改革和发展的同时，本着互惠互利、优势互补、共同发展的原则，通过产业转移、技术转让、对口支援、联合开发等方式，支持和促进中西部地区的经济发展。"②

为加强对实施西部大开发战略的领导，2000年1月16日，国务院成立了西部地区开发领导小组，负责组织贯彻落实党中央、国务院关于西部地区开发的方针政策和指示要求。5月18日，国家计委新闻发言人在国务院新闻办公室举行的中外记者招待会上宣布，2000年将在西部地区新开工十大工程③，包括6项交通运输工程，还包括水利枢纽、生态建设及种苗工程、青海钾肥工程和西部高校基础设施建设等工程。

2000年6月20日，江泽民在兰州主持召开西北地区党建工作和西部开发座谈会时要求"全党同志和全国人民都要从实现社会主义现代化的战略目标、维护国家统一和稳定、逐步达到社会主义共同富裕和实现中华民族伟大复兴的高度，深刻认识西部大开发确系战略之举，确系百年大计、千秋功业"。希望全党全社会"抓住机遇、团结奋斗，

① 江泽民：《江泽民文选》第二卷，人民出版社2006年版，第340—341页。
② 中共中央文献研究室：《十五大以来重要文献选编》（中），人民出版社2001年版，第1009页。
③ 索研、费伟伟：《国务院新闻办公室举行中外记者招待会 西部大开发正紧张有序进行》，《人民日报》，2000年5月19日第2版。

扎扎实实把西部大开发这项世纪工程搞好"①。10月11日，党的十五届五中全会通过的《中共中央关于制定国民经济和社会发展第十个五年计划的建议》对"实施西部大开发，促进地区协调发展"作出具体部署。西部大开发战略开始全面实施。10月26日，国务院发出《关于实施西部大开发若干政策措施的通知》，明确了实施西部大开发的重点任务、战略目标，确定了西部开发政策适用范围的重点区域，包括重庆市、四川省、贵州省、云南省、西藏自治区、陕西省、甘肃省、宁夏回族自治区、青海省、新疆维吾尔自治区和内蒙古自治区、广西壮族自治区等12个省、自治区、直辖市。②经国务院批准，湖南省湘西土家族苗族自治州、湖北恩施土家族苗族自治州和吉林省延边朝鲜族自治州3个地市级行政区在实际工作中比照西部开发的有关政策措施予以照顾。由此，国家以西部基础设施建设为重点，每年开工一批重大项目，不断加大对西部地区交通、水利、能源、通信、市政等基础设施建设的支持力度，西气东输、西电东送、青藏铁路、国道主干线西部路段和大型水利枢纽等一批西部大开发标志性重点工程相继建成，天然林保护、退耕还林、退牧还草等一系列生态工程不断延伸和加强。西部大开发战略的实施，有力推动了西部地区的经济发展和社会进步，不仅对于推动东西部地区协调发展和最终实现共同富裕具有重要意义，而且对于维护民族团结、社会稳定和国家安全具有深远意义。

2000年，江泽民深刻总结党的历史经验，特别是党的十三届四中全会以来的理论和实践，在深入思考面临的新情况新问题、科学判断党所处的历史方位和肩负的历史使命的基础上，提出了"三个代表"重要思想。他指出："我们党所以赢得人民的拥护，是因为我们党在革命、建设、改革的各个历史时期，总是代表着中国先进生产力的发展要求，代表着中国先进文化的前进方向，代表着中国最广大人民的

---

① 江泽民：《江泽民文选》第三卷，人民出版社2006年版，第58—59页。
② 中共中央文献研究室：《十五大以来重要文献选编》（中），人民出版社2001年版，第1415页。

根本利益，并通过制定正确的路线方针政策，为实现国家和人民的根本利益而不懈奋斗。"① "始终做到'三个代表'是我们党的立党之本、执政之基、力量之源。"② "三个代表"重要思想，从本质上说是关于发展的思想，体现的是推动先进生产力发展的要求，是促进经济社会文化全面发展的要求，是推动全体人民共同富裕、实现人的全面发展的要求。中国共产党进行的一切奋斗，归根到底都是为了最广大人民的利益。对此，江泽民在党的十六大报告中阐述得极为透彻。他明确指出："在建设中国特色社会主义的进程中，全国人民的根本利益是一致的，各种具体的利益关系和内部矛盾可以在这个基础上进行调节。制定和贯彻党的方针政策，基本着眼点是要代表最广大人民的根本利益，正确反映和兼顾不同方面群众的利益，使全体人民朝着共同富裕的方向稳步前进。"③

2001年，我国国内生产总值首次突破1万亿美元，经济总量位居世界第6位。我国综合国力大幅度跃升、人民生活水平显著提高。2002年11月，党的十六大提出要以共同富裕为目标，通过深化分配制度改革，解决收入差距过大问题，提出要"调整和规范国家、企业和个人的分配关系。会议确立劳动、资本、技术和管理等生产要素按贡献参与分配的原则，完善按劳分配为主体、多种分配方式并存的分配制度"；强调"坚持效率优先、兼顾公平，既要提倡奉献精神，又要落实分配政策，既要反对平均主义，又要防止收入悬殊"；提出"初次分配注重效率，发挥市场的作用，鼓励一部分人通过诚实劳动、合法经营先富起来。再分配注重公平，加强政府对收入分配的调节职能，调节差距过大的收入"；强调要"规范分配秩序，合理调节少数垄断性行业的过高收入，取缔非法收入。以共同富裕为目标，扩大中等收入者比重，提高低收入者收入水平"。④

---

① 江泽民：《江泽民文选》第三卷，人民出版社2006年版，第2页。
② 江泽民：《江泽民文选》第三卷，人民出版社2006年版，第6页。
③ 江泽民：《江泽民文选》第三卷，人民出版社2006年版，第540页。
④ 江泽民：《江泽民文选》第三卷，人民出版社2006年版，第550页。

江泽民多次强调："实现共同富裕，是社会主义的最大优越性，这个目标是不会改变的，是一定要实现的。"①同时他也一再指出，实现全体人民的共同富裕任重而道远，不可能一蹴而就，还需要全党全国人民更长期的努力和奋斗。

走共同富裕道路，发展成果由人民共享
（2002—2012）

> 要始终把实现好、维护好、发展好最广大人民的根本利益作为党和国家一切工作的出发点和落脚点，尊重人民主体地位，发挥人民首创精神，保障人民各项权益，走共同富裕道路，促进人的全面发展，做到发展为了人民、发展依靠人民、发展成果由人民共享。
>
> 胡锦涛：《高举中国特色社会主义伟大旗帜，为夺取全面建设小康社会新胜利而奋斗》（2007年10月15日）

党的十六大以后，我国进入全面建设小康社会、加快推进社会主义现代化新的发展阶段。2003年，我国人均国内生产总值突破1000美元，跨上了一个重要台阶，人民群众的生活水平和富裕程度大大提高。一些国家的发展历程表明，人均国内生产总值突破1000美元之后，经济社会就进入了一个关键的发展阶段。新世纪新阶段，我国改革发展就进入到了这样一个关键阶段，呈现出诸如发展不全面、发展水平不高、发展不平衡等许多新的阶段性特征，主要表现在城乡差距、区域差距、经济社会差距、环境资源约束、新形势下人民内部矛盾多发等方面。这是一个既有巨大发展潜力和动力又有各种困难和风

---

① 江泽民：《论社会主义市场经济》，中央文献出版社2006年版，第379页。

险的时期，是一个既有难得机遇又有严峻挑战的时期。国际经验表明，在这个阶段，既有因为举措得当从而促进经济快速发展和社会平稳进步的成功经验，也有因为应对失误从而导致经济徘徊不前和社会长期动荡的失败教训。面对新机遇、新问题、新挑战，以胡锦涛为主要代表的中国共产党人，立足社会主义初级阶段基本国情、总结我国发展实践、借鉴国外发展经验、适应新的发展要求，坚持以人为本、科学发展，更加注重社会公平，更加关注人的多方面需求和全面发展，坚定不移走共同富裕道路，使发展成果惠及全体人民。

走科学发展道路，逐步实现全体人民共同富裕

党的十六大提出了全面建设小康社会的奋斗目标，强调要在21世纪头20年"全面建设惠及十几亿人口的更高水平的小康社会，使经济更加发展、民主更加健全、科教更加进步、文化更加繁荣、社会更加和谐、人民生活更加殷实"[①]。

党的十六大闭幕后不久，2002年12月5日，新当选的中共中央总书记胡锦涛带领中央书记处成员到河北省平山县西柏坡学习考察。面对新形势、新任务，他告诫全党"要清醒认识我国基本国情"，指出"我国正处于并将长期处于社会主义初级阶段，人民日益增长的物质文化需要同落后的社会生产之间的矛盾仍然是我国社会的主要矛盾"，"实现工业化和现代化还有很长的路要走"。各级领导干部要"倾听群众呼声，关心群众疾苦，时刻把人民群众安危冷暖挂在心上，做到权为民所用、情为民所系、利为民所谋"，"要通过扎实有效的工作，实实在在为群众谋利益，带领群众创造自己的幸福生活"。[②]此后，他多次重申要深刻认识我国的基本国情及其阶段性特征，反复强调"想问题、作决策、办事情，一定要坚持从基本国情这

---

① 江泽民：《江泽民文选》第三卷，人民出版社2006年版，第543页。
② 胡锦涛：《胡锦涛文选》第二卷，人民出版社2016年版，第8—9页。

个最大的实际出发"。① "要坚持立党为公，执政为民"，"切实把最广大人民根本利益实现好、维护好、发展好"。②

2003年，是全面建设小康社会的开局之年。这年3月，十届全国人大一次会议宣布，中国现代化建设的第二步战略目标已经胜利实现，开始向第三步战略目标迈进。然而，这一进程才刚刚开始，我国就遭遇了一场突如其来的非典型肺炎疫情。这场非典疫情从2月中下旬开始在广东局部地区流行，4月中下旬波及全国26个省、自治区、直辖市，对人民群众身体健康和生命安全构成严重威胁，给经济社会发展带来重大影响和严重冲击。面对非典疫情蔓延的严峻考验，党中央、国务院坚持把广大人民群众身体健康和生命安全放在第一位，果断作出坚持一手抓防治工作这件大事不放松，一手抓经济建设这个中心不动摇，齐心协力夺取抗击非典和促进发展双利的重大决策。在党中央、国务院的坚强领导下，全国各族人民大力发扬万众一心、众志成城、团结互助、和衷共济，迎难而上、敢于胜利的精神，有效控制住了疫情。6月，我国抗击非典取得阶段性重大胜利。

抗击非典的胜利，充分显示出了我国社会主义制度的巨大优越性。同时，这场突发性的灾害，也暴露出我国在经历了一个经济高速发展阶段之后，存在的许多新矛盾和新问题，包括经济社会发展不够协调，公共卫生事业发展滞后，突发事件应急机制不健全，处理和管理危机能力不强，等等。如何解决这些新矛盾新问题，既是对党的执政能力的考验，更是对发展方式的考问。"实现什么样的发展、怎样发展"这一重大理论和实践问题历史地摆到了中国共产党人的面前，引发了党中央对新形势下中国发展问题的深入思考。

2003年4月10日至15日，在全国抗击非典疫情的关键时刻，胡锦涛到广东考察工作。他先后到湛江、深圳、东莞、广州等地，深入港口码头、企业车间、城市社区、乡村农户调研，与来自防治非典一线

---

① 胡锦涛：《胡锦涛文选》第二卷，人民出版社2016年版，第157页。
② 胡锦涛：《胡锦涛文选》第二卷，人民出版社2016年版，第155页。

的医务工作者座谈，与基层干部群众座谈。他强调，"防治非典工作关系人民群众身体健康和生命安全，关系改革发展稳定大局"①，要求各级党委和政府要把关心群众生产生活作为一项重大政治任务抓紧抓好，想群众之所想，急群众之所急，办群众之所难。尤其要关心人民群众身体健康和生命安全，大力做好就业和再就业工作，切实加强社会保障体系建设。②4月15日，他在讲话中进一步指出"发展是我们党执政兴国的第一要务"，"在发展问题上，我们始终要坚持两条。一是发展是硬道理，是解决中国所有问题的关键，必须抓住一切机遇加快发展，首先要把经济建设进一步搞上去。二是发展要有新思路，必须实施科教兴国战略和可持续发展战略，实现速度和结构、质量、效益相统一，经济发展和人口、资源、环境相协调，同时要促进中国特色社会主义经济、政治、文化全面发展"。③

促进经济社会协调发展，是建设中国特色社会主义的必然要求，也是全面建设小康社会的必然要求。2003年7月28日，胡锦涛在全国防治非典工作会议上的讲话中，总结抗击非典斗争的经验教训，首次系统阐述了"全面发展、协调发展、可持续发展的发展观"。他着眼于我国的长远发展，提出了进一步研究并切实抓好经济社会协调发展，统筹城乡发展、公共卫生建设、社会管理体制建设和创新等九个方面工作，指出"我们讲发展是党执政兴国的第一要务，这里的发展绝不只是指经济增长，而是要坚持以经济建设为中心，在经济发展的基础上实现社会全面发展"，强调"要更好坚持全面发展、协调发展、可持续发展的发展观，更加自觉地坚持推动社会主义物质文明、政治文明、精神文明协调发展，坚持在经济社会发展的基础上促进人的全面发展，坚持促进人与自然的和谐"。他指出，在促进发展的进程中，"不仅要关注经济指标，而且要关注人文指标、资源指标、环境

<hr/>

① 胡锦涛：《胡锦涛文选》第二卷，人民出版社2016年版，第22页。
② 樊如钧：《胡锦涛在广东考察工作时强调抓住新机遇 增创新优势 开拓新局面努力实现加快发展率先发展协调发展》，《人民日报》，2003年4月16日第1版。
③ 胡锦涛：《胡锦涛文选》第二卷，人民出版社2016年版，第39页。

指标"，"不仅要增加促进经济增长的投入，而且要增加促进社会发展的投入，增加保护资源和环境的投入"。要求全党全社会"都要把促进经济社会协调发展摆到更加突出的位置"。[①]8月28日至9月1日，胡锦涛在江西考察期间首次提出了"科学发展观"的概念，强调要牢固树立协调发展、全面发展、可持续发展的科学发展观，积极探索符合实际的发展新路子，努力走出一条生产发展、生活富裕、生态良好的文明发展道路。[②]10月14日，党的十六届三中全会通过的《中共中央关于完善社会主义市场经济体制若干问题的决定》（以下简称《决定》），首次在党的文件中完整提出科学发展观，强调"坚持以人为本，树立全面、协调、可持续的发展观，促进经济社会和人的全面发展"。《决定》以科学发展观为指导，围绕完善社会主义市场经济体制的目标和任务、指导思想和原则，提出了"统筹城乡发展、统筹区域发展、统筹经济社会发展、统筹人与自然和谐发展、统筹国内发展和对外开放"等目标和任务，明确了"坚持社会主义市场经济的改革方向""坚持尊重群众的首创精神""坚持正确处理改革发展稳定的关系""坚持统筹兼顾""坚持以人为本"等指导思想和原则。[③]这五个统筹和五个坚持，充分体现了经济、社会和人的全面发展，体现了改革发展稳定三者紧密结合、相互统一的战略思想，反映了党对社会主义市场经济规律认识的不断深化，为全面建设小康社会，为实现共同富裕和人的全面发展，提供了重要的体制保证。

树立和落实科学发展观，关键是要处理好增长数量和质量、速度和效益的关系。胡锦涛在党的十六届三中全会第二次全体会议上，向全党提出了"树立和落实科学发展观"的要求，明确指出，树立和落实科学发展观，是20多年改革开放实践的经验总结，是战胜非典疫情

---

① 胡锦涛：《胡锦涛文选》第二卷，人民出版社2016年版，第67页。

② 樊如钧：《胡锦涛在江西考察工作时强调继承发扬党的优良革命传统加快全面建设小康社会步伐》，《人民日报》，2003年9月3日第1版。

③ 中共中央文献研究室：《十六大以来重要文献选编》（上），中央文献出版社2004年版，第570页。

给我们的重要启示，也是推进全面建设小康社会的迫切要求。他在讲话中深刻论述了增长与发展的关系，指出："增长是发展的基础，没有经济数量增长，没有物质财富积累，就谈不上发展。但是，增长并不简单等同于发展，如果单纯扩大数量，单纯追求速度，而不重视质量和效益，不重视经济、政治、文化协调发展，不重视人与自然的和谐，就会出现增长失调、从而最终制约发展的局面。"要求各级党委和政府一定要坚持科学发展观，"进一步提高发展质量，实现更快更好发展"。①

　　2004年，是全面贯彻落实科学发展观的第一年。这年的3月10日，胡锦涛在中央人口资源环境工作座谈会上的讲话中，全面阐述、深刻揭示了科学发展观的深刻内涵和基本要求。他指出："坚持以人为本，就是要以实现人的全面发展为目标，从人民群众根本利益出发谋发展、促发展，不断满足人民群众日益增长的物质文化需要，切实保障人民群众经济、政治、文化权益，让发展成果惠及全体人民。全面发展，就是要以经济建设为中心，全面推进经济、政治、文化建设，实现经济发展和社会全面进步。协调发展，就是要统筹城乡发展、统筹区域发展、统筹经济社会发展、统筹人与自然和谐发展、统筹国内发展和对外开放，推进生产力和生产关系、经济基础和上层建筑相协调，推进经济、政治、文化建设各个环节各个方面相协调。可持续发展，就是要促进人与自然的和谐，实现经济发展和人口、资源、环境相协调，坚持走生产发展、生活富裕、生态良好的文明发展道路，保证一代接一代永续发展。"②

　　2005年是"十五"计划的收官之年。在2001年至2005年的五年间，我国摆脱亚洲金融危机带来的冲击，成功战胜非典疫情和重大自然灾害的挑战，从容应对加入世界贸易组织后的新变化，不断推进改革开放，保持了经济平稳较快发展，社会生产力、经济实力和综合国力都迈上一个新台阶。"十五"期间，我国国内生产总值增长57.3%，

① 胡锦涛：《胡锦涛文选》第二卷，人民出版社2016年版，第105页。
② 胡锦涛：《胡锦涛文选》第二卷，人民出版社2016年版，第166—167页。

年均增长9.5%。人民生活水平显著提高，我国人均国内生产总值突破1000美元，经济社会发展进入一个关键时期。10月11日，党的十六届五中全会通过的《中共中央关于制定国民经济和社会发展第十一个五年规划的建议》（以下简称《建议》）提出"十一五"时期经济社会发展的目标是，"实现国民经济持续快速协调健康发展和社会全面进步，取得全面建设小康社会的重要阶段性进展"。[①]强调要坚持以科学发展观统领经济社会发展全局，把科学发展观贯穿到改革开放和现代化建设全过程。《建议》将我国延续了50多年的"计划"首次改为"规划"，这一字之改，体现了社会主义市场经济条件下中长期规划的功能定位，体现出政府更加注重发挥市场对资源配置的基础性作用，更加注重对经济社会发展的宏观把握和调控，更加注重在公共服务、生态环境、资源保护、优化发展环境等方面履行公共职责，反映了我国发展理念、经济体制、政府职能的根本性变革。

实现国民经济持续快速协调健康发展和社会全面进步，必须坚持以科学发展观为指导，"着力提高经济增长质量和效益，努力实现速度和结构、质量、效益相统一，经济发展和人口、资源、环境相协调，不断保护和增强发展的可持续性"[②]。处理好经济社会发展中的这些重要关系，从根本上说是处理好效率与效益的关系。2006年10月11日，胡锦涛在党的十六届六中全会第二次全体会议上的讲话中提出了"扎实促进经济又好又快发展"[③]的新要求。12月5日，他在中央经济工作会议上的讲话中进一步指出："又好又快发展是有机统一的整体，既要求保持经济平稳较快增长，防止大起大落，更要求坚持好中求快，注重优化结构，努力提高质量和效益。"他强调："我国已具备支撑经济又好又快发展的诸多条件，关键要在转变增长方式上狠下

① 中共中央文献研究室：《十六大以来重要文献选编》（中），中央文献出版社2006年版，第1065页。

② 胡锦涛：《胡锦涛文选》第二卷，人民出版社2016年版，第168页。

③ 中共中央文献研究室：《十六大以来重要文献选编》（下），中央文献出版社2008年版，第679页。

功夫，当前特别是要在增强自主创新能力和节能降耗、保护生态环境方面迈出实质性步伐。"①将指导经济发展的方针从多年来的"又快又好"转变为"又好又快"，看似是"好"与"快"两个字前后顺序的变化，但含义深刻。"快"指的是速度，"好"则包含质量、效益、结构、可持续发展等更为丰富的内容，"又好又快"体现的是全面落实科学发展观的本质要求。胡锦涛后来专门就把"又快又好"调整为"又好又快"作了说明。他说："科学发展观的形成提出有一个过程。改革开放之初，我们一直在强调加速发展，注重经济增长速度；后来我们又提出'又快又好'发展；去年中央经济工作会议，我们讲'又好又快'。这是立足基本国情，不断适应发展要求提出的。这不仅仅是文字表述的变化，而是有深刻内涵的，就是要走生产发展、生活富裕、生态良好的文明发展道路。"②

把握好和摆正"快"与"好"的关系和位置，是事关经济发展方式的重大战略抉择。2007年6月25日，胡锦涛在中共中央党校省部级干部进修班上的讲话中强调指出："实现国民经济又好又快发展，关键要在转变经济发展方式、完善社会主义市场经济体制方面取得重大新进展。这是关系经济发展全局的两大任务。"这里，他首次提出并深刻阐释了"转变经济发展方式"这一重要发展理念，指出，转变经济发展方式，是在探索和把握我国经济发展规律的基础上提出的重要方针，也是从当前我国经济发展实际出发提出的重大战略。改革开放以来，我们一直高度重视转变经济增长方式问题，"提出转变经济发展方式，就是要更深刻、更自觉地把握经济发展规律，下更大的决心、采取更有力的措施提高经济发展质量和效益。"③虽然未来我国实现经济平稳快速发展的诸多有利条件和诸多优势继续存在，但我国经济长期积累的结构性矛盾仍然突出，经济增长方式粗放问题仍然严重，投资规模增长过快，消费需求特别是居民消费需求不足，我国能源消

---

① 胡锦涛：《胡锦涛文选》第二卷，人民出版社2016年版，第545—546页。
② 胡锦涛：《胡锦涛文选》第二卷，人民出版社2016年版，第549页注释〔1〕。
③ 胡锦涛：《胡锦涛文选》第二卷，人民出版社2016年版，第546页。

费总量和减少温室气体排放的压力日益增大，等等，"如果再不加快转变经济发展方式，我国经济平稳较快发展的良好势头将难以长期保持下去"。他深刻指出："转变经济发展方式，归根到底要靠深化改革。""要着力从制度上更好发挥市场在资源配置中的基础性作用，形成健全有效的宏观调控体系，为促进国民经济又好又快发展提供强有力的体制保证。"①

　　2007年10月15日，胡锦涛在党的十七大报告中科学回答了党在改革发展关键阶段举什么旗、走什么路、以什么样的精神状态、朝着什么样的发展目标继续前进等重大问题，系统阐述了科学发展观的科学内涵、精神实质和根本要求，指出："科学发展观，第一要义是发展，核心是以人为本，基本要求是全面协调可持续，根本方法是统筹兼顾。"②报告提出了实现全面建设小康社会奋斗目标的新要求，对我国经济建设、政治建设、文化建设、社会建设和党的建设等作出全面部署。报告强调："实现未来经济发展目标，关键要在加快转变经济发展方式、完善社会主义市场经济体制方面取得重大进展。"③"转变经济发展方式"代替以往的"转变经济增长方式"，首次被写进党代表大会的文件，成为全党的共识。12月17日，胡锦涛在新进中央委员会的委员、候补委员学习贯彻党的十七大精神研讨班上的讲话中，对这个提法上的变化作了说明。他说："由转变经济增长方式到转变经济发展方式，虽然只是两个字的改动，但却有着十分深刻的内涵。转变经济发展方式，除了涵盖转变经济增长方式的全部内容外，还对经济发展的理念、目的、战略、途径等提出了新的更高的要求。我们要正确处理好和快的关系，坚持好字优先，加快形成符合科学发展观要求的发展方式。"④这充分反映了党中央对发展规律认识的深化和发展理念的创新，彰显了中国共产党人走科学发展道路的坚强意志和坚定决心。

---

① 胡锦涛：《胡锦涛文选》第二卷，人民出版社2016年版，第546—547页。
② 胡锦涛：《胡锦涛文选》第二卷，人民出版社2016年版，第623页。
③ 胡锦涛：《胡锦涛文选》第二卷，人民出版社2016年版，第629页。
④ 胡锦涛：《胡锦涛文选》第三卷，人民出版社2016年版，第4页。

从党的十七大开始，我国进入了转变经济发展方式的新阶段，促进经济增长由主要依靠投资、出口拉动向依靠消费、投资、出口协调拉动转变，由主要依靠第二产业带动向依靠第一、第二、第三产业协同带动转变，主要依靠增加物质资源消耗向主要依靠科技进步、劳动者素质提高、管理创新转变，走出了一条依靠创新驱动，建设创新型国家的新型工业化道路。2008年9月19日，胡锦涛在全党深入学习实践科学发展观活动动员大会暨省部级主要领导干部专题研讨班上的讲话中指出："科学发展观第一要义是发展。离开了发展，科学发展观就成了无源之水、无本之木。"他强调"发展是解决中国一切问题的总钥匙，发展对于全面建设小康社会、加快推进社会主义现代化，对于开创中国特色社会主义事业新局面、实现中华民族伟大复兴，具有决定性意义"，"必须坚持不懈抓好发展这个党执政兴国的第一要务，任何时候任何情况下都不能动摇、不能放松"。他指出："我们要建成惠及十几亿人口的更高水平的小康社会，要实现社会主义现代化、实现全体人民共同富裕，还有很长的路要走。"他要求"全党同志更加自觉、更加坚定地牢牢扭住经济建设这个中心，团结带领人民继续聚精会神搞建设、一心一意谋发展，不断为发展中国特色社会主义打下更为坚实的基础。"[1]

全体人民共享改革发展成果，朝着共同富裕的方向稳步前进

实现社会公平正义是中国特色社会主义的内在要求，处理好效率和公平的关系是中国特色社会主义的重大课题。维护和实现社会公平正义，正确反映和兼顾不同阶层、不同方面群众利益，把人民群众利益实现好、维护好、发展好，使全体人民朝着共同富裕的方向稳步前进，是中国共产党坚持立党为公、执政为民的必然要求，也是中国社会主义制度的本质要求。

维护和实现社会公平，涉及最广大人民的根本利益。2003年10

---

[1] 胡锦涛：《胡锦涛文选》第三卷，人民出版社2016年版，第95—96页。

月，党的十六届三中全会首次提出"以人为本"的概念，并把它与"全面、协调、可持续的发展观"作为一个内在联系有机整体，放在一个核心的地位，强调要促进"人的全面发展"，明确回答了发展为了谁和实现什么样的发展的问题。胡锦涛在全会上的讲话中要求各级领导干部"要坚持立党为公、执政为民，把实现好、维护好、发展好最广大人民根本利益作为自己思考问题和开展工作的根本出发点和落脚点"，"当好人民公仆，做到权为民所用、情为民所系、利为民所谋"。[1]此后，他多次强调，坚持以人为本，就是要以实现人的全面发展为目标，就是要从人民群众根本利益出发谋发展、促发展，让发展成果惠及全体人民。随着人均国内生产总值突破1000美元，我国进入改革发展的重要机遇期和矛盾凸显期。这一时期，分配问题日益突出，收入分配之间的差距逐步拉大，以利益关系为主要内容的社会矛盾明显增多，统筹兼顾各方面利益的难度进一步加大。如何协调好各方面利益关系、逐步解决地区之间和部分社会成员收入差距过大的问题，就突出地摆在了中国共产党人面前。党的十六届三中全会提出要"推进收入分配制度改革"，"完善按劳分配为主体、多种分配方式并存的分配制度，坚持效率优先、兼顾公平，各种生产要素按贡献参与分配"。全会明确提出要"整顿和规范分配秩序，加大收入分配调节力度，重视解决部分社会成员收入差距过分扩大问题"，"以共同富裕为目标，扩大中等收入者比重，提高低收入者收入水平，调节过高收入，取缔非法收入"。[2]

维护和实现社会公平正义，符合最广大人民的根本利益。以提高效率来促进社会公平，在促进发展的同时，把维护社会公平放到更加突出的位置，这是党和国家一切工作的出发点和落脚点。随着我国经济社会的发展，全社会的民主法制意识普遍增强，人民群众的公平意识越来越强，对党和国家维护和实现社会公平的要求也越来越

① 胡锦涛：《胡锦涛文选》第二卷，人民出版社2016年版，第106页。
② 中共中央文献研究室：《十六大以来重要文献选编》（上），中央文献出版社2004年版，第475页。

高。同时，随着经济社会的不断发展，党和国家已经具有了解决社会公平问题的一定条件和初步手段，解决这个问题的时机日趋成熟。2004年9月19日，党的十六届四中全会通过的《中共中央关于加强党的执政能力建设的决定》明确提出，要"正确处理按劳分配为主体和实行多种分配方式的关系，鼓励一部分地区、一部分人先富起来，注重社会公平，合理调整国民收入分配格局，切实采取有力措施解决地区之间和部分社会成员收入差距过大的问题，逐步实现全体人民共同富裕"①。胡锦涛在全会上的讲话中进一步说明了这个问题。他说："维护和实现社会公平，不仅涉及收入分配、利益调节等经济问题，而且涉及公民权利保障、政府施政、司法公正等政治、社会问题。在任何社会中，社会成员之间存在一定收入差距是难以避免的，但应在合理范围内。如果社会成员收入差距悬殊、而又长期得不到解决，就不仅会挫伤人们的积极性，影响经济社会发展，而且会影响社会安定团结。"他提出："必须高度重视收入分配问题，并进一步加强对这个问题的研究，以更好地处理按劳分配为主体和实行多种分配方式的关系。既要坚持鼓励一部分地区、一部分人通过诚实劳动和合法经营先富起来，并推动先富带未富、先富帮未富，同时也要在经济发展的基础上，通过改革税收制度、增加公共支出、加大转移支付等措施，合理调整国民收入分配格局，逐步解决地区之间和部分社会成员收入差距过大的问题，使全体人民都能享受到改革开放和现代化建设的成果。"②后来，他一再强调"要逐步推进分配制度改革，合理调整国民收入分配格局，妥善处理效率和公平的关系，更加注重社会公平，整顿和规范收入分配秩序，逐步解决地区之间和部分社会成员收入差距过大的问题"③。2005年2月19日，胡锦涛在省部级主要领导干部提高

① 中共中央文献研究室：《十六大以来重要文献选编》（中），中央文献出版社2006年版，第273页。
② 中共中央文献研究室：《十六大以来重要文献选编》（中），中央文献出版社2006年版，第314—315页。
③ 中共中央文献研究室：《十六大以来重要文献选编》（中），中央文献出版社2006年版，第604页。

构建社会主义和谐社会的能力专题研讨班上的讲话中强调要"切实维护和实现社会公平正义","在促进发展的同时，把维护社会公平放到更加突出的位置，综合运用多种手段，依法逐步建立以权利公平、机会公平、规则公平、分配公平为主要内容的社会公平保障体系，使全体人民共享改革发展的成果，使全体人民朝着共同富裕的方向稳步前进"。他指出，要坚持把最广大人民根本利益作为制定和贯彻党的方针政策的基本着眼点，正确反映和兼顾不同地区、不同部门、不同方面群众利益，要坚持在全国人民根本利益一致的基础上，妥善协调各种具体利益关系和内部矛盾，正确处理个人利益和集体利益、局部利益和整体利益、当前利益和长远利益的关系，强调"要高度重视收入分配问题，更好处理按劳分配为主体和实行多种分配方式的关系，既坚持鼓励一部分地区、一部分人通过诚实劳动和合法经营先富起来，并推动先富带未富、先富帮未富，同时也要在经济发展的基础上，通过改革税收制度、增加公共支出、加大转移支付等措施，合理调整国民收入分配格局，逐步解决区域发展差距和居民收入分配差距过大问题"。他还明确提出："要从法律上制度上政策上努力营造公平的社会环境，从收入分配、利益调节、社会保障、公民权利保障、政府施政、执法司法等方面采取切实措施，逐步做到保证社会成员都能够接受教育，都能够进行劳动创造，都能够平等参与市场竞争、参与社会生活，都能够依靠法律和制度来维护自己的正当权益。"[①]

党的一切奋斗和工作都是为了造福人民。只有切实维护和实现社会公平正义，人民群众的心情才能舒畅，各方面社会关系才能协调，广大人民群众的积极性、主动性、创造性才能充分发挥出来。2006年7月10日，胡锦涛在全国统战工作会议上的讲话中深刻阐述了"政党关系、民族关系、宗教关系、阶层关系、海内外同胞关系"等政治领域和社会领域中涉及党和国家工作全局的五个方面的重大关系。他在谈到如何"正确认识和处理社会各阶层的关系，推动和实现全社会和谐

---

① 胡锦涛：《胡锦涛文选》第二卷，人民出版社2016年版，第291—292页。

相处、共同发展"时指出："处理好新形势下我国社会各阶层关系，很重要的一条就是要妥善处理社会各阶层利益关系。要坚持把实现好、维护好、发展好最广大人民根本利益作为作决策、办事情、做工作的根本出发点和落脚点，坚持发展为了人民、发展依靠人民、发展成果由人民共享。"他强调："要坚持和完善按劳分配为主体、多种分配方式并存的分配制度，坚持各种生产要素按贡献参与分配，在经济发展的基础上，更加注重社会公平，合理调整国民收入分配格局，逐步缓解区域发展差距和居民收入分配差距扩大的趋势，使全体人民朝着共同富裕的方向稳步前进。"①

2006年10月11日，党的十六届六中全会通过的《中共中央关于构建社会主义和谐社会若干重大问题的决定》（以下简称《决定》），提出了构建社会主义和谐社会必须坚持的六条原则，第一条就是："必须坚持以人为本。始终把最广大人民的根本利益作为党和国家一切工作的出发点和落脚点，实现好、维护好、发展好最广大人民的根本利益，不断满足人民日益增长的物质文化需要，做到发展为了人民、发展依靠人民、发展成果由人民共享，促进人的全面发展。"②《决定》针对收入分配领域的突出问题，提出要"完善收入分配制度，规范收入分配秩序"，强调了改革收入分配制度的政策取向，即"坚持按劳分配为主体、多种分配方式并存的分配制度，加强收入分配宏观调节，在经济发展的基础上，更加注重社会公平，着力提高低收入者收入水平，逐步扩大中等收入者比重，有效调节过高收入，坚决取缔非法收入，促进共同富裕。"③国内外发展经验表明，合理的收入分配格局，应该是高收入者和低收入者占少数、中等收入者占多数的"两头小、中间大"的橄榄型格局。深化分配制度改革、缩小收入

---

① 胡锦涛：《胡锦涛文选》第二卷，人民出版社2016年版，第482—483页。
② 中共中央文献研究室：《十六大以来重要文献选编》（下），中央文献出版社2008年版，第651页。
③ 中共中央文献研究室：《十六大以来重要文献选编》（下），中央文献出版社2008年版，第659页。

差距，一个重要目标就是要扩大中等收入群体。2007年，党的十七大明确提出了到2020年中等收入者占多数的要求。

合理的收入分配制度是社会公平的重要体现。2007年10月15日，胡锦涛在党的十七大报告中强调，以人为本是科学发展观的核心，必须坚持以人为本，"要始终把实现好、维护好、发展好最广大人民的根本利益作为党和国家一切工作的出发点和落脚点，尊重人民主体地位，发挥人民首创精神，保障人民各项权益，走共同富裕道路，促进人的全面发展，做到发展为了人民、发展依靠人民、发展成果由人民共享"①。他在报告中重申党的十六大提出以后党中央一以贯之的"两个毫不动摇"的重要原则，进一步强调要"完善基本经济制度，健全现代市场体系"，"坚持和完善公有制为主体、多种所有制经济共同发展的基本经济制度，毫不动摇地巩固和发展公有制经济，毫不动摇地鼓励、支持、引导非公有制经济发展，坚持平等保护物权，形成各种所有制经济平等竞争、相互促进新格局"。②他提出："深化收入分配制度改革，增加城乡居民收入"，"要坚持和完善按劳分配为主体、多种分配方式并存的分配制度，健全劳动、资本、技术、管理等生产要素按贡献参与分配的制度，初次分配和再分配都要处理好效率和公平的关系，再分配更加注重公平。"他明确提出："逐步提高居民收入在国民收入分配中的比重，提高劳动报酬在初次分配中的比重。着力提高低收入者收入，逐步提高扶贫标准和最低工资标准，建立企业职工工资正常增长机制和支付保障机制。创造条件让更多群众拥有财产性收入。保护合法收入，调节过高收入，取缔非法收入。扩大转移支付，强化税收调节，打破经营垄断，创造机会公平，整顿分配秩序，逐步扭转收入分配差距扩大趋势。"③12月17日，他在新进中央委员会的委员、候补委员学习贯彻党的十七大精神研讨班上的讲话中指出："以人为本，体现了马克思主义历史唯物论的基本原理，体现了

① 胡锦涛：《胡锦涛文选》第二卷，人民出版社2016年版，第624页。
② 胡锦涛：《胡锦涛文选》第二卷，人民出版社2016年版，第632页。
③ 胡锦涛：《胡锦涛文选》第二卷，人民出版社2016年版，第643页。

我们党全心全意为人民服务的根本宗旨和我们推动经济社会发展的根本目的。""贯彻落实核心是以人为本的要求，必须始终实现好、维护好、发展好最广大人民根本利益，尊重人民主体地位，发挥人民首创精神，保障人民各项权益，走共同富裕道路，促进人的全面发展。"①

2008年12月18日，胡锦涛在纪念党的十一届三中全会召开30周年大会上的讲话中，全面回顾和总结改革开放30年来的伟大历程和辉煌成就，进一步阐述党的十七大概括的"十个结合"的宝贵经验，其中第七条经验是："必须把提高效率同促进社会公平结合起来，实现在经济发展的基础上由广大人民共享改革发展成果，推动社会主义和谐社会建设。"他说："实现社会公平正义是中国特色社会主义的内在要求，处理好效率和公平的关系是中国特色社会主义的重大课题。讲求效率才能增添活力，注重公平才能促进和谐，坚持效率和公平有机结合才能更好体现社会主义的本质。我们通过深化改革、实行正确方针政策，努力提高全社会推动经济发展和其他各项事业发展的积极性，最大限度激发全社会创造活力和发展活力。"②

促进区域、城乡协调发展，实现全国各族人民共同富裕

促进区域、城乡协调发展，是科学发展观的内在要求，是我国改革开放和社会主义现代化建设的重大战略问题，也是全面建设小康社会、实现全体人民共同富裕的必然要求。我国幅员辽阔、人口众多，由于自然条件和社会历史等原因，区域之间、城乡之间长期存在发展不协调不平衡的突出矛盾和问题，严重制约着我国经济社会的发展。从20世纪80年代末邓小平提出"两个大局"的思想，到2000年我国开始实施西部大开发战略，党和国家为解决我国经济社会发展中存在的区域发展不协调不平衡问题，想了很多办法，做了很大努力，也取得了许多历史性成就，但区域、城乡发展不协调、不平衡的问题依然突

---

① 胡锦涛：《胡锦涛文选》第三卷，人民出版社2016年版，第4页。
② 胡锦涛：《胡锦涛文选》第三卷，人民出版社2016年版，第164—165页。

出。党的十六大以后，按照统筹区域发展的方针，党中央在提出和形成科学发展观的过程中，着力解决区域、城乡发展不协调不平衡问题，相继作出一系列重大决策部署。

党的十六届三中全会提出要"统筹区域发展"①，"加强对区域发展的协调和指导，积极推进西部大开发，有效发挥中部地区综合优势，支持中西部地区加快改革发展，振兴东北地区等老工业基地，鼓励东部有条件地区率先基本实现现代化"②。党的十六届五中全会在总结我国社会主义现代化建设经验的基础上，进一步提出了我国区域发展总体战略。全会通过的《中共中央关于制定国民经济和社会发展第十一个五年规划的建议》，首次明确了"继续推进西部大开发，振兴东北地区等老工业基地，促进中部地区崛起，鼓励东部地区率先发展"的区域发展格局。③胡锦涛在党的十六届五中全会第二次全体会议上的讲话中进一步指出："实现区域协调发展，是贯彻全国一盘棋思想的必然要求，是发挥各个区域优势、增强全国发展合力的现实需要，也是维护民族团结、边疆稳定、实现国家长治久安的需要。""总的目标是，通过健全市场机制、合作机制、互助机制、扶持机制，逐步扭转区域发展差距拉大趋势，形成东中西相互促进、优势互补、共同发展新格局。"他强调："要积极扶持欠发达地区特别是革命老区、民族地区、边疆地区、贫困地区改善基础设施条件，加强生态环境治理和建设，发展优势特色产业，增强自我发展能力，走上共同富裕的道路。"④后来，胡锦涛在不同场合多次强调，实施区域发展总体战略"是实现我国经济社会又好又快发展、确保实现全面建设小康社会、进而基本实现现代化宏伟目标的重大举措，是发挥我国

---

① 中共中央文献研究室：《十六大以来重要文献选编》（上），中央文献出版社2004年版，第465页。
② 中共中央文献研究室：《十六大以来重要文献选编》（上），中央文献出版社2004年版，第471页。
③ 中共中央文献研究室：《十六大以来重要文献选编》（上），中央文献出版社2006年版，第765页。
④ 胡锦涛：《胡锦涛文选》第二卷，人民出版社2016年版，第373—374页。

社会主义制度优越性、促进社会和谐稳定的重大举措，也是保证我国各族人民共享改革发展成果、逐步实现共同富裕的重大举措"①。

关于振兴东北地区等老工业基地。2003年10月，党中央、国务院印发《关于实施东北地区等老工业基地振兴战略的若干意见》，阐明了加快东北地区等老工业基地振兴的重大战略意义、指导思想和原则，明确了发展目标。12月，国务院成立了振兴东北地区等老工业基地领导小组。2004年5月14日至16日，在东北地区等老工业基地振兴战略开始实施之际，胡锦涛到吉林考察工作。他先后考察中国第一汽车集团公司、长春轨道客车股份有限公司、金成玉米开发有限公司和农安县开安粮库，并发表讲话。他说，振兴东北地区老工业基地，必须按照科学发展观的要求，坚持统筹规划、分步实施、打好基础、扎实推进，努力走出一条符合实际的发展新路子。②之后，中国一汽集团、鞍山钢铁集团、大庆油田等一批大型国有企业，通过实施工作结构调整重大项目，技术水平不断提高，自主创新能力不断增强，开始大踏步前进。振兴东北的战略在"十一五"期间取得了重要阶段性成果。

关于促进中部地区崛起。2004年3月，十届全国人大二次会议提出了"促进中部地区崛起"，强调"加快中部地区发展是区域协调发展的重要方面"。③3月9日，胡锦涛在与参加全国两会的湖北代表团讨论时指出，中部地区要发挥综合优势，坚定不移地深化经济体制改革，大力调整和优化经济结构，积极扩大开放，加快发展步伐。④2005年3月，十届全国人大三次会议提出要"抓紧研究制定促进中部地区崛起的规划和措施"⑤。2006年4月，党中央、国务院印发了《关于促进中

---

① 胡锦涛：《胡锦涛文选》第二卷，人民出版社2016年版，第571页。
② 鞠鹏：《胡锦涛在吉林考察工作时强调坚定不移地树立和认真落实科学发展观全面实施东北地区老工业基地振兴战略》，《人民日报》，2004年5月17日第1版。
③ 中共中央文献研究室：《十六大以来重要文献选编》（上），中央文献出版社2004年版，第834页。
④ 樊如钧：《胡锦涛吴邦国贾庆林曾庆红黄菊吴官正李长春罗干分别参加审议讨论》，《人民日报》，2004年3月10日第1版。
⑤ 中共中央文献研究室：《十六大以来重要文献选编》（中），中央文献出版社2006年版，第780页。

部地区崛起的若干意见》。由此，中部地区开始全力实现崛起，一批具有竞争力的优势产业和产品不断涌现，城市群、城市带和城市圈加快形成，承东启西的区位优势进一步显现。

关于鼓励东部地区率先发展。党的十六届五中全会明确提出"鼓励东部地区率先发展"①，强调要"继续发挥经济特区、上海浦东新区的作用，推进天津滨海新区等条件较好地区的开发开放，带动区域经济发展"②。按照中央统一部署，以珠江三角洲、长江三角洲、环渤海京津冀地区为代表的东部地区，立足自身区位优势和先发优势，着力实现率先发展，在我国经济发展中始终处于领先和引擎地位。

统筹城乡发展是推动科学发展、促进经济社会协调发展的首要任务。现代化的过程也是一个城市化的过程。在这一过程中，如何处理城乡关系，是个很大的难题。我国作为一个发展中的农业大国，能否走好中国式的现代化发展道路，从根本上取决于能不能统筹解决好城乡关系，进而实现工业与农业、城市与农村的协调发展。党的十六大以后，党中央高度重视统筹城乡发展，出台了一系列惠农富农强农政策，走出了一条工业化、信息化、城镇化、农业现代化同步发展的新路子。2003年1月8日，胡锦涛在中央农村工作会议上的讲话中强调指出，全面建设小康社会，"必须坚持统筹城乡经济社会发展，更多地关注农村，关心农民，支持农业，把解决好农业、农村和农民问题作为全党工作的重中之重，放在更加突出的位置"③。他明确指出："统筹城乡经济社会发展，就是要充分发挥城市对农村的带动作用和农村对城市的促进作用，实现城乡经济社会一体化发展。这既是解决'三农'问题的重大战略，又是增强城市发展后劲的有效措施。"④3月9

① 中共中央文献研究室：《十六大以来重要文献选编》（中），中央文献出版社2006年版，第1071页。
② 中共中央文献研究室：《十六大以来重要文献选编》（中），中央文献出版社2006年版，第1072页。
③ 中共中央文献研究室：《十六大以来重要文献选编》（上），中央文献出版社2004年版，第397页。
④ 中共中央文献研究室：《十六大以来重要文献选编》（上），中央文献出版社2004年版，第120页。

日，他在与参加全国两会的湖北代表团讨论时强调，要按照统筹城乡发展的思路，走城乡互动、工农互促的协调发展道路，充分发挥城市对农村的辐射和带动作用，加大对农业和农村的投入，加强对农民增收的扶持，加快农村发展和农民致富步伐。①2004年9月，他在党的十六届四中全会上的讲话中，深刻分析一些国家工业化的发展进程，首次提出了"两个趋向"的重要论断，作出我国总体上已进入以工促农、以城带乡的发展阶段的重要判断，明确指出："在工业化初始阶段，农业支持工业、为工业提供积累是带有普遍性的趋向；但在工业化达到相当程度以后，工业反哺农业、城市支持农村，实现工业与农业、城市与农村协调发展，也是带有普遍性的趋向。"他强调要按照统筹城乡发展的要求，"不断加大对农业发展的支持力度，发挥城市对农村的辐射和带动作用，发挥工业对农业的支持和反哺作用，走城乡互动、工农互促的协调发展道路"。②

党的十六届五中全会提出建设社会主义新农村的重大历史任务，明确提出"要按照生产发展、生活宽裕、乡风文明、村容整洁、管理民主的要求，坚持从各地实际出发，尊重农民意愿，扎实稳步推进新农村建设"；"坚持'多予少取放活'，加大各级政府对农业和农村增加投入的力度，扩大公共财政覆盖农村的范围，强化政府对农村的公共服务，建立以工促农、以城带乡的长效机制"。全会强调要"搞好乡村建设规划，节约和集约使用土地。培养有文化、懂技术、会经营的新型农民，提高农民的整体素质，通过农民辛勤劳动和国家政策扶持，明显改善广大农村的生产生活条件和整体面貌"。③2006年2月14日，胡锦涛在省部级主要领导干部建设社会主义新农村专题研讨班上的讲话中强调："要坚持把解决好"三农"问题作为全党工作的重

---

① 樊如钧：《胡锦涛吴邦国贾庆林曾庆红黄菊吴官正李长春罗干分别参加审议讨论》，《人民日报》，2004年3月10日第1版。
② 胡锦涛：《胡锦涛文选》第二卷，人民出版社2016年版，第247页。
③ 中共中央文献研究室：《十六大以来重要文献选编》（中），中央文献出版社2006年版，第1056页。

中之重，统筹城乡经济社会发展，实行工业反哺农业、城市支持农村和"多予少取放活"的方针，坚持以经济建设为中心，协调推进农村社会主义经济建设、政治建设、文化建设、社会建设和党的建设，推动农村走上生产发展、生活富裕、生态良好的文明发展道路。"[①]

通过统筹城乡发展，全国各地的农村都在发生着可喜的变化。2005年12月29日，十届全国人大常委会第十九次会议决定：自2006年1月1日起废止《中华人民共和国农业税条例》。从此，国家不再针对农业单独征税。这意味着从公元前594年开始，在我国持续了2600多年的种田交税的日子成为了历史，广大农民更多地分享到了改革开放的成果。喜讯传来，河北灵寿县农民王三妮亲手铸造了一尊高99厘米的三足青铜圆鼎——告别田赋鼎，郑重地记下了这件亘古未有的大事。铭文写道：我是农民的儿子，祖上几代耕织辈辈纳税。今朝告别了田赋，我要代表农民铸鼎刻铭，告知后人，万代歌颂永世不忘。

2008年9月30日，胡锦涛专程到安徽省考察农村改革发展情况，在凤阳县小岗村考察时，他同小岗村的村民说了这样一番话："乡亲们都希望自己的生活能够不断得到改善。我要明确告诉乡亲们，中央对提高广大农民生活水平高度重视，将继续采取有效政策措施，积极推动社会主义新农村建设，不断改善农民生产生活条件，不断提高农民收入水平，让广大农民共享改革发展成果，最终实现共同富裕。希望乡亲们齐心协力，努力把农业生产搞上去，把文化生活搞丰富，把村庄环境搞整洁，使日子过得一天更比一天好。"[②]

2011年，农村居民人均纯收入6977元，比上年实际增长11.4%；城镇居民人均可支配收入21810元，比上年实际增长8.4%。这是继2010年后农村居民收入增速再次超过城镇居民。江苏省华西村是全国农村走共同富裕道路的典型，2011年全村销售收入超过550亿元，向国家缴税

---

① 中共中央文献研究室：《十六大以来重要文献选编》（下），中央文献出版社2008年版，第280页。
② 胡锦涛：《胡锦涛文选》第三卷，人民出版社2016年版，第116页。

85亿元，年人均收入达8.5万元。从2004年至2011年，党中央连续发布8个指导农业农村工作的一号文件，分别以促进农民增收、提高农业综合生产能力、推进新农村建设、发展现代农业、加强农业基础建设、加快发展农村社会事业、积极改善农村生产生活条件、切实保护农民合法权益等一系列政策措施，初步形成了以工业反哺农业和城乡一体化的新"三农"政策体系，极大地促进了农业稳定发展、农民持续增收、农村全面进步。

2010年5月17日，胡锦涛在中央新疆工作座谈会上的讲话中指出："没有包括新疆在内的我国西部地区的全面小康，就没有全国的全面小康；没有包括新疆在内的我国西部地区各族人民的共同富裕，就没有全国人民的共同富裕。"①"求发展、谋富裕、思稳定、盼和谐，是新疆各族干部群众的共同愿望。最终实现全国各族人民共同富裕，是党的民族政策的根本出发点和归宿，是我国社会主义制度的本质要求，也是贯彻落实科学发展观、实现经济社会又好又快发展的必然要求。加快少数民族和民族地区经济社会发展，是我国现阶段解决民族问题的根本途径，必须摆在更加突出的战略位置。"②

为进一步加快贫困地区发展，促进共同富裕，实现到2020年全面建成小康社会的奋斗目标，2011年5月27日，中共中央、国务院印发《中国农村扶贫开发纲要（2011—2020年）》。总体目标是："到2020年，稳定实现扶贫对象不愁吃、不愁穿，保障其义务教育、基本医疗和住房。贫困地区农民人均纯收入增长幅度高于全国平均水平，基本公共服务主要领域指标接近全国平均水平，扭转发展差距扩大趋势。"③

《中国农村扶贫开发纲要（2001—2010年）》实施后，到2010年，中国农村贫困人口数量从9422万减少到2688万，贫困率从10.2％下降到

---

① 中共中央文献研究室：《十七大以来重要文献选编》（中），中央文献出版社2011年版，第679页。

② 中共中央文献研究室：《十七大以来重要文献选编》（中），中央文献出版社2011年版，第680页。

③ 中共中央文献研究室：《十七大以来重要文献选编》（下），中央文献出版社2013年版，第358页。

2.8%，扶贫重点县农民人均纯收入从1276元增至3273元。2011年，中央决定将农民人均纯收入2300元（2010年不变价）作为新的国家扶贫标准，比2009年提高92%，把更多农村低收入人口纳入扶贫范围，这是经济社会发展取得的巨大成就，更是党和国家为缩小收入差距不懈努力取得的成果。2011年11月29日，胡锦涛在中央扶贫开发工作会议上的讲话中指出："消除贫困、改善民生、实现共同富裕，是社会主义的本质要求，是改革开放和社会主义现代化建设的重大任务，是全党全国各族人民始终不渝的奋斗目标。"[1] "中央将加大对扶贫开发的支持力度，重点支持革命老区、民族地区、边疆地区特别是集中连片特殊困难地区。中西部地区扶贫要把巩固温饱成果、加快脱贫致富作为主要任务，着力解决制约发展的主要瓶颈问题。东部有条件地区要提高扶贫开发水平，探索减少相对贫困、实现共同富裕的有效途径。对致贫原因不同的贫困群众，要采取更有针对性的扶持措施。"[2]

完善社会管理、增强社会创造活力，走共同富裕道路

社会建设与人民幸福安康息息相关。加强社会建设，保障和改善民生，是坚持以人为本、实现发展成果由人民共享的必然要求，事关群众福祉和社会和谐稳定。

党的十六届六中全会通过的《中共中央关于构建社会主义和谐社会重大问题的决定》首次将社会建设纳入社会主义现代化建设总体总局，明确提出要"按照民主法治、公平正义、诚信友爱、充满活力、安定有序、人与自然和谐相处的总要求"构建社会主义和谐社会。强调要"以解决人民群众最关心、最直接、最现实的利益问题为重点，着力发展社会事业、促进社会公平正义、建设和谐文化、完善社会管理、增强社会创造活力，走共同富裕道路，推动社会建设与经济建

---

① 中共中央文献研究室：《十七大以来重要文献选编》（下），中央文献出版社2013年版，第634页。
② 胡锦涛：《胡锦涛文选》第三卷，人民出版社2016年版，第569页。

设、政治建设、文化建设协调发展"。①由此，中国特色社会主义事业总体布局由经济建设、政治建设、文化建设"三位一体"扩展为经济建设、政治建设、文化建设、社会建设"四位一体"。这是中国共产党执政以来第一个加强社会建设的纲领性文件，进一步丰富和完善了中国社会主义现代化的奋斗目标。

社会发展包括科技、教育、文化、卫生、体育等社会事业的发展，也包括社会就业、社会保障、社会公正、社会秩序、社会管理、社会和谐等，还包括社会结构、社会领域体制和机制完善等。改革开放以来，我国经济社会发展取得的巨大成就，已经为缩小社会差距、促进社会公平、完善社会保障、发展社会事业、加强社会建设和管理等提供了较为坚实的物质基础和更为充分的物质保证，但长期以来我国经济社会发展"一条腿长、一条腿短"的问题一直没能得到很好解决，特别是教育、医疗、住房、社会保障、环境保护等问题还有很多欠缺。2003年非典疫情的蔓延，集中暴露出了这方面的问题，也为党和国家解决这一问题提供了深刻的启示，引发了党中央对如何统筹和加快经济社会发展的深入思考和不懈探索。加强和创新社会管理和社会建设，就是与科学发展观同步提出和贯彻落实的。

胡锦涛在党的十六届六中全会第二次全体会议上的讲话中明确指出，"社会和谐是中国特色社会主义的本质属性"②，"我们要构建的社会主义和谐社会，是经济建设、政治建设、文化建设、社会建设协调发展的社会，是人与人、人与社会、人与自然整体和谐的社会，这要贯穿于建设中国特色社会主义整个历史过程"。为了更好在实践中加以贯彻落实，他以"大社会""小社会"的形象说法，深刻阐明了如何加强社会建设、实现社会和谐发展的问题。他指出："在实际工作中，我们既要从'大社会'着眼，把和谐社会建设落实到包括经济建设、政治建设、文化建设、社会建设和党的建设等在内的党和国家

① 胡锦涛：《胡锦涛文选》第二卷，人民出版社2016年版，第523页。
② 胡锦涛：《胡锦涛文选》第二卷，人民出版社2016年版，第520页。

全部工作之中；又要从'小社会'着手，以解决人民最关心最直接最现实的利益问题为重点，着力发展社会事业、促进社会公平正义、建设和谐文化、完善社会管理、增强社会创造活力，走共同富裕道路，推动社会建设与经济建设、政治建设、文化建设协调发展。"①

2007年10月，胡锦涛在党的十七大报告中，对科学发展与社会和谐的关系作了进一步阐释，强调要"加快推进以改善民生为重点的社会建设"。②他明确指出："科学发展和社会和谐是内在统一的。没有科学发展就没有社会和谐，没有社会和谐也难以实现科学发展。"③他进一步指出："社会建设与人民幸福安康息息相关。必须在经济发展的基础上，更加注重社会建设，着力保障和改善民生，推进社会体制改革，扩大公共服务，完善社会管理，促进社会公平正义，努力使全体人民学有所教、劳有所得、病有所医、老有所养、住有所居，推动建设和谐社会。"④后来，他还反复强调："必须加快推进以改善民生为重点的社会建设，努力形成社会和谐人人有责、和谐社会人人共享的生动局面。"⑤

随着社会主义和谐社会建设的不断深入，以保障和改善民生为重点的社会建设，在教育、就业、收入分配、社会保障、医疗卫生和社会管理等方面不断推进，

社会公平、共同富裕有了越来越多的政策支持和更加完备的法律保障。教育公平是社会公平的首要目标。党和国家坚持教育的公益性原则，大幅度增加财政性教育经费，建立农村义务教育经费保障新机制，全面免除农村义务教育学杂费，在西部农村地区实施"两免一补"政策，不断完善国家奖助学金资助制度，大力促进义务教育均衡发展，确保教育资源重点向农村、边远地区、少数民族地区、贫

① 胡锦涛：《胡锦涛文选》第二卷，人民出版社2016年版，第523页。
② 胡锦涛：《胡锦涛文选》第二卷，人民出版社2016年版，第642页。
③ 胡锦涛：《胡锦涛文选》第二卷，人民出版社2016年版，第625页。
④ 胡锦涛：《胡锦涛文选》第二卷，人民出版社2016年版，第642页。
⑤ 胡锦涛：《胡锦涛文选》第三卷，人民出版社2016年版，第5页。

困地区倾斜，努力办好让人民满意的教育。2008年，城乡义务教育实现全部免除学杂费，惠及1.6亿学生，当年全国学龄儿童入学率达到99.5%。就业是民生之本。党和国家千方百计扩大就业，制定和颁布实施《中华人民共和国就业促进法》《中华人民共和国劳动合同法》等，为就业公平提供法治保障。特别是在2008年国际金融危机爆发后就业形势严峻的情况下，从中央到地方各级政府都采取了很多积极有效的政策措施，保就业，鼓励以创业带动就业。到2011年末，城乡就业人数达到7.6亿人，保持了就业形势的总体稳定。医疗卫生事业是造福人民的事业，也是民生大事，关系广大人民群众的切身利益，关系千家万户的幸福安康。从2003年开始，我国在西部部分地区实行新型农村合作医疗制度试点，2006年在全国推开，2008年底覆盖全国，有8.14亿农村居民受益。党和国家统筹推进社会保障体系建设，着力构建覆盖城乡居民的社会保障体系。2012年，我国各项养老保险参保人数达到7.9亿人，城乡基本养老保险制度全面建立；各项医疗保险参保人数超过13亿人，全民医保基本实现；最低生活保障制度实现全覆盖，城乡救助体系基本建立。世界上覆盖人口最多的社会保障网基本建成。经过长期探索和实践，我国建立了社会管理工作领导体系，构建了社会管理组织网络，制定了社会管理基本法律法规，初步形成了党委领导、政府负责、社会协同、公众参与的社会管理格局。

2010年，在准备进入21世纪的第二个十年之际，我国胜利完成了"十一五"规划确定的主要目标和任务。"十一五"时期，我国国内生产总值年均增长11.3%，2010年超过40万亿元，经济总量先后超过德国和日本，跃升至世界第二位，成为仅次于美国的世界第二大经济体。城镇居民人均可支配收入和农村居民人均收入年均分别增长9.7%和8.9%，人民生活明显改善。"十一五"期间，我国还成功举办北京奥运会和上海世博会，制定和实施国家中长期科技、教育、人才规划纲要，深化医药卫生体制改革，新型农村养老保险试点顺利进行，覆盖城乡的社会保障体系逐步健全，等等。在此基础上，党中央综合分析面临的国际国内形势，作出了"十二五"时期我国发展仍处于可以大有作为的重要战略机遇期的重要判断。10月18日，党的十七届五中全会通过《中共中央关于制定国民经济和社会发展第十二个五年规划的建议》（以下简称《建议》）。《建议》明确提出"十二五"规划的主题是科学发展。把科学发展作为主题，第一次在五年规划中明确提出来，成为全党的意志，具有鲜明的时代特征。以科学发展为主题，就是要把科学发展观贯穿到改革开放和现代化建设的各个方面。《建议》指出："我国是拥有十三亿人口的发展中大国，仍处于并将长期处于社会主义初级阶段，发展仍是解决我国所有问题的关键。在当代中国，坚持发展是硬道理的本质要求，就是坚持科学发展，更加注重以人为本，更加注重全面协调可持续发展，更加注重统筹兼顾，更加注重保障和改善民生，促进社会公平正义。"《建议》强调要"坚持把保障和改善民生作为加快转变经济发展方式的根本出发点和落脚点。完善保障和改善民生的制度安排，把促进就业放在经济社会发展优先位置，加快发展各项社会事业，推进基本公共服务均等化，加大收入分配调节力度，坚定不移走共同富裕道路，使发展成果惠及全体人民。"[1]文件强调要"加强社会建设，建立健全基本公共服务体系"，"着力保障和改善民生，必须逐步完善符合国情、比较完整、覆盖城乡、可持续的基本公共服务体系，提高政府保障能力，推进基本公共服务均等化。加强社会管理能力建设，创新社会管理机制，切实维护社会和谐稳定"。[2]

2011年2月19日，胡锦涛在省部级主要领导干部社会管理及其创新专题研讨班上的讲话中指出："社会管理，说到底是对人的管理和服务，涉及广大人民群众切身利益，必须始终坚持以人为本、执政为民，切实贯彻党的全心全意为人民服务的根本宗旨，坚持权为民所

---

[1] 中共中央文献研究室：《十七大以来重要文献选编》（中），中央文献出版社2011年版，第974—975页。
[2] 中共中央文献研究室：《十七大以来重要文献选编》（中），中央文献出版社2011年版，第989页。

用、情为民所系、利为民所谋，不断实现好、维护好、发展好最广大人民根本利益。"他强调："社会管理要搞好，必须加快推进以保障和改善民生为重点的社会建设。""社会建设抓好了，基本公共服务体系健全起来了，基本公共服务均等化向前推进了，向全体人民学有所教、劳有所得、病有所医、老有所养、住有所居的目标不断前进了，社会管理的群众基础就会变得更加坚实。"他强调："要把保障和改善民生作为加快转变经济发展方式的根本出发点和落脚点，完善保障和改善民生的制度安排，加快发展各项社会事业，坚定不移走共同富裕道路，使发展成果更好惠及全体人民。"①7月1日，他在庆祝中国共产党成立九十周年大会上的讲话中满怀信心地说："中国特色社会主义制度，是当代中国发展进步的根本制度保障，集中体现了中国特色社会主义特点和优势。"这一制度体系"符合我国国情，顺应时代潮流，有利于保持党和国家活力、调动广大人民群众和社会各方面的积极性、主动性、创造性，有利于解放和发展社会生产力、推动经济社会全面发展，有利于维护和促进社会公平正义、实现全体人民共同富裕，有利于集中力量办大事、有效应对前进道路上的各种风险挑战，有利于维护民族团结、社会稳定、国家统一。"②他提出，要坚定不移走共同富裕道路，在经济发展的基础上，让全体人民共享改革发展成果，指出："推进社会建设，要以保障和改善民生为重点，着力解决好人民最关心最直接最现实的利益问题。要坚持发展为了人民、发展依靠人民、发展成果由人民共享，完善保障和改善民生的制度安排，把促进就业放在经济社会发展优先位置，加快发展教育、社会保障、医药卫生、保障性住房等各项社会事业，推进基本公共服务均等化，加大收入分配调节力度，坚定不移走共同富裕道路，努力使全体人民学有所教、劳有所得、病有所医、老有所养、住有所居。"③他在党的十八大报告中进一步指出："加强社会建设，必须以保障和改善民生

---

① 胡锦涛：《胡锦涛文选》第三卷，人民出版社2016年版，第500页。
② 胡锦涛：《胡锦涛文选》第三卷，人民出版社2016年版，第527页。
③ 胡锦涛：《胡锦涛文选》第三卷，人民出版社2016年版，第540页。

为重点。提高人民物质文化生活水平，是改革开放和社会主义现代化建设的根本目的。要多谋民生之利，多解民生之忧，解决好人民最关心最直接最现实的利益问题，在学有所教、劳有所得、病有所医、老有所养、住有所居上持续取得新进展，努力让人民过上更好生活。"[1]

实现共同富裕是一个长期历史过程，是中国共产党人坚定不移、接续奋斗的宏伟目标。2012年11月8日，胡锦涛在党的十八大报告中描绘了全面建成小康社会、加快推进社会主义现代化的宏伟蓝图，提出要"在中国共产党成立一百年时全面建成小康社会"，"在新中国成立一百年时建成富强民主文明和谐的社会主义现代化国家"，向全党全国人民发出了向实现"两个一百年"奋斗目标进军的号召。报告要求全党"必须清醒认识到，我国仍处于并将长期处于社会主义初级阶段的基本国情没有变，人民日益增长的物质文化需要同落后的社会生产之间的矛盾这一社会主要矛盾没有变，我国是世界最大发展中国家的国际地位没有变"。报告强调"在任何情况下都要牢牢把握社会主义初级阶段这个最大国情，推进任何方面的改革发展都要牢牢立足社会主义初级阶段这个最大实际。党的基本路线是党和国家的生命线，必须坚持把以经济建设为中心同四项基本原则、改革开放这两个基本点统一于中国特色社会主义伟大实践，既不妄自菲薄，也不妄自尊大，扎扎实实夺取中国特色社会主义新胜利"。报告把"必须坚持走共同富裕道路"作为在新的历史条件下夺取中国特色社会主义新胜利必须牢牢把握的一个基本要求，明确指出："共同富裕是中国特色社会主义的根本原则。要坚持社会主义基本经济制度和分配制度，调整国民收入分配格局，加大再分配调节力度，着力解决收入分配差距较大问题，使发展成果更多更公平惠及全体人民，朝着共同富裕方向稳步前进。"[2]

---

① 胡锦涛：《胡锦涛文选》第三卷，人民出版社2016年版，第640页。
② 胡锦涛：《胡锦涛文选》第三卷，人民出版社2016年版，第624—625页。

第四章　扎实推进共同富裕

　　党的十八大以来，中国特色社会主义进入新时代。党面临的主要任务是，实现第一个百年奋斗目标，开启实现第二个百年奋斗目标新征程，朝着实现中华民族伟大复兴的宏伟目标继续前进。

　　——《中共中央关于党的百年奋斗重大成就和历史经验的决议》

为了全体人民的**共同富裕**

　　进入新时代，党团结带领全党全国各族人民走上了创造美好生活、逐步实现全体人民共同富裕的新征程。以习近平同志为核心的党中央，站在新时代坚持和发展中国特色社会主义的战略和全局高度，统筹把握中华民族伟大复兴战略全局和世界百年未有之大变局，准确把握我国发展新的历史方位和发展阶段新变化，适应我国社会主要矛盾的变化和人民日益增长的美好生活需要，统筹推进"五位一体"总体布局，协调推进"四个全面"战略布局，毫不动摇、一以贯之地坚持和发展中国特色社会主义，坚定不移地走共同富裕道路，始终坚持以经济建设为中心，把实现好、维护好、发展好最广大人民根本利益作为最高标准，全面推进经济建设、政治建设、文化建设、社会建设、生态文明建设以及其他各方面建设；始终坚持四项基本原则，坚持改革开放，以促进社会公平正义、增进人民福祉为出发点和落脚点，把逐步实现全体人民共同富裕摆在更加重要的位置，不断解放和发展社会生产力，不断促进人的全面发展，朝着实现全体人民共同富裕的方向不断迈进，创造了打赢脱贫攻坚战、全面建成小康社会的人间奇迹，为促进共同富裕创造了良好条件，开启了扎实推动共同富裕的历史阶段。习近平总书记对事关共同富裕的重大理论和实践问题进行了深邃思考和科学判断，对新时代逐步实现共同富裕一系列重大战略决策亲自谋划、亲自部署、亲自推动，提出了一系列原创性的新理念、新思想、新战略，开创性地解答了什么是共同富裕、新时代要实现什么样的共同富裕、怎样实现全体人民共同富裕等一系列人们普遍关注的重大理论和实践问题，为新的征程上党带领人民扎实推动全体人民的共同富裕提供了科学的理论指引和行动指南。

坚定不移朝着全体人民共同富裕方向稳步迈进
（2012—2017）

必须坚持发展为了人民、发展依靠人民、发展成果由人民共享，作出更有效的制度安排，使全体人民朝着共同富裕方向稳步前进，绝不能出现"富者累巨万，而贫者食糟糠"的现象。

习近平：《在十八届五中全会第二次全体会议上的讲话》

（2015年10月29日）

中国特色社会主义新时代是逐步实现全体人民共同富裕的时代。从党的十八大到十九大召开的五年间，以习近平同志为核心的党中央，围绕实现全面建成小康社会奋斗目标、围绕实现社会主义现代化和中华民族伟大复兴的总任务，准确把握中国特色社会主义的历史新方位、时代新变化、实践新要求，始终把人民对美好生活的向往作为奋斗目标，着力解决我国发展不平衡不充分的问题，着力使全体人民享有更加幸福安康的生活，着力在实现全体人民共同富裕上取得实实在在的新进展，对共同富裕道路作了新的探索，对共同富裕理论作了新的阐释，对共同富裕目标作了新的部署，坚定不移朝着实现全体人民共同富裕的方向不断迈进。

坚定不移共同富裕的道路

2012年11月15日，在十八届中央政治局常委与中外记者见面会上，习近平总书记代表新一届中央领导集体向党和人民郑重承诺："人民对美好生活的向往，就是我们的奋斗目标"，庄严宣示中国共产党人的责任"就是要团结带领全党全国各族人民，继续解放思想，坚持改革开放，不断解放和发展社会生产力，努力解决群众的生产生活困难，坚定不移走共同富裕的道路。"他深情地说："我们的人民热爱生活，期盼有更好的教育、更稳定的工作、更满意的收入、更可靠的社会保障、更高水平的医疗卫生服务、更舒适的居住条件、更优美的环境，期盼孩子们能成长得更好、工作得更好、生活得更好。""我们一定要始终与人民心心相印、与人民同甘共苦、与人民团结奋斗，夙夜在公，勤勉工作，努力向历史、向人民交出一份合格的答卷。"[①]两天后，11月17日，他在十八届中央政治局第一次集体学习时进一步指出："中国特色社会主义道路，是实现我国社会主义现代化的必由之路，是创造人民美好生活的必由之路。中国特色社会主义道路，既坚持以经济建设为中心，又全面推进经济建设、政治建设、文化建设、社会建设、生态文明建设以及其他各方面建设；既坚持四项基本原则，又坚持改革开放；既不断解放和发展社会生产力，又逐步实现全体人民共同富裕、促进人的全面发展。"[②]他强调"共同富裕是中国特色社会主义的根本原则，所以必须使发展成果更多更公平惠及全体人民，朝着共同富裕方向稳步前进"[③]。习近平在三天之内发表的这两次讲话，都把人民的幸福和共同富裕作为治国理政的出

[①] 中共中央文献研究室：《十八大以来重要文献选编》（上），中央文献出版社2014年版，第70页。

[②] 中共中央文献研究室：《十八大以来重要文献选编》（上），中央文献出版社2014年版，第75页。

[③] 中共中央文献研究室：《十八大以来重要文献选编》（上），中央文献出版社2014年版，第78—79页。

发点和落脚点，充分展现了新一届中央领导集体的为民情怀和执政理念，彰显了中国共产党人团结带领全国各族人民坚定不移走共同富裕道路的决心和信心。

11月29日，习近平在参观《复兴之路》展览时，紧紧围绕党的十八大提出的"两个一百年"奋斗目标和战略任务，首次提出并深刻阐述了实现中华民族伟大复兴的中国梦。他指出："每个人都有理想和追求，都有自己的梦想。现在，大家都在讨论中国梦，我以为，实现中华民族伟大复兴，就是中华民族近代以来最伟大的梦想。这个梦想，凝聚了几代中国人的夙愿，体现了中华民族和中国人民的整体利益，是每一个中华儿女的共同期盼。"他满怀信心地说："我坚信，到中国共产党成立一百年时全面建成小康社会的目标一定能实现，到新中国成立一百年时建成富强民主文明和谐的社会主义现代化国家的目标一定能实现，中华民族伟大复兴的梦想一定能实现。"①这里，习近平贯通中华民族的过去、现在和未来，把近代以来中华民族谋求国家富强、民族振兴、人民幸福的历史宏愿同每一个中华儿女的追求和梦想、奋斗和牺牲紧紧地联系在了一起，鲜明揭示了在新的历史条件下坚持和发展中国特色社会主义的时代主题。中华民族伟大复兴的中国梦，就是要实现国家富强、民族振兴、人民幸福，我们党领导中国人民进行的一切奋斗，归根到底都是为了实现这一伟大目标。国家富强，就是要全面建成小康社会，并在此基础上建设富强民主文明和谐美丽的社会主义现代化强国；民族振兴，就是要使中华民族更加坚强有力地自立于世界民族之林，为人类作出新的更大的贡献；人民幸福，就是要坚持以人民为中心，增进人民福祉，促进人的全面发展，朝着共同富裕方向稳步前进。全面建成小康社会，是"两个一百年"奋斗目标的第一个百年目标，也是实现中华民族伟大复兴中国梦的阶段性目标和关键一步。只有如期实现全面建成小康社会的奋斗目标，

---

① 中共中央文献研究室：《十八大以来重要文献选编》（上），中央文献出版社2014年版，第84页。

才能为实现建设社会主义现代化强国的第二个百年奋斗目标、实现中华民族伟大复兴中国梦奠定更加牢固的发展基础。

中国梦把国家的追求、民族的向往、人民的期盼融为一体，体现了中华民族和中国人民的整体利益，是中华民族发愤图强、振兴中华的共同追求、共同梦想的形象表达，是"两个一百年"奋斗目标的形象的表达，是全体中国人民共同的理想追求、共同的美好愿景的形象表达。中国梦一经提出，就激起了全体中华儿女的强烈共鸣，立即成为凝聚党心民心、激励中华儿女为实现中华民族伟大复兴团结奋斗的强大精神力量，成为中华民族团结奋斗的最大公约数和最大同心圆。

"人世间的一切幸福都需要靠辛勤的劳动来创造。"[1]党的十八大以后，以习近平同志为核心的党中央，始终将人民的利益放在首位，与人民想在一起，干在一起，以实现中华民族伟大复兴的中国梦为引领，紧紧围绕实现"两个一百年"奋斗目标，围绕实现社会主义现代化和中华民族伟大复兴的总任务，围绕全面建成小康社会的现实目标和逐步实现全体人民共同富裕的长远目标，始终坚持发展是第一要务，把集中力量提高人民生活水平，逐步实现共同富裕作为党的首要使命，展开了一系列理论创新和实践创新。

2012年12月7日至11日，习近平当选总书记后的第一次外出调研，就选择了广东这个在我国改革开放中得风气之先的地方。面对发展中的难题和深层次矛盾，他深刻指出："实践证明，改革开放是当代中国发展进步的活力之源，是我们党和人民大踏步赶上时代前进步伐的重要法宝，是坚持和发展中国特色社会主义的必由之路。"他强调指出："现在我国改革已经进入攻坚期和深水区，我们必须以更大的政治勇气和智慧，不失时机深化重要领域改革"，"要坚持改革开放正确方向，敢于啃硬骨头，敢于涉险滩，既勇于冲破思想观念的障碍，又勇于突破利益固化的藩篱"，"做到改革不停顿、开放不止步。"[2]

---

① 中共中央文献研究室：《十八大以来重要文献选编》（上），中央文献出版社2014年版，第70页。
② 习近平：《论坚持全面深化改革》，中央文献出版社2018年版，第1—2页。

他提出："实现城乡区域协调发展，不仅是国土空间均衡布局发展的需要，而且是走共同富裕道路的要求。"强调"要加大统筹城乡发展、统筹区域发展力度，加大对欠发达地区和农村的扶持力度，促进工业化、信息化、城镇化、农业现代化同步发展，推动城乡发展一体化，逐步缩小城乡区域发展差距，促进城乡区域共同繁荣"。①

面对国内外错综复杂的经济形势，面对改革开放以来从未遇到过的新情况、新挑战，以习近平同志为核心的党中央继续高举改革开放的旗帜，深刻洞察和把握国际国内错综复杂的形势变化对我国经济社会发展的影响，准确把握我国经济发展大势，坚持社会主义市场经济改革方向，以促进社会公平正义、增进人民福祉为出发点和落脚点，突出制度建设，坚决破除各方面体制机制弊端；突出问题导向，进一步解放思想、解放和发展社会生产力、解放和增强社会活力；注重加强顶层设计和整体谋划，增强改革的系统性、整体性、协同性，激发人民首创精神，奋力推进改革开放和现代化建设不断取得新进展、实现新突破、迈上新台阶。

2013年11月，党的十八届三中全会对全面深化改革作出全面规划和系统部署。全会通过的《中共中央关于全面深化改革若干重大问题的决定》（以下简称《决定》）明确提出，经济体制改革的核心问题是处理好政府和市场的关系，使市场在资源配置中起决定性作用和更好发挥政府作用，实现了理论上的重大突破和实践上的重大创新，明确了深化经济体制改革的方向，为我国经济社会的全面发展注入了强大动力。十八届三中全会同党的十一届三中全会一样，也是划时代的，实现了改革由局部探索、破冰突围到系统集成、全面深化的转变，开创了我国改革开放新局面。《决定》指出："全面深化改革的总目标是完善和发展中国特色社会主义制度，推进国家治理体系和治理能力现代化。必须更加注重改革的系统性、整体性、协同性"，

---

① 中共中央文献研究室：《习近平关于"三农"工作论述摘编》，中央文献出版社2019年版，第29页。

要"让一切劳动、知识、技术、管理、资本的活力竞相迸发，让一切创造社会财富的源泉充分涌流，让发展成果更多更公平惠及全体人民。"《决定》提出了要"紧紧围绕使市场在资源配置中起决定性作用深化经济体制改革，坚持和完善基本经济制度，加快完善现代市场体系、宏观调控体系、开放型经济体系，加快转变经济发展方式，加快建设创新型国家，推动经济更有效率、更加公平、更可持续发展"，"紧紧围绕更好保障和改善民生、促进社会公平正义深化社会体制改革，改革收入分配制度，促进共同富裕，推进社会领域制度创新，推进基本公共服务均等化，加快形成科学有效的社会治理体制，确保社会既充满活力又和谐有序"等目标要求。[1]11月9日，习近平在全会所作的关于《中共中央关于全面深化改革若干重大问题的决定》的说明中指出，关于使市场在资源配置中起决定性作用和更好发挥政府作用，是这次全会决定提出的一个重大理论观点。他指出，把市场在资源配置中的"基础性作用"修改为"决定性作用"，作出"使市场在资源配置中起决定性作用"的定位，"有利于在全党全社会树立关于政府和市场关系的正确观念，有利于转变经济发展方式，有利于转变政府职能，有利于抑制消极腐败现象"。他同时也强调："我国实行的是社会主义市场经济体制，我们仍然要坚持发挥我国社会主义制度的优越性、发挥党和政府的积极作用。市场在资源配置中起决定性作用，并不是起全部作用。""发展社会主义市场经济，既要发挥市场作用，也要发挥政府作用，但市场作用和政府作用的职能是不同的。""强调政府的职责和作用主要是保持宏观经济稳定，加强和优化公共服务，保障公平竞争，加强市场监管，维护市场秩序，推动可持续发展，促进共同富裕，弥补市场失灵。"[2]习近平后来一再强调，使市场在资源配置中起决定性作用、更好发挥政府作用，既是一个重

[1] 中共中央文献研究室：《十八大以来重要文献选编》（上），中央文献出版社2014年版，第512—513页。
[2] 中共中央文献研究室：《十八大以来重要文献选编》（上），中央文献出版社2014年版，第498—500页。

大理论命题，又是一个重大实践命题；强调科学认识这一命题，准确把握其内涵，对全面深化改革、对推动社会主义市场经济健康有序发展的重大意义。他还形象地把市场作用和政府作用比作"看不见的手"和"看得见的手"，强调这两只手都要用好，要"努力形成市场作用和政府作用有机统一、相互补充、相互协调、相互促进的格局，推动经济社会持续健康发展"。他指出："更好发挥政府作用，就要切实转变政府职能，深化行政体制改革，创新行政管理方式，健全宏观调控体系，加强市场活动监管，加强和优化公共服务，促进社会公平正义和社会稳定，促进共同富裕。"他要求"各级政府一定要严格依法行政，切实履行职责，该管的事一定要管好、管到位，该放的权一定要放足、放到位，坚决克服政府职能错位、越位、缺位现象"。[①]随着全面深化改革不断向广度和深度进军，中国特色社会主义制度更加成熟更加定型，国家治理体系和治理能力现代化水平不断提高，党和国家事业焕发出新的生机活力。

共同富裕是中国特色社会主义的根本原则，实现共同富裕是中国共产党的重要使命。2013年1月5日，习近平在新进中央委员会的委员、候补委员学习贯彻党的十八大精神研讨班开班式上的讲话中，针对"近些年来，国内外有些舆论提出中国现在搞的究竟还是不是社会主义的疑问"，以新中国成立后社会主义革命和建设的理论和生动实践，以改革开放后开创、坚持、捍卫和发展中国特色社会主义的理论创新和生动实践，旗帜鲜明地对这些错误舆论作出了回击，彰显了中国共产党人毫不动摇坚持和发展中国特色社会主义的决心和信心。他鲜明指出："中国特色社会主义是社会主义而不是其他什么主义，科学社会主义基本原则不能丢，丢了就不是社会主义。""一个国家实行什么样的主义，关键要看这个主义能否解决这个国家面临的历史性课题。""历史和现实都告诉我们，只有社会主义才能救中国，只有中国特色社会主义才能发展中国，这是历史的结论、人民的

选择。""我们说中国特色社会主义是社会主义，那就是不论怎么改革、怎么开放，我们都始终要坚持中国特色社会主义道路、中国特色社会主义理论体系、中国特色社会主义制度，坚持党的十八大提出的夺取中国特色社会主义新胜利的基本要求。这就包括在中国共产党领导下，立足基本国情，以经济建设为中心，坚持四项基本原则，坚持改革开放，解放和发展社会生产力，建设社会主义市场经济、社会主义民主政治、社会主义先进文化、社会主义和谐社会、社会主义生态文明，促进人的全面发展，逐步实现全体人民共同富裕，建设富强民主文明和谐的社会主义现代化国家；包括坚持人民代表大会制度的根本政治制度，中国共产党领导的多党合作和政治协商制度、民族区域自治制度以及基层群众自治制度等基本政治制度，中国特色社会主义法律体系，公有制为主体、多种所有制经济共同发展的基本经济制度。"①他强调："这些都是在新的历史条件下体现科学社会主义基本原则的内容，如果丢掉了这些，那就不成其为社会主义了。"他坚定地指出："随着中国特色社会主义不断发展，我们的制度必将越来越成熟，我国社会主义制度的优越性必将进一步显现，我们的道路必将越走越宽广，我国发展道路对世界的影响必将越来越大。"②此后，他在国内外多个不同的场合一再强调这个问题，明确指出，中国特色社会主义道路既不是"传统的"，也不是"外来的"，更不是"西化的"，而是我们"独创的"，是一条人间正道。只有这条道路而没有别的道路，能够引领中国进步、实现人民福祉。比如，2014年4月1日，他在布鲁日欧洲学院的演讲中鲜明指出，"中国是实行中国特色社会主义的国家"，改革开放以后，"我们从中国国情和时代要求出发，探索和开拓国家发展道路，形成了中国特色社会主义，提出要建设社会主义市场经济、民主政治、先进文化、和谐社会、生态文明，

---

① 中共中央文献研究室：《十八大以来重要文献选编》（上），中央文献出版社2014年版，第109—110页。
② 中共中央文献研究室：《十八大以来重要文献选编》（上），中央文献出版社2014年版，第111页。

维护社会公平正义，促进人的全面发展，坚持和平发展，全面建成小康社会，进而实现现代化，逐步实现全体人民共同富裕"。他强调："独特的文化传统，独特的历史命运，独特的国情，注定了中国必然走适合自己特点的发展道路。我们走出了这样一条道路，并且取得了成功。"①比如，2015年10月21日，他在英国伦敦金融城市长晚宴上的演讲中指出："中国人民走的是历史选择的道路。道路决定命运。一个国家，一个民族，只有找到适合自己条件的道路，才能实现自己的发展目标。改革开放三十七年来，中国经济年均增速近百分之十，成为全球第二大经济体，六亿多人口摆脱贫困，人均国内生产总值超过七千美元。中国用几十年时间走完了发达国家几百年走过的发展历程。这充分说明，中国人民正走在正确的道路上。"他明确指出："中国社会主义不是教科书里的教条，不是刻板僵化的戒律，而是在实践中不断发展变化的生命体。""中国特色社会主义就是要建设社会主义市场经济、民主政治、先进文化、和谐社会、生态文明，促进人的全面发展，促进社会公平正义，逐步实现全体人民共同富裕。中国特色社会主义就是要建设社会主义市场经济、民主政治、先进文化、和谐社会、生态文明，促进人的全面发展，促进社会公平正义，逐步实现全体人民共同富裕。"②再比如，2017年1月17日，他在瑞士达沃斯举行的世界经济论坛2017年年会开幕式上的主旨演讲《共担时代责任，共促全球发展》中对这个问题讲得更为透彻。他指出："中国立足自身国情和实践，从中华文明中汲取智慧，博采东西方各家之长，坚守但不僵化，借鉴但不照搬，在不断探索中形成了自己的发展道路"，"这是一条把人民利益放在首位的道路。中国秉持以人民为中心的发展思想，把改善人民生活、增进人民福祉作为出发点和落脚点，在人民中寻找发展动力、依靠人民推动发展、使发展造福人民。"他强调："中

---

① 习近平：《论坚持推动构建人类命运共同体》，中央文献出版社2018年版，第99页。
② 习近平：《论坚持推动构建人类命运共同体》，中央文献出版社2018年版，第272—273页。

国坚持共同富裕的目标，大力推进减贫事业，让7亿多人口摆脱贫困，正在向着全面建成小康社会目标快步前进。"①

　　实现全体人民共同富裕任重道远，这是习近平基于对我国基本国情的清醒认识作出的准确判断。他一再强调，中国仍处于并将长期处于社会主义初级阶段的基本国情没有变，要实现"两个一百年"奋斗目标，逐步实现全体人民共同富裕，实现中华民族伟大复兴的中国梦必须准备进行具有许多新的历史特点的伟大斗争。2014年3月18日，他在河南省兰考县委常委扩大会议上的讲话中说："发展仍然是我们党执政兴国的第一要务，仍然是带有基础性、根本性的工作，但经济发展、物质生活改善并不是全部，人心向背也不仅仅决定于这一点。发展了，还有共同富裕问题。物质丰富了，但发展极不平衡，贫富悬殊很大，社会不公平，两极分化了，能得人心吗？因此，经济总量无论是世界第二还是世界第一，未必就能够巩固住我们的政权。经济发展了，但精神失落了，那国家能够称为强大吗？"②如何解决这个问题，他在多个不同的场合一再讲怎么发展，发展以后如何解决社会不公平、逐步实现共同富裕等问题。比如，2014年9月30日，他在庆祝中华人民共和国成立六十五周年招待会上的讲话中指出："中国仍处于并将长期处于社会主义初级阶段的基本国情没有变，实现十三亿多人共同富裕任重道远。"③"面向未来，我们必须坚持抓好发展这个第一要务。发展才能自强，科学发展才能永续发展。我们要坚持以经济建设为中心、以科学发展为主题、以造福人民为根本目的，不断解放和发展社会生产力，全面推进经济建设、政治建设、文化建设、社会建设、生态文明建设，不断开拓生产发展、生活富裕、生态良好的文

---

① 习近平：《论坚持推动构建人类命运共同体》，中央文献出版社2018年版，第407—408页。
② 习近平：《做焦裕禄式的县委书记》，中央文献出版社2015年版，第35页。
③ 中共中央文献研究室：《十八大以来重要文献选编》（中），中央文献出版社2016年版，第83页。

明发展道路，为实现全体人民共同富裕而不懈努力。"①比如，2015年9月22日，他在华盛顿州当地政府和美国友好团体联合欢迎宴会上的演讲中，以20世纪60年代末他十几岁时插队当农民、当村党支部书记的陕西延安梁家河村几十年来的变化，讲述了改革开放给中国经济社会发展带来的巨大变化。他说："我们用了三十多年时间，使中国经济总量跃居世界第二，十三亿多人摆脱了物质短缺，总体达到小康水平，享有前所未有的尊严和权利"，"同时，我们也清醒认识到，中国仍然是世界上最大的发展中国家"，"发展依然是当代中国的第一要务，中国执政者的首要使命就是集中力量提高人民生活水平，逐步实现共同富裕。"②

消除贫困、改善民生、实现共同富裕，是社会主义的本质要求

消除贫困，是全面建成小康社会的底线任务，是党的十八大以后以习近平同志为核心的党中央最为关注、摆在首位解决的一个重大问题。

2012年12月29日至30日，党的十八大闭幕不久，习近平就踏雪前往河北省阜平县看望慰问革命老区群众，考察扶贫开发工作。阜平地处太行山深处，是著名的革命老区，属于燕山—太行山集中连片特殊困难地区。两天的时间里，他马不解鞍连夜主持会议听取河北省、保定市、阜平县扶贫开发工作情况汇报，顶风踏雪来到位于太行山深处的两个贫困村，入户看望困难群众，与干部群众促膝长谈，了解困难群众的生产生活情况，同干部群众一起商量脱贫致富之策。在详细了解了贫困地区的真实情况后，习近平发表了重要讲话，对扶贫开发工作作出战略部署。在这次讲话中，他提出了"消除贫困、改善

① 中共中央文献研究室：《十八大以来重要文献选编》（中），中央文献出版社2016年版，第82页。
② 中共中央文献研究室：《十八大以来重要文献选编》（中），中央文献出版社2016年版，第683—684页。

民生、实现共同富裕，是社会主义的本质要求"的重要论断。他说：
"改革开放三十多年来，我国经济社会发展取得很大成就，人民生活
水平总体上发生很大变化，与过去不能同日而语了。同时，我们也要
清醒地看到，由于我国还处在社会主义初级阶段，由于我们国家大、
各地发展条件不同，我国还有为数不少的困难群众。按照人均年收
入二千三百元的国家扶贫标准，全国农村扶贫对象还有一亿二千多万
人"，"城镇各类困难群众也为数不少"，"怎样支持和帮助他们过
上好日子，是我经常想的一个问题"。在这里，他明确指出"消除贫
困、改善民生、实现共同富裕，是社会主义的本质要求"。他说：
"现在，我国大部分群众生活水平有了很大提高，出现了中等收入群
体，也出现了高收入群体，但还存在大量低收入群众。真正要帮助
的，还是低收入群众。平均数会掩盖差距。"他还特别举了他工作过
的浙江的例子来说明这个问题。他说："我离开浙江时，2006年城镇
居民人均可支配收入达到一万八千二百多元，农村居民人均纯收入也
达到七千三百多元，但平均数线下的在百分之四十以上，不少人没有
达到平均数。"他强调"全面建成小康社会，最艰巨最繁重的任务在
农村，特别是在贫困地区。没有农村的小康，特别是没有贫困地区的
小康，就没有全面建成小康社会"。他特别提醒大家"要深刻理解这
句话的含义"，"要提高对做好扶贫开发工作重要性的认识，增强做
好扶贫开发工作的责任感和使命感"。[①]就这样，习近平从太行山深处
的贫困第一线，向全党全社会发出了脱贫攻坚的动员令，吹响了新时
代向贫困宣战的号角。由此，人类历史上规模最大、力度最强的脱贫
攻坚战开始了。他提出的"消除贫困、改善民生、实现共同富裕，是
社会主义的本质要求"[②]，为新时代党团结带领人民脱贫攻坚、走向共
同富裕指明了方向，提供了根本遵循。

　　怎样使农村贫困人口全部脱贫，走向共同富裕？在充分认识到消

---

① 习近平：《做焦裕禄式的县委书记》，中央文献出版社2015年版，第15—16页。
② 习近平：《做焦裕禄式的县委书记》，中央文献出版社2015年版，第15页。

除贫困的重要性、艰巨性的同时，党中央把扶贫开发工作纳入"四个全面"战略布局，作为实现第一个百年奋斗目标的重点工作，摆在党和国家治国理政的重要位置，提升到事关全面建成小康社会、实现第一个百年奋斗目标的政治高度来部署、来谋划，充分发挥党的领导和我国社会主义制度的政治优势，提出和实施了许多具有原创性、独特性的重大举措。

2013年11月3日至5日，习近平在湘西土家族苗族自治州花垣县排碧乡十八洞村考察时首次提出了"精准扶贫"的重要理念，强调扶贫要实事求是，因地制宜。要精准扶贫，切忌喊口号，也不要定好高骛远的目标。①这标志着我国扶贫方式的重大转变。11月26日，习近平在同菏泽市及县区主要负责同志座谈时进一步强调要"坚决打好扶贫开发攻坚战，不断改善贫困人口"。针对"当前菏泽市贫困面较大，还有不少农民人均纯收入低于省定扶贫标准二千五百元，扶贫开发任务较重"的情况，习近平围绕当地的扶贫开发工作，提出了三点具体要求："一是要紧紧扭住发展这个促使贫困地区脱贫致富的第一要务，立足资源、市场、人文旅游等优势，因地制宜找准发展路子"，强调"既不能一味等靠、无所作为，也不能'捡进篮子都是菜'，因发展心切而违背规律、盲目蛮干，甚至搞劳民伤财的'形象工程'、'政绩工程'"；"二是要紧紧扭住包括就业、教育、医疗、文化、住房在内的农村公共服务体系建设这个基本保障，编织一张兜住困难群众基本生活的安全网，坚决守住底线"；"三是要紧紧扭住教育这个脱贫致富的根本之策，再穷不能穷教育，再穷不能穷孩子，务必把义务教育搞好，确保贫困家庭的孩子也能受到良好的教育，不要让孩子们输在起跑线上"。②此后，他在多种场合，特别是在山区、革命老区、少数民族地区等贫困人口集中的地区，多次强调要精准扶贫，要真扶贫，扶真贫，把扶贫工作做到实处。2015年9月22日，习近平在华盛

---

① 《新中国峥嵘岁月》，《人民日报》，2020年1月22日第15版。
② 习近平：《做焦裕禄式的县委书记》，中央文献出版社2015年版，第29—30页。

顿州当地政府和美国友好团体联合欢迎宴会上的演讲中表达了他对处于贫困之中的中国百姓的高度关注。他说："我们也清醒认识到，中国仍然是世界上最大的发展中国家。中国的人均国内生产总值仅相当于全球平均水平的三分之二、美国的七分之一，排在世界八十位左右。按照我们自己的标准，中国还有七千多万贫困人口。如果按照世界银行的标准，中国则还有两亿多人生活在贫困线以下。中国城乡有七千多万低保人口，还有八千五百多万残疾人。这两年，我去了中国很多贫困地区，看望了很多贫困家庭，他们渴望幸福生活的眼神深深印在我的脑海里。""这些情况表明，中国人民要过上美好生活，还要继续付出艰苦努力。"①10月16日，他在北京举行的2015减贫与发展高层论坛发表的题为《携手消除贫困，促进共同发展》的主旨演讲中指出："中国在扶贫攻坚工作中采取的重要举措，就是实施精准扶贫方略，找到'贫根'，对症下药，靶向治疗"，"坚持中国制度的优势"，"注重抓六个精准，即扶持对象精准、项目安排精准、资金使用精准、措施到户精准、因村派人精准、脱贫成效精准，确保各项政策好处落到扶贫对象身上。"②

实施精准扶贫，丰富和拓展了中国特色扶贫开发道路，推动扶贫攻坚工作不断取得新成效、新突破。2015年10月29日，党的十八届五中全会审议通过的《中共中央关于制定国民经济和社会发展第十三个五年规划的建议》（以下简称《建议》），从2020年全面建成小康社会、实现第一个奋斗目标出发，明确了到2020年"我国现行标准下农村贫困人口实现脱贫，贫困县全部摘帽，解决区域性整体贫困"③的目标。《建议》明确提出"实施脱贫攻坚工程"，强调"农村贫困人口

---

① 中共中央文献研究室：《十八大以来重要文献选编》（中），中央文献出版社2016年版，第684页。

② 中共中央文献研究室：《十八大以来重要文献选编》（中），中央文献出版社2016年版，第720页。

③ 中共中央文献研究室：《十八大以来重要文献选编》（中），中央文献出版社2016年版，第791页。

脱贫是全面建成小康社会最艰巨的任务。必须充分发挥政治优势和制度优势，坚决打赢脱贫攻坚战"；强调"实施精准扶贫、精准脱贫，因人因地施策，提高扶贫实效"，"把革命老区、民族地区、边疆地区、集中连片贫困地区作为脱贫攻坚重点"。①值得一提的是，《建议》把"扶贫攻坚"改为"脱贫攻坚"，"扶贫"和"脱贫"一字之改，彰显的是中国共产党人到2020年全面建成小康社会时兑现承诺、确保农村贫困人口实现脱贫的决心和信心。3天前，习近平10月26日在全会上所作的关于《中共中央关于制定国民经济和社会发展第十三个五年规划的建议》的说明中，对这一点作了重点说明和阐释。他算了一笔账："我国现行脱贫标准是农民年人均纯收入按2010年不变价计算为二千三百元，二〇一四年现价脱贫标准为二千八百元。按照这个标准，2014年末全国还有七千零一十七万农村贫困人口。综合考虑物价水平和其他因素，逐年更新按现价计算的标准。据测算，若按每年百分之六的增长率调整，2020年全国脱贫标准约为人均纯收入四千元。"经过计算，他认为"通过实施脱贫攻坚工程，实施精准扶贫、精准脱贫，七千零一十七万农村贫困人口脱贫目标是可以实现的"。如何实现，他也有一笔账："2011年至2014四年，每年农村脱贫人口分别为四千三百二十九万、二千三百三十九万、一千六百五十万、一千二百三十二万。因此，通过采取过硬的、管用的举措，今后每年减贫一千万人的任务是可以完成的。具体讲，到2020年，通过产业扶持，可以解决三千万人脱贫；通过转移就业，可以解决一千万人脱贫；通过易地搬迁，可以解决一千万人脱贫，总计五千万人左右。还有两千多万完全或部分丧失劳动能力的贫困人口，可以通过全部纳入低保覆盖范围，实现社保政策兜底脱贫。"②可见脱贫攻坚，精准扶贫、精准脱贫

---

① 中共中央文献研究室：《十八大以来重要文献选编》（中），中央文献出版社2016年版，第812—813页。
② 中共中央文献研究室：《十八大以来重要文献选编》（中），中央文献出版社2016年版，第779—780页。

在习近平心里的位置有多重。

　　2015年11月27日，习近平在中央扶贫开发工作会议上的讲话中重申了2012年他在河北阜平考察调研时首次提出的"消除贫困、改善民生、逐步实现共同富裕"①的重要论断，进一步强调："消除贫困、改善民生、逐步实现共同富裕，是社会主义的本质要求，是我们党的重要使命。"②他指出"全面建成小康社会、实现第一个百年奋斗目标，农村贫困人口全部脱贫是一个标志性指标"③，"脱贫攻坚已经到了啃硬骨头、攻坚拔寨的冲刺阶段"④。他要求全党"充分认识打赢脱贫攻坚战的重要性和艰巨性"⑤，"必须以更大的决心、更明确的思路、更精准的举措、超常规的力度，众志成城实现脱贫攻坚目标"⑥。他强调要"坚持精准扶贫、精准脱贫，重在提高脱贫攻坚成效"⑦，"要立下愚公移山志，咬定目标、苦干实干，坚决打赢脱贫攻坚战"⑧，"确保到2020年所有贫困地区和贫困人口一道迈入全面小康社会"⑨。两天后，2015年11月29日印发的《中共中央、国务院关于打赢脱贫攻坚战的决定》（以下简称《决定》）指出："打赢脱贫攻坚战，是促进全

① 中共中央文献研究室：《十八大以来重要文献选编》（下），中央文献出版社2018年版，第31页。
② 中共中央文献研究室：《十八大以来重要文献选编》（下），中央文献出版社2018年版，第31页。
③ 中共中央文献研究室：《十八大以来重要文献选编》（下），中央文献出版社2018年版，第29页。
④ 中共中央文献研究室：《十八大以来重要文献选编》（下），中央文献出版社2018年版，第34页。
⑤ 中共中央文献研究室：《十八大以来重要文献选编》（下），中央文献出版社2018年版，第31页。
⑥ 中共中央文献研究室：《十八大以来重要文献选编》（下），中央文献出版社2018年版，第34页。
⑦ 中共中央文献研究室：《十八大以来重要文献选编》（下），中央文献出版社2018年版，第38页。
⑧ 中共中央文献研究室：《十八大以来重要文献选编》（下），中央文献出版社2018年版，第51页。
⑨ 中共中央文献研究室：《十八大以来重要文献选编》（下），中央文献出版社2018年版，第30页。

体人民共享改革发展成果、实现共同富裕的重大举措，是体现中国特色社会主义制度优越性的重要标志。"《决定》明确，打赢脱贫攻坚战的总体目标是，"到2020年，稳定实现农村贫困人口不愁吃、不愁穿，义务教育、基本医疗和住房安全有保障。实现贫困地区农民人均可支配收入增长幅度高于全国平均水平，基本公共服务主要领域指标接近全国平均水平。确保我国现行标准下农村贫困人口实现脱贫，贫困县全部摘帽，解决区域性整体贫困"。[①]

从精准扶贫到精准脱贫，党和国家始终坚持政府主导，增强社会合力。通过强化政府责任，引领市场、社会协同发力，鼓励先富帮后富，着力构建专项扶贫、行业扶贫、社会扶贫互为补充的大扶贫格局。通过着力健全精准扶贫工作机制，发展特色产业脱贫，引导劳务输出脱贫，实施易地搬迁脱贫，结合生态保护脱贫，着力加强教育脱贫，开展医疗保险和医疗救助脱贫，实行农村最低生活保障制度兜底脱贫等，不断创新扶贫方式，加快贫困人口精准脱贫；通过加快交通、水利、电力建设，加大"互联网+"扶贫力度，加快农村危房改造和人居环境整治，重点支持革命老区、民族地区、边疆地区、连片特困地区脱贫攻坚等，不断加大扶贫投入，加强贫困地区基础设施建设，加快破除发展瓶颈制约；通过加大财政扶贫投入力度，加大金融扶贫力度，完善扶贫开发用地政策，发挥科技、人才支撑作用，健全东西部扶贫协作机制，健全定点扶贫机制，健全社会力量参与机制等，不断强化政策保障，健全脱贫攻坚支撑体系。通过一系列的政策创新、实践创新和体制机制创新，大大增强了贫困地区内生发展活力和动力，改变了贫困地区的整体面貌，增强了农村基层党组织的凝聚力和战斗力。

怎样支持和帮助贫困群众都过上幸福美满的日子，让农村贫困人口同全国人民一道步入全面小康社会，是习近平念兹在兹、思考最

---

① 中共中央文献研究室：《十八大以来重要文献选编》（下），中央文献出版社2018年版，第53—54页。

多、强调最多的一个问题。他曾经说："党的十八大以来，我最关注的工作之一就是贫困人口脱贫。每到一个地方调研，我都要到贫困村和贫困户了解情况，有时还专门到贫困县调研。"①党的十八以后的5年间，他的足迹遍布全国11个山区集中连片特困地区，包括六盘山区、秦巴山区、武陵山区、乌蒙山区、滇桂黔石漠化区、滇西边境山区、大兴安岭南麓山区、燕山—太行山区、吕梁山区、大别山区、罗霄山区。他先后在陕西、贵州、宁夏、山西等地主持召开4次脱贫攻坚座谈会并发表重要讲话。

2015年2月13日，他在陕西延安主持召开陕甘宁革命老区脱贫致富座谈会。他在讲话中强调："全面建成小康社会，没有老区的全面小康，特别是没有老区贫困人口脱贫致富，那是不完整的"，"加快老区发展步伐，做好老区扶贫开发工作，让老区农村贫困人口脱贫致富，使老区人民同全国人民一道进入全面小康社会，是我们党和政府义不容辞的责任。"②2015年6月18日，他在贵州贵阳主持召开涉及武陵山、乌蒙山、滇桂黔集中连片特困地区扶贫攻坚与"十三五"时期经济社会发展座谈会。他在讲话中强调："我国扶贫开发工作已进入啃硬骨头、攻坚拔寨的冲刺期"，"各级党委和政府必须增强紧迫感和主动性，采取力度更大、针对性更强、作用更直接、效果更可持续的措施，大力度推进，再加快步伐，确保贫困人口到2020年如期全部脱贫。"③2016年7月20日，他在宁夏银川主持召开东西部扶贫协作座谈会。他在讲话中指出："东西部扶贫协作和对口支援，是推动区域协调发展、协同发展、共同发展的大战略，是加强区域合作、优化产业布局、拓展对内对外开放新空间的大布局，是实现先富帮后富、最终

① 习近平：《在深度贫困地区脱贫攻坚座谈会上的讲话》，《人民日报》，2017年9月1日第2版。
② 中共中央党史和文献研究院：《习近平扶贫论述摘编》，中央文献出版社2018年版，第7页。
③ 中共中央文献研究室：《习近平关于协调推进"四个全面"战略布局论述摘编》，中央文献出版社2015年版，第47—48页。

实现共同富裕目标的大举措，必须长期坚持下去。"①

2017年6月23日，习近平在山西吕梁主持召开深度贫困地区脱贫攻坚座谈会，这是他第四次主持召开脱贫攻坚座谈会，也是在十九大之前他主持召开的最后一个脱贫攻坚座谈会。他在讲话中肯定了党的十八大以来脱贫攻坚工作取得的显著成效，指出了深度贫困地区脱贫攻坚存在的困难和任务，要求全党全社会"务必深刻认识深度贫困地区如期完成脱贫攻坚任务的艰巨性、重要性、紧迫性，采取更加集中的支持、更加有效的举措、更加有力的工作，扎实推进深度贫困地区脱贫攻坚"，"加大力度推进深度贫困地区脱贫攻坚"，"确保深度贫困地区和贫困群众同全国人民一道进入全面小康社会"。②

共享理念体现的是逐步实现共同富裕的要求

让广大人民群众共享改革发展成果，是社会主义的本质要求，是社会主义制度优越性的集中体现，是中国共产党坚持全心全意为人民服务根本宗旨的重要体现。改革开放以来，我国经济社会发展取得的巨大成就，为促进社会公平正义提供了坚实物质基础和有利条件。同时，随着我国经济社会发展水平和人民生活水平的不断提高，人民群众的公平意识、民主意识、权利意识不断增强，对社会不公问题的反映也越来越强烈。习近平高度关注百姓的疾苦和来自人民群众的呼声，时刻把人民的冷暖放在心上，时时将人民的需要作为改革发展的动力。2013年3月17日，习近平在十二届全国人大一次会议闭幕会上的讲话中要求党和政府"要随时随刻倾听人民呼声、回应人民期待，保证人民平等参与、平等发展权利，维护社会公平正义，在学有所教、老有所得、病有所医、老有所养、住有所居上持续取得新进展，不断

---

① 中共中央党史和文献研究院：《习近平扶贫论述摘编》，中央文献出版社2018年版，第101—102页。

② 习近平：《在深度贫困地区脱贫攻坚座谈会上的讲话》，《人民日报》，2017年9月1日第2版。

实现好、维护好、发展好最广大人民根本利益，使发展成果更多更公平惠及全体人民，在经济社会不断发展的基础上，朝着共同富裕方向稳步前进。"①党的十八届三中全会通过的《中共中央关于全面深化改革若干重大问题的决定》提出，全面深化改革，要坚持社会主义市场经济改革方向，"以促进社会公平正义、增进人民福祉为出发点和落脚点"，要通过改革，"让一切劳动、知识、技术、管理、资本的活力竞相迸发，让一切创造社会财富的源泉充分涌流，让发展成果更多更公平惠及全体人民"。②11月12日，习近平在党的十八届三中全会第二次全体会议上的讲话中指出："全面深化改革必须着眼创造更加公平正义的社会环境，不断克服各种有违公平正义的现象，使改革发展成果更多更公平惠及全体人民。如果不能给老百姓带来实实在在的利益，如果不能创造更加公平的社会环境，甚至导致更多不公平，改革就失去意义，也不可能持续。"他明确指出："实现社会公平正义是由多种因素决定的，最主要的还是经济社会发展水平。""我国现阶段存在的有违公平正义的现象，许多是发展中的问题，是能够通过不断发展，通过制度安排、法律规范、政策支持加以解决的。"在不断做大"蛋糕"的同时，如何把"蛋糕"分好，习近平强调："要在不断发展的基础上尽量把促进社会公平正义的事情做好，既尽力而为、又量力而行，努力使全体人民在学有所教、劳有所得、病有所医、老有所养、住有所居上持续取得新进展。"他明确提出："要把促进社会公平正义、增进人民福祉作为一面镜子，审视我们各方面体制机制和政策规定，哪里有不符合促进社会公平正义的问题，哪里就需要改革；哪个领域哪个环节问题突出，哪个领域哪个环节就是改革的重点。对由于制度安排不健全造成的有违公平正义的问题要抓紧解决，使我们的制度安排更好体现社会主义公平正义原则，更加有利于实现

---

① 中共中央文献研究室：《十八大以来重要文献选编》（上），中央文献出版社2014年版，第236页。
② 中共中央文献研究室：《十八大以来重要文献选编》（上），中央文献出版社2014年版，第512页。

好、维护好、发展好最广大人民根本利益。"①此后，他在不同场合反复强调："党的一切工作，必须以最广大人民根本利益为最高标准。检验我们一切工作的成效，最终都要看人民是否真正得到了实惠，人民生活是否真正得到了改善，人民权益是否真正得到了保障。面对人民过上更好生活的新期待，我们不能有丝毫自满和懈怠，必须再接再厉，使发展成果更多更公平惠及全体人民，朝着共同富裕方向稳步前进。"②"我们追求的发展是造福人民的发展，我们追求的富裕是全体人民共同富裕。改革发展搞得成功不成功，最终的判断标准是人民是不是共同享受到了改革发展成果。"③

2015年10月29日，习近平在党的十八届五中全会上首次提出以人民为中心的发展思想，创造性地提出创新、协调、绿色、开放、共享的发展理念，明确指出："共享发展注重的是解决社会公平正义问题。""我国经济发展的'蛋糕'不断做大，但分配不公问题比较突出，收入差距、城乡区域公共服务水平差距较大。在共享改革发展成果上，无论是实际情况还是制度设计，都还有不完善的地方。""我们必须坚持发展为了人民、发展依靠人民、发展成果由人民共享，作出更有效的制度安排，使全体人民朝着共同富裕方向稳步前进，绝不能出现'富者累巨万，而贫者食糟糠'的现象。"④他指出："发展不全面的问题很大程度上也表现在不同社会群体民生保障方面"，"要按照人人参与、人人尽力、人人享有的要求，坚守底线、突出重点、完善制度、引导预期，注重机会公平，着力保障基本民生。"⑤

① 中共中央文献研究室：《十八大以来重要文献选编》（上），中央文献出版社2014年版，第552—553页。
② 中共中央文献研究室：《十八大以来重要文献选编》（上），中央文献出版社2014年版，第698页。
③ 《征求对中共中央关于制定国民经济和社会发展第十三个五年规划的建议的意见　中共中央召开党外人士座谈会》，《人民日报》，2015年10月31日第1版。
④ 中共中央文献研究室：《十八大以来重要文献选编》（中），中央文献出版社2016年版，第827页。
⑤ 中共中央文献研究室：《十八大以来重要文献选编》（中），中央文献出版社2016年版，第831页。

党的十八届五中全会通过的《中共中央关于制定国民经济和社会发展第十三个五年规划的建议》指出：完善发展理念。实现"十三五"时期发展目标，破解发展难题，厚植发展优势，必须牢固树立创新、协调、绿色、开放、共享的发展理念。文件指出："共享是中国特色社会主义的本质要求。必须坚持发展为了人民、发展依靠人民、发展成果由人民共享，作出更有效的制度安排，使全体人民在共建共享发展中有更多获得感，增强发展动力，增进人民团结，朝着共同富裕方向稳步前进。"①11月7日，习近平在新加坡国立大学演讲时指出："坚持共享发展，就是要坚持发展为了人民、发展依靠人民、发展成果由人民共享，使全体人民在共建共享发展中有更多获得感，朝着共同富裕方向稳步前进。"②

11月23日，他在十八届中央政治局第二十八次集体学习时的讲话中指出："党的十八届五中全会鲜明提出要坚持以人民为中心的发展思想，把增进人民福祉、促进人的全面发展、朝着共同富裕方向稳步前进作为经济发展的出发点和落脚点。""这一点，我们任何时候都不能忘记，部署经济工作、制定经济政策、推动经济发展都要牢牢坚持这个根本立场。"③

2016年1月18日，习近平在省部级主要领导干部学习贯彻党的十八届五中全会精神专题研讨班上的讲话中，从"着力践行以人民为中心的发展思想"，全面阐述了共享理念的实质和内涵。他指出："以人民为中心的发展思想，不是一个抽象的、玄奥的概念，不能只停留在口头上、止步于思想环节，而要体现在经济社会发展各个环节。要坚持人民主体地位，顺应人民群众对美好生活的向往，不断实现好、维护好、发展好最广大人民根本利益，做到发展为了人民、发展依靠人

① 中共中央文献研究室：《十八大以来重要文献选编》（中），中央文献出版社2016年版，第793页。

② 《中共中央关于制定国民经济和社会发展第十三个五年规划的建议》，《人民日报》，2015年11月4日第1版。

③ 中共中央文献研究室：《十八大以来重要文献选编》（下），中央文献出版社2018年版，第4页。

民、发展成果由人民共享。"①"要坚持社会主义基本经济制度和分配制度，调整收入分配格局，完善以税收、社会保障、转移支付等为主要手段的再分配调节机制，维护社会公平正义，解决好收入差距问题，使发展成果更多更公平惠及全体人民。"习近平指出："共享理念实质就是坚持以人民为中心的发展思想，体现的是逐步实现共同富裕的要求。""实现这个目标需要一个漫长的历史过程。我国正处于并将长期处于社会主义初级阶段，我们不能做超越阶段的事情，但也不是说在逐步实现共同富裕方面就无所作为，而是要根据现有条件把能做的事情尽量做起来，积小胜为大胜，不断朝着全体人民共同富裕的目标前进。"②他从全民共享、全面共享、共建共享、渐进共享四个方面揭示了共享发展理念的深刻内涵。他明确指出，落实共享发展理念，一是充分调动人民群众的积极性、主动性、创造性，举全民之力推进中国特色社会主义事业，不断把"蛋糕"做大。二是把不断做大的"蛋糕"分好，让社会主义制度的优越性得到更充分体现，让人民群众有更多获得感。要扩大中等收入阶层，逐步形成橄榄型分配格局。特别要加大对困难群众的帮扶力度，坚决打赢农村贫困人口脱贫攻坚战。他强调："落实共享发展是一门大学问，要做好从顶层设计到'最后一公里'落地的工作，在实践中不断取得新成效。"③7月1日，习近平在庆祝中国共产党成立95周年大会上的讲话中指出："带领人民创造幸福生活，是我们党始终不渝的奋斗目标。我们要顺应人民群众对美好生活的向往，坚持以人民为中心的发展思想，以保障和改善民生为重点，发展各项社会事业，加大收入分配调节力度，打赢脱贫攻坚战，保证人民平等参与、平等发展权利，使改革发展成果更多更公平惠及全体

① 中共中央文献研究室：《十八大以来重要文献选编》（下），中央文献出版社2018年版，第168页。
② 中共中央文献研究室：《十八大以来重要文献选编》（下），中央文献出版社2018年版，第169页。
③ 中共中央文献研究室：《十八大以来重要文献选编》（下），中央文献出版社2018年版，第171页。

人民，朝着实现全体人民共同富裕的目标稳步迈进。"①

　　2016年9月3日，习近平在杭州出席二十国集团工商峰会开幕式时所作的主旨演讲中，以他曾经工作了6个年头的浙江为例，生动介绍了中国在过去几十年经历的"大发展、大变化"，"许许多多普通家庭用勤劳的双手改变了自己的生活"。他说："这一点一滴的变化，集合起来就是磅礴的力量，推动着中国发展进步，折射出中国改革开放的伟大进程。"他说："这是共同富裕的进程。发展为了人民、发展依靠人民、发展成果由人民共享，这是中国推进改革开放和社会主义现代化建设的根本目的。改革开放以来，中国有7亿多人口摆脱贫困，13亿多人民的生活质量和水平大幅度提升，用几十年时间完成了其他国家几百年走过的发展历程。"他坚定地指出："在新的起点上，我们将坚定不移推进公平共享，增进更多民众福祉"，"坚持以人民为中心，就要扎扎实实体现在经济社会发展各方面各环节"，"我们将顺应人民对美好生活的向往，不断提高人民生活质量和水平，健全公共服务体系，扩大中等收入者比重"，"我们将更加注重公平公正，在做大发展蛋糕的同时分好蛋糕，从人民最关心最直接最现实的利益问题出发，让百姓有更多成就感和获得感。"②10月21日，他在纪念红军长征胜利80周年大会上的讲话中深刻指出："弘扬伟大长征精神，走好今天的长征路，必须把人民放在心中最高位置，坚持一切为了人民、一切依靠人民，为人民过上更加美好生活而矢志奋斗。在新的长征路上，全党必须牢记，为什么人、靠什么人的问题，是检验一个政党、一个政权性质的试金石。我们要始终把人民立场作为根本政治立场，把人民利益摆在至高无上的地位，不断把为人民造福事业推向前进。""我们要团结带领全体人民，以自己的辛勤劳动和不懈努力，不断保障和改善民生，让改革发展成果更多更公平惠及全体人民，朝

---

① 中共中央文献研究室：《十八大以来重要文献选编》（下），中央文献出版社2018年版，第352页。
② 习近平：《论坚持推动构建人类命运共同体》，中央文献出版社2018年版，第365页。

着实现全体人民共同富裕的目标稳步迈进。"[1]

党的十八大以来的五年，面对世界经济复苏乏力、局部冲突和动荡频发、全球性问题加剧的外部环境，面对我国经济发展进入新常态等一系列深刻变化，以习近平同志为核心的党中央审时度势，准确把握我国经济发展大势，坚持稳中求进工作总基调，坚定不移贯彻新发展理念，坚决端正发展观念、转变发展方式，统筹推进"五位一体"总体布局、协调推进"四个全面"战略布局，胜利完成"十二五"规划，顺利实施"十三五"规划，全面建成小康社会取得重大进展，经济建设取得重大成就，不断推动改革发展成果更多更公平惠及全体人民，朝着实现全体人民共同富裕的目标不断迈进。2013年至2017年，我国经济保持中高速增长，在世界主要国家中名列前茅，国内生产总值年均增长超过7%。2017年国内生产总值总量达到82.08万亿元，稳居世界第二，对世界经济增长贡献率超过30%。我国经济发展平衡性、协调性、可持续性明显增强。供给侧结构性改革深入推进，经济结构不断优化，数字经济等新兴产业蓬勃发展，高铁、公路、桥梁、港口、机场等基础设施建设快速推进。农业现代化稳步推进，粮食生产能力达到1.2万亿斤。城镇化率年均提高1.2个百分点，8000多万农业转移人口成为城镇居民。区域发展协调性增强，"一带一路"建设、京津冀协同发展、长江经济带发展成效显著。党中央深入贯彻以人民为中心的发展思想，一大批惠民举措落地实施，人民生活不断改善，人民获得感显著增强。就业状况持续改善，城镇新增就业年均1300万人以上。城乡居民收入增速超过经济增速，中等收入群体持续扩大。2013年到2017年，全国居民人均可支配收入从18311元增长到25974元。2017年，城乡居民人均可支配收入之比为2.71，比2012年下降0.17。覆盖城乡居民的社会保障体系基本建立，人民健康和医疗卫生水平大幅提高，保障性住房建设稳步推进。社会治理体系更加完善，

---

[1] 中共中央文献研究室：《十八大以来重要文献选编》（下），中央文献出版社2018年版，第400页。

社会大局保持稳定。国家安全全面加强。

2016年11月11日，习近平在纪念孙中山先生诞辰150周年大会上的讲话中，回顾近代以来中华民族为谋求振兴不懈奋斗的历程，深刻指出："要开创中华民族伟大复兴新局面，我们党就必须始终把全心全意为人民服务作为根本宗旨，始终把人民拥护和支持作为力量源泉，坚持把人民放在心中最高位置。我们要坚持一切为了人民、一切依靠人民，永远保持对人民的赤子之心，永远同人民站在一起，推动改革发展成果更多更公平惠及全体人民，朝着实现全体人民共同富裕的目标不断迈进，把13亿多中国人民凝聚成推动中华民族发展壮大的磅礴力量。"[1]

2017年1月17日，在瑞士达沃斯举行的世界经济论坛2017年年会开幕式上的主旨演讲《共担时代责任，共促全球发展》中，面对世界经济低迷不振，逆全球化暗流涌动，国际形势动荡多变，习近平深刻洞察经济全球化面临的深层次问题，表明了中国坚定不移推进经济全球化的立场，向世界展现了社会主义中国的发展道路、发展理念，体现了中国共产党和中国领导人的情怀和担当。他指出："发展的目的是造福人民。要让发展更加平衡，让发展机会更加均等、发展成果人人共享，就要完善发展理念和模式，提升发展公平性、有效性、协同性。""中国的发展，关键在于中国人民在中国共产党领导下，走出了一条适合中国国情的发展道路。"这是一条从本国国情出发确立的道路，这是一条把人民利益放在首位的道路，这是一条改革创新的道路，这是一条在开放中谋求共同发展的道路。他鲜明指出："中国秉持以人民为中心的发展思想，把改善人民生活、增进人民福祉作为出发点和落脚点，在人民中寻找发展动力、依靠人民推动发展、使发展造福人民。中国坚持共同富裕的目标，大力推进减贫事业，让7亿多人口摆脱贫困，正在向着全面建成小康社会目标快步前进。"他鲜明指出："中国发展取得了巨大成

---

[1] 习近平：《在纪念孙中山先生诞辰150周年大会上的讲话》，《人民日报》，2016年11月12日第2版。

就，中国人民生活得到了极大改善，这对中国好，对世界也好。中国的发展成就，是中国人民几十年含辛茹苦、流血流汗干出来的。千百年来，中华民族素以吃苦耐劳闻名于世。中国人民深知，世界上没有免费的午餐，中国是一个有着13亿多人口的大国，想发展就要靠自己苦干实干，不能寄托于别人的恩赐，世界上也没有谁有这样的能力。"面向未来，他明确指出，中国"将在创新、协调、绿色、开放、共享的发展理念指引下，不断适应、把握、引领中国经济发展新常态，统筹抓好稳增长、促改革、调结构、惠民生、防风险工作，推动中国经济保持中高速增长、迈向中高端水平"。①

不断促进人的全面发展、全体人民共同富裕
（2017—2022）

> 共同富裕是社会主义的本质要求，是中国式现代化的重要特征。我们说的共同富裕是全体人民共同富裕，是人民群众物质生活和精神生活都富裕，不是少数人的富裕，也不是整齐划一的平均主义。
>
> 习近平：《扎实推动共同富裕》（2021年8月17日）

2017年10月，党的十九大正确认识党和人民事业所处的历史方位和发展阶段，作出中国特色社会主义进入新时代的重大政治判断，确立习近平新时代中国特色社会主义思想为党的指导思想，明确新时代我国社会主要矛盾是人民日益增长的美好生活需要和不平衡不充分的发展之间的矛盾，把实现全体人民共同富裕提上日程。习近平在党的

---

① 习近平：《论坚持推动构建人类命运共同体》，中央文献出版社2018年版，第407—411页。

十九大报告中明确指出："必须坚持以人民为中心的发展思想，不断促进人的全面发展、全体人民共同富裕。"①在对2020年到本世纪中叶的奋斗目标作出分两个阶段的战略安排中，将促进共同富裕与全面建成小康社会、全面建设社会主义现代化国家同部署同安排，明确提出：到2035年，"基本实现社会主义现代化"，"全体人民共同富裕迈出坚实步伐"；到本世纪中叶，"把我国建成富强民主文明和谐美丽的社会主义现代化强国"，"全体人民共同富裕基本实现"。②这个战略安排，第一阶段把原定的基本实现社会主义现代化的第二个百年奋斗目标提前了15年，第二阶段提出建成社会主义现代化强国的目标和要求，丰富了社会主义现代化强国的内涵，发出了实现中华民族伟大复兴中国梦的最强音。在新的发展阶段，党稳步促进全体人民共同富裕，在2021年全面建成小康社会后，开启了扎实推动共同富裕的历史阶段。

"共同富裕路上，一个也不能掉队"

让贫困人口和贫困地区同全国一道进入全面小康社会、走向共同富裕，是中国共产党对人民、对历史的庄严承诺。2017年，党的十九大把精准脱贫作为三大攻坚战之一进行全面部署，锚定全面建成小康社会目标，聚力攻克深度贫困堡垒，向全党全国各族人民发出了坚决打赢脱贫攻坚战的动员令。习近平在党的十九大报告中明确指出："要动员全党全国全社会力量，坚持精准扶贫、精准脱贫，坚持中央统筹省负总责市县抓落实的工作机制，强化党政一把手负总责的责任制，坚持大扶贫格局，注重扶贫同扶志、扶智相结合，深入实施东西部扶贫协作，重点攻克深度贫困地区脱贫任务，确保到2020年我国现行标准下农村贫困人口实现脱贫，贫困县全部摘帽，解决区域性整体

① 中共中央党史和文献研究院：《十九大以来重要文献选编》（上），中央文献出版社2019年版，第14页。
② 中共中央党史和文献研究院：《十九大以来重要文献选编》（上），中央文献出版社2019年版，第20页。

贫困，做到脱真贫、真脱贫。"①2017年10月25日，他在十九届中央政治局常委同中外记者见面时的讲话中进一步明确指出："全面建成小康社会，一个也不能少；共同富裕路上，一个也不能掉队。""我们要牢记人民对美好生活的向往就是我们的奋斗目标，坚持以人民为中心的发展思想，努力抓好保障和改善民生各项工作，不断增强人民的获得感、幸福感、安全感，不断推进全体人民共同富裕。"②这彰显了中国共产党人坚决完成脱贫攻坚任务、确保2020年全面建成小康社会的决心和信心。

2018年3月20日，习近平在第十三届全国人民代表大会第一次会议上的讲话中指出："我们要以更大的力度、更实的措施保障和改善民生，加强和创新社会治理，坚决打赢脱贫攻坚战，促进社会公平正义，在幼有所育、学有所教、劳有所得、病有所医、老有所养、住有所居、弱有所扶上不断取得新进展，让实现全体人民共同富裕在广大人民现实生活中更加充分地展示出来。"③6月15日，中共中央、国务院印发《关于打赢脱贫攻坚战三年行动的指导意见》（以下简称《意见》）。《意见》围绕完善顶层设计、强化政策措施、加强统筹协调，对推动脱贫攻坚工作更加有效开展作出全面部署。《意见》指出，要充分发挥政治优势和制度优势，"坚持精准扶贫精准脱贫基本方略，坚持中央统筹、省负总责、市县抓落实的工作机制，坚持大扶贫工作格局，坚持脱贫攻坚目标和现行扶贫标准，聚焦深度贫困地区和特殊贫困群体"，"确保坚决打赢脱贫这场对如期全面建成小康社会、实现第一个百年奋斗目标具有决定性意义的攻坚战"。④

① 中共中央党史和文献研究院：《十九大以来重要文献选编》（上），中央文献出版社2019年版，第33—34页。
② 中共中央党史和文献研究院：《十九大以来重要文献选编》（上），中央文献出版社2019年版，第86页。
③ 中共中央党史和文献研究院：《十九大以来重要文献选编》（上），中央文献出版社2019年版，第391页。
④ 中共中央党史和文献研究院：《十九大以来重要文献选编》（上），中央文献出版社2019年版，第479页。

  2019年，脱贫攻坚进入决战决胜、全面收官的关键阶段，习近平在不同场合反复强调，脱贫攻坚是全面建成小康社会必须完成的硬任务，打赢脱贫攻坚战是一项光荣而艰巨的历史任务，夺取脱贫攻坚全面胜利还要继续付出艰苦努力。3月7日，他在参加十三届全国人大二次会议甘肃代表团审议时提出"尽锐出战、迎难而上，真抓实干、精准施策"①，吹响了打赢脱贫攻坚战的冲锋号。4月15日至17日，他在重庆考察并主持召开解决"两不愁三保障"突出问题座谈会。他在考察石柱土家族自治县脱贫攻坚工作情况时，同村民代表、基层干部、扶贫干部、乡村医生等围坐在一起，摆政策，聊变化，谋发展。他对乡亲们说，脱贫攻坚是我心里最牵挂的一件大事。"小康不小康，关键看老乡，关键看脱贫攻坚工作做得怎么样。全面小康路上一个也不能少。发展才是社会主义，发展必须致力于共同富裕。国家越发展，越要把贫困群众基本生活保障好。"②他在主持召开解决"两不愁三保障"突出问题座谈会时指出："现在，脱贫攻坚战进入决胜的关键阶段，打法要同初期的全面部署、中期的全面推进有所区别，最要紧的是防止松懈、防止滑坡。各地区各部门务必一鼓作气、顽强作战，不获全胜决不收兵。"③7月15日至16日，他在内蒙古考察并指导开展"不忘初心、牢记使命"主题教育时的讲话中进一步向全党提出："要切实保障和改善民生，着力解决教育、就业、社保、医疗、住房等各方面存在的突出问题、紧迫问题，坚决打赢三大攻坚战，把脱贫攻坚重心向深度贫困地区聚焦，重点攻克'三保障'面临的难题，确

---

① 谢环驰：《习近平李克强栗战书汪洋王沪宁赵乐际韩正分别参加全国人大会议一些代表团审议》，《人民日报》，2019年3月8日第1版。

② 鞠鹏、刘彬、谢环驰：《习近平在重庆考察并主持召开解决"两不愁三保障"突出问题座谈会时强调 统一思想一鼓作气顽强作战越战越勇 着力解决"两不愁三保障"突出问题》，《人民日报》，2019年4月18日第2版。

③ 习近平：《在解决"两不愁三保障"突出问题座谈会上的讲话》，《求是》，2019年第16期。

保如期全面建成小康社会。"①10月17日，习近平对脱贫攻坚工作作出重要指示，要求各地区各部门"务必咬定目标、一鼓作气，坚决攻克深度贫困堡垒，着力补齐贫困人口义务教育、基本医疗、住房和饮水安全短板，确保农村贫困人口全部脱贫，同全国人民一道迈入小康社会。要采取有效措施，巩固拓展脱贫攻坚成果，确保高质量打赢脱贫攻坚战。"②党的十九届四中全会提出"坚决打赢脱贫攻坚战，巩固脱贫攻坚成果，建立解决相对贫困的长效机制"③。

2020年3月6日，在抗击新冠肺炎疫情的关键时刻，习近平主持召开决战决胜脱贫攻坚座谈会，动员全党全国全社会力量，以更大决心、更强力度推进脱贫攻坚。他在讲话中强调："到2020年现行标准下的农村贫困人口全部脱贫，是党中央向全国人民作出的郑重承诺，必须如期实现，没有任何退路和弹性。"④"要克服新冠肺炎疫情影响，凝心聚力打赢脱贫攻坚战，确保如期完成脱贫攻坚目标任务，确保全面建成小康社会。"⑤11月23日，我国最后9个贫困县实现贫困退出，标志着这场举全党全国之力的脱贫攻坚战取得决定性胜利。打赢脱贫攻坚战，困扰中华民族几千年的绝对贫困问题得到历史性解决，是全面建成小康社会的标志性成果，为实现第二个百年奋斗目标打下了坚实的基础。

2021年1月1日，习近平在新年贺词中豪迈地说："2020年，全面建成小康社会取得伟大历史性成就，决战脱贫攻坚取得决定性胜

---

① 谢环驰：《习近平在内蒙古考察并指导开展"不忘初心、牢记使命"主题教育时强调　牢记初心使命贯彻以人民为中心发展思想　把祖国北部边疆风景线打造得更加亮丽》，《人民日报》，2019年7月17日第1版。

② 《习近平对脱贫攻坚工作作出重要指示强调咬定目标一鼓作气　确保高质量打赢脱贫攻坚战》，《人民日报》，2019年10月18日第1版。

③ 中共中央党史和文献研究院：《十九大以来重要文献选编》（中），中央文献出版社2021年版，第286页。

④ 中共中央党史和文献研究院：《十九大以来重要文献选编》（中），中央文献出版社2021年版，第464页。

⑤ 中共中央党史和文献研究院：《十九大以来重要文献选编》（中），中央文献出版社2021年版，第456页。

利。我们向深度贫困堡垒发起总攻，啃下了最难啃的'硬骨头'。历经8年，现行标准下近1亿农村贫困人口全部脱贫，832个贫困县全部摘帽。"①2月25日，习近平在全国脱贫攻坚总结表彰大会上的讲话中庄严宣告："我国脱贫攻坚战取得了全面胜利，现行标准下九千八百九十九万农村贫困人口全部脱贫，八百三十二个贫困县全部摘帽，十二万八千个贫困村全部出列，区域性整体贫困得到解决，完成了消除绝对贫困的艰巨任务，创造了又一个彪炳史册的人间奇迹！"②7月1日，习近平在庆祝中国共产党成立100周年大会上代表党和人民庄严宣告："经过全党全国各族人民持续奋斗，我们实现了第一个百年奋斗目标，在中华大地上全面建成了小康社会，历史性地解决了绝对贫困问题。"中国共产党如期兑现了对人民、对历史的承诺。中国政府提前十年实现了联合国确定的减贫目标，解决了西方国家几百年没能完全消除的绝对贫困问题，向世界展示了中国共产党的领导和中国特色社会主义制度的优越性。

　　脱贫攻坚战的全面胜利，标志着我们党在团结带领人民创造美好生活、实现共同富裕的道路上迈出了坚实的一大步。脱贫之后怎么办？习近平在2020年3月的决战决胜脱贫攻坚座谈会上就提出"接续推进全面脱贫与乡村振兴有效衔接"的明确要求。他指出："脱贫摘帽不是终点，而是新生活、新奋斗的起点。要针对主要矛盾的变化，理清工作思路，推动减贫战略和工作体系平稳转型，统筹纳入乡村振兴战略，建立长短结合、标本兼治的体制机制。""总的要有利于激发欠发达地区和农村低收入人口发展的内生动力，有利于实施精准帮扶，促进逐步实现共同富裕。"③他一再强调要"继续巩固和拓展脱贫

---

① 鞠鹏：《国家主席习近平发表二〇二一年新年贺词》，《人民日报》，2021年1月1日第1版。

② 习近平：《论把握新发展阶段、贯彻新发展理念、构建新发展格局》，中央文献出版社2021年版，第507页。

③ 中共中央党史和文献研究院：《十九大以来重要文献选编》（中），中央文献出版社2021年版，第463—464页。

攻坚成果，扎实推进共同富裕，不断提升民生福祉水平"①。2021年8月27日，习近平在中央民族工作会议上强调要"支持各民族发展经济、改善民生，实现共同发展、共同富裕"，"推动各民族共同走向社会主义现代化"。明确指出："民族地区要立足资源禀赋、发展条件、比较优势等实际，找准把握新发展阶段、贯彻新发展理念、融入新发展格局、实现高质量发展、促进共同富裕的切入点和发力点。"要求全党"加大对民族地区基础设施建设、产业结构调整支持力度，优化经济社会发展和生态文明建设整体布局，不断增强各族群众获得感、幸福感、安全感"；"支持民族地区实现巩固脱贫攻坚成果同乡村振兴有效衔接，促进农牧业高质高效、乡村宜居宜业、农牧民富裕富足"；"完善沿边开发开放政策体系，深入推进固边兴边富民行动"。②

实施乡村振兴战略，是党的十九大作出的重大决策部署，是决胜全面建成小康社会、全面建设社会主义现代化国家的重大历史任务。习近平在十九大报告中指出："农业农村农民问题是关系国计民生的根本性问题，必须始终把解决好'三农'问题作为全党工作重中之重。要坚持农业农村优先发展，按照产业兴旺、生态宜居、乡风文明、治理有效、生活富裕的总要求，建立健全城乡融合发展体制机制和政策体系，加快推进农业农村现代化。"③2018年1月2日，中共中央、国务院印发的《关于实施乡村振兴战略的意见》指出："实施乡村振兴战略，是解决人民日益增长的美好生活需要和不平衡不充分的发展之间矛盾的必然要求，是实现'两个一百年'奋斗目标的必然要求，是实现全体人民共同富裕的必然要求。"④按照党的十九大提出的决胜全面建成小康社会、分两个阶段实现第二个百年奋斗目标的战

---

① 习近平：《习近平书信选集》，中央文献出版社2022年版，第318页。

② 习近平：《习近平谈治国理政》第四卷，外文出版社2022年版，第244—247页。

③ 中共中央党史和文献研究院：《十九大以来重要文献选编》（上），中央文献出版社2019年版，第22—23页。

④ 中共中央党史和文献研究院：《十九大以来重要文献选编》（上），中央文献出版社2019年版，第158—159页。

略安排，实施乡村振兴战略的目标任务中提出，到2020年，乡村振兴取得重要进展，制度框架和政策体系基本形成。"现行标准下农村贫困人口实现脱贫，贫困县全部摘帽，解决区域性整体贫困；农村基础设施建设深入推进，农村人居环境明显改善，美丽宜居乡村建设扎实推进。""到2035年，乡村振兴取得决定性进展，农业农村现代化基本实现。农业结构得到根本性改善，农民就业质量显著提高，相对贫困进一步缓解，共同富裕迈出坚实步伐。"基本原则中提出："坚持农民主体地位。充分尊重农民意愿，切实发挥农民在乡村振兴中的主体作用，调动亿万农民的积极性、主动性、创造性，把维护农民群众根本利益、促进农民共同富裕作为出发点和落脚点，促进农民持续增收，不断提升农民的获得感、幸福感、安全感。"[1]这年的9月21日，中央政治局就实施乡村振兴战略进行第八次集体学习，习近平在主持学习时强调："实施乡村振兴战略，各级党委和党组织必须加强领导，汇聚起全党上下、社会各方的强大力量。要把好乡村振兴战略的政治方向，坚持农村土地集体所有制性质，发展新型集体经济，走共同富裕道路。"[2]

脱贫攻坚战取得全面胜利后，如何做好巩固拓展脱贫攻坚成果同乡村振兴有效衔接？2020年12月28日，习近平在中央农村工作会议上强调："脱贫攻坚取得胜利后，要全面推进乡村振兴，这是'三农'工作重心的历史性转移。要坚决守住脱贫攻坚成果，做好巩固拓展脱贫攻坚成果同乡村振兴有效衔接，工作不留空档，政策不留空白。"要求全党用大历史观来看待农业、农村、农民问题，"务必充分认识新发展阶段做好'三农'工作的重要性和紧迫性，坚持把'三农'问题作为全党工作重中之重，举全党全社会之力推动乡村振兴，促进农业高质高效、乡村宜居宜业、农民富裕富足"[3]两个多月后，习近平

① 中共中央党史和文献研究院：《十九大以来重要文献选编》（上），中央文献出版社2019年版，第159—160页。
② 郑立新：《中国特色社会主义理论创新与改革经验》，人民出版社2022年版，第64页。
③ 习近平：《习近平谈治国理政》第四卷，外文出版社2022年版，第193—195页。

在全国脱贫攻坚总结表彰大会上的讲话中对此作出了具体部署。他明确指出："解决发展不平衡不充分问题、缩小城乡区域发展差距、实现人的全面发展和全体人民共同富裕仍然任重道远。""要切实做好巩固拓展脱贫攻坚成果同乡村振兴有效衔接各项工作，让脱贫基础更加稳固、成效更可持续。对易返贫致贫人口要加强监测，做到早发现、早干预、早帮扶。对脱贫地区产业要长期培育和支持，促进内生可持续发展。对易地扶贫搬迁群众要搞好后续扶持，多渠道促进就业，强化社会管理，促进社会融入。对脱贫县要扶上马送一程，设立过渡期，保持主要帮扶政策总体稳定。要坚持和完善驻村第一书记和工作队、东西部协作、对口支援、社会帮扶等制度，并根据形势和任务变化进行完善。党中央决定，适时组织开展巩固脱贫成果后评估工作，压紧压实各级党委和政府巩固脱贫攻坚成果责任，坚决守住不发生规模性返贫的底线。"他强调："全面实施乡村振兴战略的深度、广度、难度都不亚于脱贫攻坚，要完善政策体系、工作体系、制度体系，以更有力的举措、汇聚更强大的力量，加快农业农村现代化步伐，促进农业高质高效、乡村宜居宜业、农民富裕富足。"他再次向全党全社会申明："在全面建设社会主义现代化国家新征程中，我们必须把促进全体人民共同富裕摆在更加重要的位置，脚踏实地、久久为功，向着这个目标更加积极有为地进行努力，促进人的全面发展和社会全面进步，让广大人民群众获得感、幸福感、安全感更加充实、更有保障、更可持续。"①

从2012年底向全党全社会发出了脱贫攻坚的动员令，到2020年取得脱贫攻坚战的全面胜利，8年的时间里，习近平先后7次主持召开中央扶贫工作座谈会，50多次调研扶贫工作，走遍14个集中连片特困地区，领导全党全国人民打赢了这场人类历史上规模空前、力度最大、惠及人口最多的脱贫攻坚战，启动实施乡村振兴战略，推动农业农村

① 习近平：《论把握新发展阶段、贯彻新发展理念、构建新发展格局》，中央文献出版社2021年版，第522—523页。

取得历史性成就、发生历史性变革。2021年4月，习近平在广西考察时再次强调："全面推进乡村振兴的深度、广度、难度都不亚于脱贫攻坚，决不能有任何喘口气、歇歇脚的想法，要在新起点上接续奋斗，推动全体人民共同富裕取得更为明显的实质性进展。"①

2022年1月1日，习近平在新年贺词中深情地说："民之所忧，我必念之；民之所盼，我必行之。我也是从农村出来的，对贫困有着切身感受。经过一代代接续努力，以前贫困的人们，现在也能吃饱肚子、穿暖衣裳，有学上、有房住、有医保。全面小康、摆脱贫困是我们党给人民的交代，也是对世界的贡献。让大家过上更好生活，我们不能满足于眼前的成绩，还有很长的路要走。"这段话让彻底摆脱贫困的中国百姓深受感动，备受鼓舞。从摆脱贫困到乡村振兴，从全面小康到共同富裕，党中央以咬定青山不放松的执着扎实巩固拓展脱贫攻坚成果，接续推进乡村振兴，带领全国人民朝着共同富裕的目标稳步前行。

在高质量发展中促进共同富裕

发展是解决我国一切问题的基础和关键。实现共同富裕要靠发展，没有发展，共同富裕就无从谈起。同时，发展又是一个不断变化的进程，不同发展阶段有不同的发展目标、不同的发展环境、不同的发展条件和不同的发展要求，因此，指导发展实践的发展理念也必然随着发展阶段的变化而不断变化。党的十八大以来，党中央适应我国社会主要矛盾变化，顺应时代和实践发展的新要求，科学判断经济形势，及时调整发展理念和发展思路，引导我国经济发展不断取得新成就。从2013年作出我国经济发展正处于增长速度换挡期、结构调整阵痛期、前期刺激政策消化期"三期叠加"阶段的判断，到2014年提出

---

① 谢环驰、鞠鹏：《习近平在广西考察时强调解放思想深化改革凝心聚力担当实干　建设新时代中国特色社会主义壮美广西》，《人民日报》，2021年4月28日第1版。

我国发展进入新常态，再到2015年提出创新、协调、绿色、开放、共享的新发展理念，党对我国经济发展规律和阶段性特征的认识不断深化。党的十九大基于我国社会主要矛盾已经转化为人民日益增长的美好生活需要和不平衡不充分的发展之间的矛盾以及新发展理念的要求，作出了"我国经济已由高速增长阶段转向高质量发展阶段"的重大判断，对贯彻新发展理念、建设现代化经济体系、推动高质量发展作出了战略部署。习近平在党的十九大报告中指出："我国经济已由高速增长阶段转向高质量发展阶段，正处在转变发展方式、优化经济结构、转换增长动力的攻关期，建设现代化经济体系是跨越关口的迫切要求和我国发展的战略目标。必须坚持质量第一、效益优先，以供给侧结构性改革为主线，推动经济发展质量变革、效率变革、动力变革，提高全要素生产率，着力加快建设实体经济、科技创新、现代金融、人力资源协同发展的产业体系，着力构建市场机制有效、微观主体有活力、宏观调控有度的经济体制，不断增强我国经济创新力和竞争力。"[1]

关于如何通过高质量发展促进共同富裕，习近平在十九大报告中作出了具体安排和部署。在新时代中国特色社会主义思想和基本方略中，他提出："必须坚持以人民为中心的发展思想，不断促进人的全面发展、全体人民共同富裕。"[2]"坚持在发展中保障和改善民生。增进民生福祉是发展的根本目的。必须多谋民生之利、多解民生之忧，在发展中补齐民生短板、促进社会公平正义，在幼有所育、学有所教、劳有所得、病有所医、老有所养、住有所居、弱有所扶上不断取得新进展，深入开展脱贫攻坚，保证全体人民在共建共享发展中有更多获得感，不断促进人的全面发展、全体人民共同富裕。"在对"两个一百年"奋斗目标分两个阶段的战略安排中，他提出，到2035年，

① 中共中央党史和文献研究院：《十九大以来重要文献选编》（上），中央文献出版社2019年版，第21页。
② 中共中央党史和文献研究院：《十九大以来重要文献选编》（上），中央文献出版社2019年版，第14页。

全体人民共同富裕迈出坚实步伐，到本世纪中叶全体人民共同富裕基本实现的奋斗目标。①

2017年11月30日，习近平在会见出席"2017从都国际论坛"的世界领袖联盟成员时的讲话中说："中国发展道路，就是中国特色社会主义道路。""经过几十年的发展，中国特色社会主义进入了新时代。中国社会主要矛盾已经转化为人民日益增长的美好生活需要和不平衡不充分的发展之间的矛盾。以前我们要解决'有没有'的问题，现在则要解决'好不好'的问题。我们要着力提升发展质量和效益，更好满足人民多方面日益增长的需要，更好促进人的全面发展、全体人民共同富裕。"他自信地说："我们的目标很宏伟，但也很朴素，归根结底就是让全体中国人都过上更好的日子。我们有充分的信心实现我们的目标。"②

要实现让全体中国人都过上更好的日子的宏伟目标，必须实现高质量发展。更好促进人的全面发展、全体人民共同富裕，必须提升发展质量和效益。2017年12月18日，习近平在中央工作会议上的讲话中，深刻阐述了什么是高质量发展、如何实现高质量发展的问题，指出："高质量发展，就是能够很好满足人民日益增长的美好生活需要的发展，是体现新发展理念的发展，是创新成为第一动力、协调成为内生特点、绿色成为普遍形态、开放成为必由之路、共享成为根本目的的发展。""更明确地说，高质量发展，就是从'有没有'转向'好不好'。"③2018年4月23日，他在十九届中央政治局第五次集体学习时的讲话中说："谋划发展，要着眼于满足人民日益增长的美好生活需要，贯彻新发展理念，着力解决发展不平衡不充分的问题，提高发展质量，不断提高人民生活品质、生活品位。"④

---

① 中共中央党史和文献研究院：《十九大以来重要文献选编》（上），中央文献出版社2019年版，第16—17页。
② 习近平：《习近平谈治国理政》第三卷，外文出版社2020年版，第133—134页。
③ 中共中央党史和文献研究院：《十九大以来重要文献选编》（上），中央文献出版社2019年版，第139—140页。
④ 习近平：《论党的宣传思想工作》，中央文献出版社2020年版，第313页。

推动高质量发展，就要建设现代化经济体系，这是我国发展的战略目标。实现这一战略目标，必须牢牢把握高质量发展的要求，坚持质量第一、效益优先；牢牢把握工作主线，坚定推进供给侧结构性改革；牢牢把握基本路径，推动质量变革、效率变革、动力变革；牢牢把握着力点，加快建设实体经济、科技创新、现代金融、人力资源协同发展的产业体系；牢牢把握制度保障，构建市场机制有效、微观主体有活力、宏观调控有度的经济体制。2018年12月19日，习近平在中央经济工作会议上强调，实施供给侧结构性改革，是改善供给结构、提高经济发展质量和效益的治本之策，提出了"巩固、增强、提升、畅通"的八字新要求。他指出："我国经济正在发生深刻变化，深化供给侧结构性改革要更多采取改革的办法，更多运用市场化、法治化手段，在巩固、增强、提升、畅通上下功夫。""这八字方针，是当前和今后一个时期深化供给侧结构性改革、推动经济高质量发展管总的要求"，要求全党"务必认真贯彻落实"。[1]2020年4月10日，习近平在中央财经委员会第七次会议上的讲话中强调："要牢牢把握扩大内需这一战略基点，使生产、分配、流通、消费各环节更多依托国内市场实现良性循环，明确供给侧结构性改革的战略方向，促进总供给和总需求在更高水平上实现动态平衡，构建以国内大循环为主体、国内国际双循环相互促进的新发展格局。"[2]5月23日，他在参加全国政协十三届三次会议经济界委员联组会时的讲话中指出："公有制为主体、多种所有制经济共同发展，按劳分配为主体、多种分配方式并存，社会主义市场经济体制等社会主义基本经济制度，既有利于激发各类市场主体活力、解放和发展社会生产力，又有利于促进效率和公平有机统一、不断实现共同富裕。"他提出："面向未来，我们要把满足国内需求作为发展的出发点和落脚点，加快构建完整的内需体

---

[1] 习近平：《论把握新发展阶段、贯彻新发展理念、构建新发展格局》，中央文献出版社2021年版，第299—230页。

[2] 中共中央党史和文献研究院：《十九大以来重要文献选编》（中），中央文献出版社2021年版，第496页。

系，大力推进科技创新及其他各方面创新，加快推进数字经济、智能制造、生命健康、新材料等战略性新兴产业，形成更多新的增长点、增长极，着力打通生产、分配、流通、消费各个环节，逐步形成以国内大循环为主体、国内国际双循环相互促进的新发展格局，培育新形势下我国参与国际合作和竞争新优势。"[1]

2020年是"十三五"规划的收官之年。年初，正当全国人民喜迎新春佳节，怀着对美好生活的憧憬步入新的一年时，一场突如其来的新冠肺炎疫情在全国蔓延。面对这场新中国成立以来传播速度最快、感染范围最广、防控难度最大的疫情，党中央坚持把人民生命安全和身体健康放在第一位，将疫情防控作为头等大事来抓紧，及时提出坚定信心、同舟共济、科学防治、精准施策的总要求，打响了一场疫情防控的人民战争、总体战、阻击战。面对疫情，人们不禁要问：全面建成小康社会的目标能否如期实现？脱贫攻坚的目标任务能否按时完成？"十三五"规划能否圆满收官？全年经济社会发展目标能否完成？2月23日，习近平在统筹推进新冠肺炎疫情防控和经济社会发展工作部署会议上的重要讲话中一一解答了人们心中的疑虑。他在讲话中分析新冠肺炎疫情防控形势，对下一步疫情防控和经济社会发展工作作出了具体部署，指出："新冠肺炎疫情不可避免会对经济社会造成较大冲击。越是在这个时候，越要用全面、辩证、长远的眼光看待我国发展，越要增强信心、坚定信心。""只要我们变压力为动力、善于化危为机，有序恢复生产生活秩序，强化'六稳'举措，加大政策调节力度，把我国发展的巨大潜力和强大动能充分释放出来，就能够实现今年经济社会发展目标任务。"[2]"我相信，有党中央的坚强领导，有中国特色社会主义制度的显著优势，有强大的动员能力和雄厚的综合实力，有全党全军全国各族人民的团结奋斗，我们一定能够战

---

① 习近平：《论把握新发展阶段、贯彻新发展理念、构建新发展格局》，中央文献出版社2021年版，第352—353页。

② 中共中央党史和文献研究院：《十九大以来重要文献选编》（中），中央文献出版社2021年版，第438页。

胜这场疫情，也一定能够保持我国经济社会良好发展势头，实现决胜全面建成小康社会、决战脱贫攻坚的目标任务。"①在党中央的坚强领导、科学决策和周密部署下，我国夺取了全国抗疫斗争重大战略成果。在这一过程中，我国统筹推进新冠肺炎疫情防控和经济社会发展工作，抓紧恢复生产生活秩序，成为2020年世界主要经济体中唯一实现正增长的国家。

"十三五"时期，我国经济实力大幅跃升，经济运行总体平稳，经济结构持续优化。2020年，国内生产总值达101.6万亿元，占世界经济比重预计达到17%左右。2015年至2020年粮食年产量连续6年稳定在6.5亿吨以上，人均粮食占有量达470公斤以上，远高于国际公认的400公斤粮食安全线。制造业增加值多年位居世界首位，220多种工业产品产量居世界第一。2013年至2019年我国对世界经济增长的年均贡献率接近30%，成为世界经济增长的火车头。高技术产业、农业、社会领域等重点领域投资持续较快增长。数字经济、平台经济蓬勃兴起，第三产业成为经济增长"新引擎"。基础设施日益完善，高速铁路、高速公路、发电装机容量、互联网基础设施规模均世界第一。我国还是世界第一货物贸易大国、第一外汇储备大国。我国生态环境明显改善，美丽中国建设迈出坚实步伐。能源消费结构明显改善，2020年煤炭消费占能源消费总量比重下降到56.8%，清洁能源占比提升至24.3%，单位国内生产总值能耗继续下降。蓝天、碧水、净土保卫战深入推进，污染防治取得明显进展。全国地级及以上城市空气质量优良天数比率达到87%，比2015年上升5.8个百分点，未达标地级及以上城市细颗粒物（PM2.5）平均浓度比2015年下降28.8%，地表水优良水质断面比例提高到83.4%，劣V类水体比例下降到0.6%，二氧化硫、氮氧化物、化学需氧量、氨氮排放量和单位GDP二氧化碳排放指标均提前完成"十三五"规划目标。生态文明建设力度之大、成效之显著前所

---

① 中共中央党史和文献研究院：《十九大以来重要文献选编》（中），中央文献出版社2021年版，第445页。

未有，人民群众满意度明显提升。我国人民生活水平显著提高。2020年，全国居民人均可支配收入突破3万元，形成世界最大规模中等收入群体，成为全球最大和最有潜力的消费市场；居民生活质量显著提升，消费较快增长，吃穿用有余，家电全面普及，汽车快速进入寻常百姓家。2020年，全国居民恩格尔系数为30.2%，比2000年下降12个百分点。居民平均预期寿命从1949年的35岁提高到2019年的77.3岁。建成世界上规模最大的社会保障体系。截至2020年12月底，全国基本养老、失业、工伤保险参保人数分别达到9.99亿人、2.17亿人、2.68亿人，基本医疗保险覆盖超过13亿人，社会保障卡持卡人数超过13亿人，覆盖94.6%的人口。居民居住条件显著改善。2020年城镇居民和农村居民人均住房建筑面积分别达39.9平方米和49.6平方米。我国文化事业和文化产业繁荣发展。公共文化服务设施加快普及。到2019年末，全国公共图书馆、博物馆数量分别达3196个、5132个，分别比2015年增加57个、1280个；全国电视节目综合人口覆盖率达99.4%，比2015年提高0.6个百分点。文化产业快速发展。2018年，文化及相关产业增加值为41171亿元，比2015年名义增长51.2%；占国内生产总值比重为4.48%，比2015年提高0.53个百分点。体育事业持续进步。2019年有近4亿人经常参加体育锻炼，2016—2019年我国运动员共获得459个世界冠军。文化软实力日益凸显。社会主义核心价值观深入人心，文化事业和文化产业繁荣发展，中华文化影响力持续扩大。[①]正如习近平所说："到'十三五'规划收官之时，我国经济实力、科技实力、综合国力和人民生活水平跃上了新的大台阶，成为世界第二大经济体、第一大工业国、第一大货物贸易国、第一大外汇储备国，国内生产总值超过一百万亿元，人均国内生产总值超过一万美元，城镇化率超过百分之六十，中等收入群体超过四亿人。特别是全面建成小康社会取得伟大历史成果，解决困扰中华民族几千年的绝对贫困问

---

① 《中国共产党简史》编写组：《中国共产党简史》，人民出版社、中共党史出版社2021年版，第516—520页。

题取得历史性成就。这在我国社会主义现代化建设进程中具有里程碑意义，为我国进入新发展阶段、朝着第二个百年奋斗目标进军奠定了坚实基础。"①

正确认识党和人民事业所处的历史方位和发展阶段，是我们党明确阶段性中心任务、制定路线方针政策的根本依据，也是我们党领导革命、建设、改革不断取得胜利和成功的重要经验。随着"十三五"规划目标任务的完成，全面建成小康社会胜利在望，中华民族伟大复兴向前迈出了新的一大步，标志着我国进入了一个新发展阶段。2020年10月29日，党的十九届五中全会通过的《中共中央关于制定国民经济和社会发展第十四个五年规划和二〇三五年远景目标的建议》，首次将"全体人民共同富裕取得更为明显的实质性进展""扎实推动共同富裕"写进党的全会文件中，为我国未来5年乃至15年的发展擘画了蓝图。在"到2035年基本实现社会主义现代化远景目标"中提出"人民生活更加美好，人的全面发展、全体人民共同富裕取得更为明显的实质性过展"②；在"改善人民生活品质，提高社会建设水平"中，突出强调了"完善共建共治共享的社会治理制度，扎实推动共同富裕，不断增强人民群众获得感、幸福感、安全感，促进人的全面发展和社会全面进步。"③对此，习近平在全会上所作的关于《中共中央关于制定国民经济和社会发展第十四个五年规划和2035年远景目标的建议》（以下简称《建议》）的说明中指出，这样表述"在党的全会文件中还是第一次，既指明了前进方向和奋斗目标，也是实事求是、符合发展规律的，兼顾了需要和可能，有利于在工作中积极稳妥把握，在促进全体人民共同富裕的道路上不断向前迈进"。他强调："共同富裕

---

① 习近平：《论把握新发展阶段、贯彻新发展理念、构建新发展格局》，中央文献出版社2021年版，第472—473页。

② 中共中央党史和文献研究院：《十九大以来重要文献选编》（中），中央文献出版社2021年版，第790页。

③ 中共中央党史和文献研究院：《十九大以来重要文献选编》（中），中央文献出版社2021年版，第808—809页。

是社会主义的本质要求，是人民群众的共同期盼。我们推动经济社会发展，归根结底是要实现全体人民共同富裕。"①

进入新发展阶段，是中华民族伟大复兴历史进程的大跨越，在我国发展进程中具有里程碑意义。《建议》在"十四五"时期经济社会发展指导思想中，突出"以推动高质量发展为主题"，以深化供给侧结构性改革为主线，以改革创新为根本动力，以满足人民日益增长的美好生活需要为根本目的。《建议》强调"把新发展理念贯穿发展全过程和各领域，构建新发展格局，切实转变发展方式，推动质量变革、效率变革、动力变革，实现更高质量、更有效率、更加公平、更可持续、更为安全发展"②。习近平在全会上对《建议》所作说明的几个重点问题中，第一个问题就是"关于以推动高质量发展为主题"。他指出："新时代新阶段的发展必须贯彻新发展理念，必须是高质量发展。当前，我国社会主要矛盾已经转化为人民日益增长的美好生活需要和不平衡不充分的发展之间的矛盾，发展中的矛盾和问题集中体现在发展质量上。这就要求我们必须把发展质量问题摆在更为突出的位置，着力提升发展质量和效益。""使发展成果更好惠及全体人民，不断实现人民对美好生活的向往。"③10月29日，他在党的十九届五中全会第二次全体会议上的讲话中进一步提出，新发展阶段贯彻新发展理念必然要求构建新发展格局，并就全面把握新发展阶段、着力构建新发展格局提出明确要求。他指出："新发展阶段就是全面建设社会主义现代化国家、向第二个百年奋斗目标进军的阶段。"④"构建以国内大循环为主体、国内国际双循环相互促进的新发展格局，是根

---

① 中共中央党史和文献研究院：《十九大以来重要文献选编》（中），中央文献出版社2021年版，第784页。

② 中共中央党史和文献研究院：《十九大以来重要文献选编》（中），中央文献出版社2021年版，第790—791页。

③ 《十九大以来重要文献选编》（中），中央文献出版社2021年版，第781—782页。

④ 中共中央党史和文献研究院：《十九大以来重要文献选编》（中），中央文献出版社2021年版，第822页。

据我国发展阶段、环境、条件变化，特别是基于我国比较优势变化，审时度势作出的重大决策"，"是事关全局的系统性、深层次变革，是立足当前、着眼长远的战略谋划。"强调"要从全局和战略的高度准确把握加快构建新发展格局的战略构想"①，特别强调要着力提高人民生活品质。明确指出："适应人民群众需求变化，努力办好各项民生事业，让老百姓的日子越过越好，是社会主义生产的根本目的。"强调"优化分配结构，发展壮大中等收入群体，有利于增强高质量发展的内生动力，是畅通国民经济循环的一个关键环节。"明确提出"要坚持按劳分配为主体，多种分配方式并存，提高劳动报酬在初次分配中的比重，健全工资合理增长机制，探索通过土地、资本等要素使用权、收益权增加中低收入群体要素收入，切实保障劳动者待遇和权益，不断壮大中等收入群体"。明确提出"要坚持问题导向，多谋民生之利、多解民生之忧，坚持尽力而为、量力而行，加快补齐短板弱项，扎实推动共同富裕，不断增强人民群众获得感、幸福感、安全感。"②2021年1月11日，他在省部级主要领导干部学习贯彻党的十九届五中全会精神专题研讨班开班式上的讲话中，进一步阐述了如何准确把握新发展阶段、深入贯彻新发展理念、加快构建新发展格局的一系列重大问题，明确了"十四五"时期经济社会发展的战略导向。习近平指出："新发展阶段是我国社会主义发展进程中的一个重要阶段。""全面建设社会主义现代化国家、基本实现社会主义 现代化，既是社会主义初级阶段我国发展的要求，也是我国社会主义从初级阶段向更高阶段迈进的要求。"他指出："社会主义初级阶段不是一个静态、一成不变、停滞不前的阶段，也不是一个自发、被动、不用费多大气力自然而然就可以跨过的阶段，而是一个动态、积极有为、始终流溢着蓬勃生机活力的过程，是一个阶梯式递进、不断发展进步、

---

① 中共中央党史和文献研究院：《十九大以来重要文献选编》（中），中央文献出版社2021年版，第825—826页。

② 中共中央党史和文献研究院：《十九大以来重要文献选编》（中），中央文献出版社2021年版，第830页。

日益接近质的飞跃的量的积累和发展变化的过程。"[①]1月28日，他在主持十九届中共中央政治局第二十七次集体学习时强调："进入新发展阶段，完整、准确、全面贯彻新发展理念，必须更加注重共同富裕问题。"[②]3月7日，习近平在参加十三届全国人大四次会议青海代表团审议时的讲话中指出："高质量发展是'十四五'乃至更长时期我国经济社会发展的主题，关系我国社会主义现代化建设全局。高质量发展不只是一个经济要求，而是对经济社会发展方方面面的总要求；不是只对经济发达地区的要求，而是所有地区发展都必须贯彻的要求；不是一时一事的要求，而是必须长期坚持的要求。各地区要结合实际情况，因地制宜、扬长补短，走出适合本地区实际的高质量发展之路。"他强调："要始终把最广大人民根本利益放在心上，坚定不移增进民生福祉，把高质量发展同满足人民美好生活需要紧密结合起来，推动坚持生态优先、推动高质量发展、创造高品质生活有机结合、相得益彰。"[③]

2021年7月1日，习近平在庆祝中国共产党成立100周年大会上庄严宣告，中国共产党和中国人民经过持续奋斗，实现了第一个百年奋斗目标，在中华大地上全面建成了小康社会，历史性地解决了绝对贫困问题。在向第二个百年奋斗目标迈进、全面建成社会主义现代化强国的新征程上，中国共产党将继续"团结带领中国人民不断为美好生活而奋斗"，"践行以人民为中心的发展思想，发展全过程人民民主，维护社会公平正义，着力解决发展不平衡不充分问题和人民群众急难愁盼问题，推动人的全面发展、全体人民共同富裕取得更为明显的实质性进展。"[④]他强调要"立足新发展阶段，完整、准确、全面贯彻新

① 习近平：《习近平谈治国理政》第四卷，外文出版社2022年版，第165页。
② 习近平：《论把握新发展阶段、贯彻新发展理念、构建新发展格局》，中央文献出版社2021年版，第502—503页。
③ 习近平：《论把握新发展阶段、贯彻新发展理念、构建新发展格局》，中央文献出版社2021年版，第533页。
④ 习近平：《在庆祝中国共产党成立100周年大会上的讲话》，人民出版社2021年版，第11—12页。

发展理念，构建新发展格局，推动高质量发展”，"坚持在发展中保障和改善民生，坚持人与自然和谐共生，协同推进人民富裕、国家强盛、中国美丽。"①

随着我国开启全面建设社会主义现代化国家新征程，必须把促进全体人民共同富裕摆在更加重要的位置，向着这个目标更加积极有为地进行努力，让人民群众真真切切感受到共同富裕看得见、摸得着、真实可感。2021年8月17日，习近平主持召开中央财经委员会第十次会议，对扎实推动共同富裕作出系统部署和具体安排，作出我国"已经到了扎实推动共同富裕的历史阶段"的重大判断，赋予共同富裕更加丰富的时代内涵，对新时代中国共产党人要带领人民实现什么样的共同富裕、怎样实现全体人民共同富裕作出了全新的阐释。10月16日，这篇讲话以《扎实推动共同富裕》为题在《求是》第20期发表，成为新时代指导党和国家推动共同富裕的纲领性文件。习近平在讲话中明确指出："共同富裕是社会主义的本质要求，是中国式现代化的重要特征。我们说的共同富裕是全体人民共同富裕，是人民群众物质生活和精神生活都富裕，不是少数人的富裕，也不是整齐划一的平均主义。"他清晰地描绘出了从2021年到本纪中叶分三个阶段扎实推动共同富裕的宏伟蓝图："到'十四五'末，全体人民共同富裕迈出坚实步伐，居民收入和实际消费水平差距逐步缩小。到2035年，全体人民共同富裕取得更为明显的实质性进展，基本公共服务实现均等化。到本世纪中叶，全体人民共同富裕基本实现，居民收入和实际消费水平差距缩小到合理区间。"他明确提出："要坚持在发展中保障和改善民生，把推动高质量发展放在首位，为人民提高受教育程度、增强发展能力创造更加普惠公平的条件，提升全社会人力资本和专业技能，提高就业创业能力，增强致富本领。""坚持以人民为中心的发展思想，在高质量发展中促进共同富裕，正确处理效率和公平的关系，构

① 习近平：《在庆祝中国共产党成立100周年大会上的讲话》，人民出版社2021年版，第14页。

建初次分配、再分配、三次分配协调配套的基础性制度安排，加大税收、社保、转移支付等调节力度并提高精准性，扩大中等收入群体比重，增加低收入群体收入，合理调节高收入，取缔非法收入，形成中间大、两头小的橄榄型分配结构，促进社会公平正义，促进人的全面发展，使全体人民朝着共同富裕目标扎实迈进。"①2022年8月16至17日，习近平在辽宁考察时进一步强调指出，中国式现代化是全体人民共同富裕的现代化，不能只是少数人富裕，而是要全体人民共同富裕；中国式现代化是物质文明和精神文明相协调的现代化，要弘扬中华优秀传统文化，用好红色文化，发展社会主义先进文化，丰富人民精神文化生活。②

实现共同富裕不仅是经济问题，而且是关系党的执政基础的重大政治问题

2021年1月11日，习近平在省部级主要领导干部学习贯彻党的十九届五中全会精神专题研讨班上的讲话中，首次从党的根本宗旨的高度阐述新发展理念，明确提出："实现共同富裕不仅是经济问题，而且是关系党的执政基础的重大政治问题。"他深刻指出："人民是我们党执政的最深厚基础和最大底气。为人民谋幸福、为民族谋复兴，这既是我们党领导现代化建设的出发点和落脚点，也是新发展理念的'根'和'魂'。只有坚持以人民为中心的发展思想，坚持发展为了人民、发展依靠人民、发展成果由人民共享，才会有正确的发展观、现代化观。"③

适应我国社会主要矛盾的变化，更好满足人民日益增长的美好生

① 习近平：《扎实推动共同富裕》，《求是》，2021年第20期。
② 燕雁、鞠鹏、李刚：《习近平在辽宁考察时强调　在新时代东北振兴上展现更大担当和作为　奋力开创辽宁振兴发展新局面》，《人民日报》，2022年8月10日第1版。
③ 习近平：《论把握新发展阶段、贯彻新发展理念、构建新发展格局》，中央文献出版社2021年版，第479页。

活需要，必须把促进全体人民共同富裕作为为人民谋幸福的着力点，不断夯实党长期执政基础。党的十九大报告中明确指出："我国社会主要矛盾已经转化为人民日益增长的美好生活需要和不平衡不充分的发展之间的矛盾。""我们要在继续推动发展的基础上，着力解决好发展不平衡不充分问题，大力提升发展质量和效益，更好满足人民在经济、政治、文化、社会、生态等方面日益增长的需要，更好推动人的全面发展、社会全面进步。"①"必须始终把人民利益摆在至高无上的地位，让改革发展成果更多更公平惠及全体人民，朝着实现全体人民共同富裕不断迈进。"②随着经济社会的快速发展，人民生活显著改善，对美好生活的向往更加强烈，人民群众的需要日益广泛，不仅对物质文化生活提出了更高要求，而且在民主、法治、公平、正义、安全、环境等方面的要求日益增长，呈现出多样化多层次多方面的特点。习近平一再强调："让人民群众过上更加幸福的好日子是我们党始终不渝的奋斗目标，实现共同富裕是中国共产党领导和我国社会主义制度的本质要求。"③要求全党"要坚持一切为了人民、一切依靠人民，保持同人民的血肉联系，紧紧依靠人民开拓事业新局面，促进全体人民共同富裕。"④2018年1月30日，习近平在主持中共十九届中央政治局第三次集体学习时的讲话中强调："要建设体现效率、促进公平的收入分配体系，实现收入分配合理、社会公平正义、全体人民共同富裕，推进基本公共服务均等化，逐步缩小收入分配差距。"⑤5月4日，习近平在纪念马克思诞辰200周年大会上的讲话中，要求全党要

---

① 中共中央党史和文献研究院：《十九大以来重要文献选编》（上），中央文献出版社2019年版，第8—9页。

② 中共中央党史和文献研究院：《十九大以来重要文献选编》（上），中央文献出版社2019年版，第32页。

③ 习近平：《在全国劳动模范和先进工作者表彰大会上的讲话》，《人民日报》，2020年11月25日第2版。

④ 中共中央党史和文献研究院：《十九大以来重要文献选编》（中），中央文献出版社2021年版，第676页。

⑤ 习近平：《习近平谈治国理政》第三卷，外文出版社2020年版，第241页。

"抓住人民最关心最直接最现实的利益问题，不断保障和改善民生，促进社会公平正义，在更高水平上实现幼有所育、学有所教、劳有所得、病有所医、老有所养、住有所居、弱有所扶，让发展成果更多更公平惠及全体人民，不断促进人的全面发展，朝着实现全体人民共同富裕不断迈进。"①12月18日，他在庆祝改革开放40周年大会上的讲话中深刻指出："为中国人民谋幸福，为中华民族谋复兴，是中国共产党人的初心和使命，也是改革开放的初心和使命。我们党来自人民、扎根人民、造福人民，全心全意为人民服务是党的根本宗旨，必须以最广大人民根本利益为我们一切工作的根本出发点和落脚点，坚持把人民拥护不拥护、赞成不赞成、高兴不高兴作为制定政策的依据，顺应民心、尊重民意、关注民情、致力民生，既通过提出并贯彻正确的理论和路线方针政策带领人民前进，又从人民实践创造和发展要求中获得前进动力，让人民共享改革开放成果，激励人民更加自觉地投身改革开放和社会主义现代化建设事业。"他强调："要着力解决人民群众所需所急所盼，让人民共享经济、政治、文化、社会、生态等各方面发展成果，有更多、更直接、更实在的获得感、幸福感、安全感，不断促进人的全面发展、全体人民共同富裕。"②他还多次以世界上第一个社会主义国家苏联的解体为例，说明"一切脱离人民、偏离人民、背离人民的政治力量，终究会走到人民的对立面，失去人民的支持"③；说明一个执政党即使历史上取得过辉煌成就，一旦"脱离了人民，成为一个只维护自身利益的特权官僚集团"，必然导致失败；强调"即使是实现了现代化的国家，如果执政党背离人民，也会损害

<hr />

① 中共中央党史和文献研究院：《十九大以来重要文献选编》（上），中央文献出版社2019年版，第431页。

② 中共中央党史和文献研究院：《十九大以来重要文献选编》（上），中央文献出版社2019年版，第730—731页。

③ 中共中央党史和文献研究院：《十九大以来重要文献选编》（中），中央文献出版社2021年版，第831页。

现代化成果。"①他一再告诫全党"要始终与人民同呼吸、共命运、心连心，始终保持党同人民的血肉联系。要坚持贯彻以人民为中心的发展思想，坚持人民主体地位，做到发展为了人民、发展依靠人民、发展成果由人民共享。"②2020年10月10日，他在中央党校（国家行政学院）中青年干部培训班开班式上的讲话中，要求党的各级干部特别是年轻干部"要提高群众工作能力。要坚持从群众中来、到群众中去，真正成为群众的贴心人。要心中有群众，时刻把群众安危冷暖放在心上，认真落实党中央各项惠民政策，把小事当作大事来办，切实解决群众'急难愁盼'的问题。要落实党中央关于逐步实现全体人民共同富裕的要求，带领群众艰苦奋斗、勤劳致富，在收入、就业、教育、社保、医保、医药卫生、住房等方面不断取得实实在在的成果。要注意宣传群众、教育群众，用群众喜闻乐见、易于接受的方法开展工作，提高群众思想觉悟，让他们心热起来、行动起来。要自觉运用法治思维和法治方式深化改革、推动发展、化解矛盾，维护社会公平正义。"③2021年2月20日，他在党史学习教育动员大会上的讲话中进一步提出："要教育引导全党深刻认识党的性质宗旨，坚持一切为了人民、一切依靠人民，始终把人民放在心中最高位置、把人民对美好生活的向往作为奋斗目标，推动改革发展成果更多更公平惠及全体人民，推动共同富裕取得更为明显的实质性进展，把14亿中国人民凝聚成推动中华民族伟大复兴的磅礴力量。"④7月21至23日，他在西藏考察时再次强调"要在为民服务上力行"，要"教育引导广大党员、干部

---

① 习近平：《论把握新发展阶段、贯彻新发展理念、构建新发展格局》，中央文献出版社2021年版，第479—480页。
② 中共中央党史和文献研究院：《十九大以来重要文献选编》（中），中央文献出版社2021年版，第831页。
③ 张洋、鞠鹏：《习近平在中央党校（国家行政学院）中青年干部培训班开班式上发表重要讲话强调年轻干部要提高解决实际问题能力　想干事能干事干成事》，《人民日报》，2020年10月11日第1版。
④ 习近平：《习近平谈治国理政》第四卷，外文出版社2022年版，第512页。

始终把人民放在心中最高位置，当好人民群众的知心人、贴心人、领路人，用心用情用力解决好群众急难愁盼问题，努力推动全体人民共同富裕取得更加明显的实质性进展"。①

民心是最大的政治。随着我国社会生产力水平显著提高，社会生产能力在很多方面进入世界前列，发展不平衡不充分的问题更加突出，成为满足人民日益增长的美好生活需要的主要制约因素。对此，习近平高度重视，一再要求全党要清醒认识、居安思危，有效应对；要始终坚持以人民为中心的发展思想，坚定不移走共同富裕的道路。2020年5月22日，习近平在参加十三届全国人大三次会议内蒙古代表团审议时的讲话中指出："我们推动经济社会发展，归根到底是为了不断满足人民群众对美好生活的需要。要始终把人民安居乐业、安危冷暖放在心上，用心用情用力解决群众关心的就业、教育、社保、医疗、住房、养老、食品安全、社会治安等实际问题，一件一件抓落实，一年接着一年干，努力让群众看到变化、得到实惠。"②9月17日，他在基层代表座谈会上的讲话中指出"谋划'十四五'时期发展，要坚持发展为了人民、发展成果由人民共享，努力在推动高质量发展过程中办好各项民生事业、补齐民生领域短板。要更加聚焦人民群众普遍关心关注的民生问题，采取更有针对性的措施，一件一件抓落实，一年接着一年干，让人民群众获得感、幸福感、安全感更加充实、更有保障、更可持续。"③10月29日，他在党的十九届五中全会第二次全体会议上的讲话中进一步强调："共同富裕是中国特色社会主义的本质要求，我国现代化坚持以人民为中心的发展思想，自觉主动解决地区差距、城乡差距、收入分配差距，促进社会公平正义，逐步实现全体人民共同富裕，坚决防止两极分化。"④11月24日，他在全

---

① 习近平：《习近平谈治国理政》第四卷，外文出版社2022年版，第521页。
② 习近平：《论坚持人民当家作主》，中央文献出版社2021年版，第307页。
③ 习近平：《论坚持人民当家作主》，中央文献出版社2021年版，第313—314页。
④ 中共中央党史和文献研究院：《十九大以来重要文献选编》（中），中央文献出版社2021年版，第825页。

国劳动模范和先进工作者表彰大会上的讲话中强调，要坚持以人民为中心的发展思想，维护好工人阶级和广大劳动群众合法权益，不断提升工人阶级和广大劳动群众的获得感、幸福感、安全感。要把稳就业工作摆在更加突出的位置，不断提高劳动者收入水平，构建多层次社会保障体系，改善劳动安全卫生条件，使广大劳动者共建共享改革发展成果，以更有效的举措不断推进共同富裕。①他在不同场合多次强调要"促进社会公平正义，让发展成果更多更公平惠及全体人民，不断增强人民群众获得感、幸福感、安全感，让人民群众真真切切感受到共同富裕不仅仅是一个口号，而是看得见、摸得着、真实可感的事实"②。要紧盯党中央惠民富民、促进共同富裕政策落实，持续纠治教育医疗、养老社保、扶贫环保等领域腐败和不正之风，解决好群众的"急难愁盼"问题，让人民群众感受到公平正义。③2020年1月28日，他在主持中共十九届中央政治局第二十七次集体学习时，再次强调要"落实以人民为中心的发展思想"，指出："提出新发展理念时，我就强调，共享是中国特色社会主义的本质要求，必须坚持发展为了人民、发展依靠人民、发展成果由人民共享，作出更有效的制度安排，使全体人民在共建共享发展中有更多获得感，增强发展动力，增进人民团结，朝着共同富裕方向稳步前进。"他要求全党"要自觉主动解决地区差距、城乡差距、收入差距等问题，坚持在发展中保障和改善民生，统筹做好就业、收入分配、教育、社保、医疗、住房、养老、扶幼等各方面工作，更加注重向农村、基层、欠发达地区倾斜，向困难群众倾斜，促进社会公平正义，让发展成果更多更公平惠及全体人

---

① 丁林、李学仁：《全国劳动模范和先进工作者表彰大会隆重举行》，《人民日报》，2020年11月25日第2版。

② 习近平：《论把握新发展阶段、贯彻新发展理念、构建新发展格局》，中央文献出版社2021年版，第480页。

③ 张洋、李学仁：《习近平在十九届中央纪委五次全会上发表重要讲话强调充分发挥全面从严治党引领保障作用 确保"十四五"时期目标任务落到实处》，《人民日报》，2021年1月23日第1版。

民"①。一个月后，他在主持中共十九届中央政治局第二十八次集体学习时，进一步强调要"坚持人民至上，坚持共同富裕，把增进民生福祉、促进社会公平作为发展社会保障事业的根本出发点和落脚点，使改革发展成果更多更公平惠及全体人民"。②他一再向全党强调："我们决不能允许贫富差距越来越大、穷者愈穷富者愈富，决不能在富的人和穷的人之间出现一道不可逾越的鸿沟。"③他说："只要我们始终坚持以人民为中心的发展思想，一件事情接着一件事情办，一年接着一年干，就一定能够不断推动全体人民共同富裕取得更为明显的实质性进展！"④

2021年8月17日，习近平在中央财经委员会第十次会议上的讲话中，深刻总结中外经济发展的经验教训，深入分析我国发展不平衡不充分问题，提出了防止两极分化、促进共同富裕的总体思路、具体措施和办法。他指出："当前，全球收入不平等问题突出，一些国家贫富分化，中产阶层塌陷，导致社会撕裂、政治极化、民粹主义泛滥，教训十分深刻！我国必须坚决防止两极分化，促进共同富裕，实现社会和谐安定。""必须清醒认识到，我国发展不平衡不充分问题仍然突出，城乡区域发展和收入分配差距较大。新一轮科技革命和产业变革有力推动了经济发展，也对就业和收入分配带来深刻影响，包括一些负面影响，需要有效应对和解决。"他提出了要坚持以人民为中心的发展思想，在高质量发展中促进共同富裕的总思路，明确了"提高发展的平衡性、协调性、包容性""着力扩大中等收入群体规模""促进基本公共服务均等化""加强对高收入的规范和调节""促进人民精神生活共同富裕""促进农民农村共同富裕"六个方面的措施和办法。

---

① 习近平：《论把握新发展阶段、贯彻新发展理念、构建新发展格局》，中央文献出版社2021年版，第502—503页。

② 习近平：《习近平谈治国理政》第四卷，外文出版社2022年版，第344页。

③ 习近平：《习近平谈治国理政》第四卷，外文出版社2022年版，第171页。

④ 习近平：《习近平谈治国理政》第四卷，外文出版社2022年版，第134页。

关于提高发展的平衡性、协调性、包容性，强调"要加快完善社会主义市场经济体制"。明确提出要"增强区域发展的平衡性，实施区域重大战略和区域协调发展战略，健全转移支付制度，缩小区域人均财政支出差异，加大对欠发达地区的支持力度"；"强化行业发展的协调性，加快垄断行业改革，推动金融、房地产同实体经济协调发展"；"支持中小企业发展，构建大中小企业相互依存、相互促进的企业发展生态"。

关于着力扩大中等收入群体规模，强调"要抓住重点、精准施策，推动更多低收入人群迈入中等收入行列"。其中："高校毕业生是有望进入中等收入群体的重要方面，要提高高等教育质量，做到学有专长、学有所用，帮助他们尽快适应社会发展需要"；"技术工人也是中等收入群体的重要组成部分，要加大技能人才培养力度，提高技术工人工资待遇，吸引更多高素质人才加入技术工人队伍"；"中小企业主和个体工商户是创业致富的重要群体，要改善营商环境，减轻税费负担，提供更多市场化的金融服务，帮助他们稳定经营、持续增收"；"进城农民工是中等收入群体的重要来源，要深化户籍制度改革，解决好农业转移人口随迁子女教育等问题，让他们安心进城，稳定就业。"还提出"要适当提高公务员特别是基层一线公务员及国有企事业单位基层职工工资待遇"，"要增加城乡居民住房、农村土地、金融资产等各类财产性收入。"

关于促进基本公共服务均等化，强调"低收入群体是促进共同富裕的重点帮扶保障人群"。明确提出要"加大普惠性人力资本投入，有效减轻困难家庭教育负担，提高低收入群众子女受教育水平"；"完善养老和医疗保障体系，逐步缩小职工与居民、城市与农村的筹资和保障待遇差距，逐步提高城乡居民基本养老金水平"；"完善兜底救助体系，加快缩小社会救助的城乡标准差异，逐步提高城乡最低生活保障水平，兜住基本生活底线"；"完善住房供应和保障体系，坚持房子是用来住的、不是用来炒的定位，租购并举，因城施策，完善长租房政策，扩大保障性租赁住房供给，重点解决好新市民住房问题。"

关于加强对高收入的规范和调节，强调"在依法保护合法收入的同时，要防止两极分化、消除分配不公"。明确提出要"合理调节过高收入，完善个人所得税制度，规范资本性所得管理"；"积极稳妥推进房地产税立法和改革，做好试点工作"；"加大消费环节税收调节力度，研究扩大消费税征收范围"；"加强公益慈善事业规范管理，完善税收优惠政策，鼓励高收入人群和企业更多回报社会。"强调要"清理规范不合理收入，加大对垄断行业和国有企业的收入分配管理，整顿收入分配秩序，清理借改革之名变相增加高管收入等分配乱象"；"坚决取缔非法收入，坚决遏制权钱交易，坚决打击内幕交易、操纵股市、财务造假、偷税漏税等获取非法收入行为"。这里，还特别提出："经过多年探索，我们对解决贫困问题有了完整的办法，但在如何致富问题上还要探索积累经验。"强调要"保护产权和知识产权，保护合法致富"，"坚决反对资本无序扩张"，"促进各类资本规范健康发展。"

关于促进人民精神生活共同富裕，强调"促进共同富裕与促进人的全面发展是高度统一的"，明确提出要"强化社会主义核心价值观引领，加强爱国主义、集体主义、社会主义教育，发展公共文化事业，完善公共文化服务体系，不断满足人民群众多样化、多层次、多方面的精神文化需求"。特别提出"要加强促进共同富裕舆论引导，澄清各种模糊认识，防止急于求成和畏难情绪，为促进共同富裕提供良好舆论环境"。

关于促进农民农村共同富裕，强调"促进共同富裕，最艰巨最繁重的任务仍然在农村"。明确提出要"巩固拓展脱贫攻坚成果，对易返贫致贫人口要加强监测、及早干预，对脱贫县要扶上马送一程，确保不发生规模性返贫和新的致贫"；"全面推进乡村振兴，加快农业产业化，盘活农村资产，增加农民财产性收入，使更多农村居民勤劳致富"；"加强农村基础设施和公共服务体系建设，改善农村人居环境。"①

让人民生活幸福是"国之大者"②。2022年1月17日，习近平在2022年世界经济论坛视频会议上的演讲《共创后疫情时代美好世界》中，向世界阐释了中国共产党团结带领中国人民长期艰苦奋斗，在国家建设发展和人民生活改善上取得的举世瞩目的成就，向世界宣示了中国政府坚定不移推动高质量发展、促进全体人民共同富裕的决心和信心。他指出："中国明确提出要推动人的全面发展、全体人民共同富裕取得更为明显的实质性进展，将为此在各方面进行努力。中国要实现共同富裕，但不是搞平均主义，而是要先把'蛋糕'做大，然后通过合理的制度安排把'蛋糕'分好，水涨船高、各得其所，让发展成果更多更公平惠及全体人民。"③

打赢脱贫攻坚战、如期全面建成小康社会后，如何走好实现全面建设社会主义现代化国家新征程，实现全体人民共同富裕，全国人民热切关注，党中央高度重视。2022年两会期间，共同富裕和乡村振兴、社会福利、社会保障等成为代表委员热议的话题。3月6日，习近平在看望参加全国政协会议的农业界、社会福利和社会保障界委员时，深刻分析百年变局和世纪疫情相互交织下复杂严峻的国际局势，准确把握我国发展的战略机遇，提出了我国发展仍然具有的战略性的"五个有利条件"：一是有中国共产党的坚强领导，总揽全局、协调各方，为沉着应对各种重大风险挑战提供根本政治保证。二是有中国特色社会主义制度的显著优势，我国政治制度和治理体系在应对新冠肺炎疫情、打赢脱贫攻坚战等实践中进一步彰显显著优越性，"中国之治"与"西方之乱"对比更加鲜明。三是有持续快速发展积累的坚实基础，我国经济实力、科技实力、国防实力、综合国力显著增强，

---

① 习近平：《扎实推动共同富裕》，《求是》，2021年第20期。

② 谢环驰、鞠鹏：《习近平在广西考察时强调解放思想深化改革凝心聚力担当实干　建设新时代中国特色社会主义壮美广西》，《人民日报》，2021年4月28日第1版。

③ 习近平：《坚定信心　勇毅前行　共创后疫情时代美好世界——在2022年世界经济论坛视频会议的演讲》，《人民日报》，2022年1月18日第2版。

经济体量大、回旋余地广，又有超大规模市场，长期向好的基本面不会改变，具有强大的韧性和活力。四是有长期稳定的社会环境，人民获得感、幸福感、安全感显著增强，社会治理水平不断提升，续写了社会长期稳定的奇迹。五是有自信自强的精神力量，中国人民积极性、主动性、创造性进一步激发，志气、骨气、底气空前增强，党心军心民心昂扬振奋。习近平在讲话中特别强调了推动社会保障事业高质量发展对保持我国社会长期稳定的重要意义和重大作用。他指出，我国已建成世界上规模最大的社会保障体系。要进一步在推动社会保障事业高质量发展上持续用力，把更多人纳入社会保障体系；要健全灵活就业人员社保制度，扩大失业、工伤、生育保险的覆盖面，为人民生活安康托底；要健全社会保障基金监管体系，严厉打击欺诈骗保、套保和挪用贪占各类社会保障资金的违法行为，守护好人民群众的每一分"养老钱""保命钱"。他强调，对困难群众，要格外关注、格外关爱、格外关心，帮助他们排忧解难。要深化社会救助制度改革，形成以基本生活救助、专项社会救助、急难社会救助为主体，社会力量参与为补充，覆盖全面、分层分类、综合高效的社会救助格局；要针对特困人员的特点和需求精准施策，按时足额发放各类救助金，强化临时救助，确保兜住底、兜准底、兜好底；要补齐农村社会福利短板，加强对农村老年人、儿童、"三留守"人员等特殊和困难群体的关心关爱；加大对因疫因灾遇困群众的临时救助力度，坚决杜绝欺凌虐待妇女儿童、老年人、残疾人等违法行为。①

中国共产党在推动共同富裕的历史进程中，始终坚持以人民为中心的发展思想，听民声、察民情、汇民智、解民忧，既注重推动人民物质生活的共同富裕，又着力促进人民精神生活的共同富裕，致力于让人民群众的获得感成色更足、幸福感更可持续、安全感更有保障，赢得了广大人民的信任和拥护，进一步夯实和稳固了党的执政基础。

---

① 黄敬文：《习近平在看望参加政协会议的农业界社会福利和社会保障界委员时强调把提高农业综合生产能力放在更加突出的位置　在推动社会保障事业高质量发展上持续用力》，《人民日报》，2022年3月7日第1版。

《中共中央关于党的百年奋斗重大成就和历史经验的决议》在阐述中国共产党百年奋斗的历史经验时深刻指出："党的根基在人民、血脉在人民、力量在人民，人民是党执政兴国的最大底气。""党代表中国最广大人民根本利益，没有任何自己特殊的利益，从来不代表任何利益集团、任何权势团体、任何特权阶层的利益，这是党立于不败之地的根本所在。""只要我们始终坚持全心全意为人民服务的根本宗旨，坚持党的群众路线，始终牢记江山就是人民、人民就是江山，坚持一切为了人民、一切依靠人民，坚持为人民执政、靠人民执政，坚持发展为了人民、发展依靠人民、发展成果由人民共享，坚定不移走全体人民共同富裕道路，就一定能够领导人民夺取中国特色社会主义新的更大胜利。"[1]

促进全体人民共同富裕是一项长期任务，也是一项现实任务

党的十九届五中全会在提出"全体人民共同富裕取得更为明显的实质性进展""扎实推动共同富裕"的同时，还明确提出"促进全体人民共同富裕是一项长期任务"，强调"随着我国全面建成小康社会、开启全面建设社会主义现代化国家新征程，我们必须把促进全体人民共同富裕摆在更加重要的位置，脚踏实地，久久为功，向着这个目标更加积极有为地进行努力。"[2]

建设社会主义现代化国家，是党和国家一以贯之的奋斗目标。全面建成小康社会，标志着我国进入了全面建设社会主义现代化国家的新发展阶段，"四个全面"战略布局的内涵也因此演变为"全面建设社会主义现代化国家、全面深化改革、全面依法治国、全面从严治党"，这也标志着我国已经到了扎实推动共同富裕的历史阶段。习近

---

[1]　《中共中央关于党的百年奋斗重大成就和历史经验的决议》，人民出版社2021年版，第66页。

[2]　中共中央党史和文献研究院：《十九大以来重要文献选编》（中），中央文献出版社2021年版，第784页。

平在党的十九届五中全会上所作的关于《中共中央关于制定国民经济和社会发展第十四个五年规划和二〇三五年远景目标的建议》的说明中，特别强调要做好"两个一百年"奋斗目标的有机衔接，指出："当前，我国发展不平衡不充分问题仍然突出，城乡区域发展和收入分配差距较大，促进全体人民共同富裕是一项长期任务。"①几天后，他在党的十九届五中全会第二次全体会议上的讲话中进一步向全党提出，要"深刻认识社会主要矛盾变化，增强解决发展不平衡不充分问题的系统性""深刻认识人民对美好生活的向往，增强解决发展不平衡不充分问题的针对性""深刻认识经济长期向好的基本面，增强解决发展不平衡不充分问题的信心"。他指出："发展不平衡，主要是各区域各领域各方面存在失衡现象，制约了整体发展水平提升；发展不充分，主要是我国全面实现社会主义现代化还有相当长的路要走，发展任务仍然很重。"因此，解决起来不可能一蹴而就，"必须既积极有为又持之以恒努力"。他指出："我国长期所处的短缺经济和供给不足的状况已经发生根本性改变，人民对美好生活的向往总体上已经从'有没有'转向'好不好'，呈现多样化、多层次、多方面的特点，其中有很多需求过去并不是紧迫的问题，现在人民群众要求高了"，要求全党"对这些问题的认识和工作水平也要相应提高。"②强调"要在发展中保障和改善民生，解决好人民最关心最直接最现实的利益问题，更好满足人民对美好生活的向往，推动人的全面发展、社会全面进步，努力促进全体人民共同富裕取得更为明显的实质性进展"。正是基于这样的判断和认识，他鲜明提出："我们所推进的现代化，既有各国现代化的共同特征，更有基于国情的中国特色。"强调我国现代化是人口规模巨大的现代化，是全体人民共同富裕的现代化，是物质文明和精神文明相协调的现代化，是人与自然和谐共生的

---

① 中共中央党史和文献研究院：《十九大以来重要文献选编》（中），中央文献出版社2021年版，第784页。
② 中共中央党史和文献研究院：《十九大以来重要文献选编》（中），中央文献出版社2021年版，第824—825页。

现代化，是走和平发展道路的现代化。①明确指出："我国十四亿人口要整体迈入现代化社会，其规模超过现有发达国家的总和，将彻底改写现代化的世界版图，在人类历史上是一件有深远影响的大事。"指出我国现代化"坚持以人民为中心的发展思想，自觉主动解决地区差距、城乡差距、收入分配差距，促进社会公平正义，逐步实现全体人民共同富裕，坚决防止两极分化"；"坚持社会主义核心价值观，加强理想信念教育，弘扬中华优秀传统文化，增强人民精神力量，促进物的全面丰富和人的全面发展"。指出我国现代化"注重同步推进物质文明建设和生态文明建设，走生产发展、生活富裕、生态良好的文明发展道路"；"强调同世界各国互利共赢，推动构建人民命运共同体，努力为人类和平与发展作出贡献"。②2021年1月，他在省部级主要领导干部学习贯彻党的十九届五中全会精神专题研讨班上的讲话中，进一步从理论和实践上深刻阐述了我国现代化建设的长期性和现实意义，指出："新发展阶段是我国社会主义发展进程中的一个重要阶段。一九九二年，邓小平同志说：'我们搞社会主义才几十年，还处在初级阶段。巩固和发展社会主义制度，还需要一个很长的历史阶段，需要我们几代人、十几代人，甚至几十代人坚持不懈地努力奋斗，决不能掉以轻心。'我体会，邓小平同志当年说这个话，主要是从政治上讲的，强调的是在当时我国经济基础薄弱的条件下，需要很长时间的艰苦奋斗才能实现现代化，同时强调即使实现了现代化，要把我国社会主义制度世世代代坚持下去，仍然要一以贯之地把巩固和发展社会主义制度的问题解决好，不可能一劳永逸。'"他指出："社会主义初级阶段不是一个静态、一成不变、停滞不前的阶段，也不是一个自发、被动、不用费多大气力自然而然就可以跨过的阶段，而是一个动态、积极有为、始终洋溢着蓬勃生机活力的过程，是一个

---

① 中共中央党史和文献研究院：《十九大以来重要文献选编》（中），中央文献出版社2021年版，第819—820页。
② 中共中央党史和文献研究院：《十九大以来重要文献选编》（中），中央文献出版社2021年版，第819—825页。

阶梯式递进、不断发展进步、日益接近质的飞跃的量的积累和发展变化的过程。全面建设社会主义现代化国家、基本实现社会主义现代化，既是社会主义初级阶段我国发展的要求，也是我国社会主义从初级阶段向更高阶段迈进的要求。"[1]他强调："实现共同富裕，要统筹考虑需要和可能，按照经济社会发展规律循序渐进。同时，这项工作也不能等，要自觉主动解决地区差距、城乡差距、收入差距等问题，推动社会全面进步和人的全面发展。"[2]他在主持十九届中央政治局第二十七次集体学习时进一步提出："共同富裕本身就是社会主义现代化的一个重要目标。我们不能等实现了现代化再来解决共同富裕问题，而是要始终把满足人民对美好生活的新期待作为发展的出发点和落脚点，在实现现代化过程中不断地、逐步地解决好这个问题。"他强调："促进全体人民共同富裕是一项长期任务，也是一项现实任务，急不得，也等不得，必须摆在更加重要的位置，脚踏实地，久久为功，向着这个目标作出更加积极有为的努力。"[3]

促进全体人民共同富裕不可能一蹴而就，也不可能齐头并进。不是所有人都同时富裕，也不是所有地区同时达到一个富裕水准，不同人群不仅实现富裕的程度有高有低，时间上也会有先有后，不同地区富裕程度还会存在一定差异。为解决我国发展不平衡不充分问题，2021年5月20日，中共中央、国务院印发《关于支持浙江高质量发展建设共同富裕示范区的意见》（以下简称《意见》），赋予浙江为全国推动共同富裕先行先试、作出示范的使命，这是党中央把促进全体人民共同富裕摆在更加重要位置作出的一项重大决策。《意见》指出："支持浙江高质量发展建设共同富裕示范区，有利于通过实践进一步

---

① 习近平：《论把握新发展阶段、贯彻新发展理念、构建新发展格局》，中央文献出版社2021年版，第474—475页。

② 习近平：《论把握新发展阶段、贯彻新发展理念、构建新发展格局》，中央文献出版社2021年版，第480页。

③ 习近平：《论把握新发展阶段、贯彻新发展理念、构建新发展格局》，中央文献出版社2021年版，第503页。

丰富共同富裕的思想内涵，有利于探索破解新时代社会主要矛盾的有效途径，有利于为全国推动共同富裕提供省域范例，有利于打造新时代全面展示中国特色社会主义制度优越性的重要窗口。"《意见》要求示范区"紧扣推动共同富裕和促进人的全面发展，坚持以满足人民日益增长的美好生活需要为根本目的，以改革创新为根本动力，以解决地区差距、城乡差距、收入差距问题为主攻方向，更加注重向农村、基层、相对欠发达地区倾斜，向困难群众倾斜"，"在高质量发展中扎实推动共同富裕，着力在完善收入分配制度、统筹城乡区域发展、发展社会主义先进文化、促进人与自然和谐共生、创新社会治理等方面先行示范，构建推动共同富裕的体制机制，着力激发人民群众积极性、主动性、创造性，促进社会公平，增进民生福祉，不断增强人民群众的获得感、幸福感、安全感和认同感，为实现共同富裕提供浙江示范。"《意见》明确了浙江示范区建设的四个战略定位：高质量发展高品质生活先行区、城乡区域协调发展引领区、收入分配制度改革试验区、文明和谐美丽家园展示区。《意见》明确示范区的发展目标是："到2025年，浙江省推动高质量发展建设共同富裕示范区取得明显实质性进展。经济发展质量效益明显提高，人均地区生产总值达到中等发达经济体水平，基本公共服务实现均等化；城乡区域发展差距、城乡居民收入和生活水平差距持续缩小，低收入群体增收能力和社会福利水平明显提升，以中等收入群体为主体的橄榄型社会结构基本形成，全省居民生活品质迈上新台阶；国民素质和社会文明程度达到新高度，美丽浙江建设取得新成效，治理能力明显提升，人民生活更加美好；推动共同富裕的体制机制和政策框架基本建立，形成一批可复制可推广的成功经验。""到2035年，浙江省高质量发展取得更大成就，基本实现共同富裕。人均地区生产总值和城乡居民收入争取达到发达经济体水平，城乡区域协调发展程度更高，收入和财富分配格局更加优化，法治浙江、平安浙江建设达到更高水平，治理体系和治理能力现代化水平明显提高，物质文明、政治文明、精神文明、社会文明、生态文明全面提升，共同富裕的制度体系更加完善。"①从此，全国各地推动共同富裕有了现实版的样本。

2021年8月，习近平在中央财经委员会第十次会议上的讲话中，立足我国社会主义初级阶段基本国情，清醒认识我国发展不平衡不充分的现实，准确把握我国发展阶段新变化，对我国扎实推动共同富裕的长期性、艰巨性进行了深入分析，明确了分阶段促进共同富裕时间安排和目标任务，提出了鼓励勤劳创新致富、坚持基本经济制度、尽力而为量力而行、坚持循序渐进等促进共同富裕要把握好的四项原则。这四项原则，实际上是从四个侧面说明了扎实推动共同富裕的长期性、艰巨性及其现实意义。

关于"鼓励勤劳创新致富"，明确指出"共同富裕要靠勤劳智慧来创造。要坚持在发展中保障和改善民生，把推动高质量发展放在首位，为人民提高受教育程度、增强发展能力创造更加普惠公平的条件"，"提高就业创业能力，增强致富本领"。特别提出"要防止社会阶层固化，畅通向上流动通道，给更多人创造致富机会，形成人人参与的发展环境，避免'内卷''躺平'"。

关于"坚持基本经济制度"，明确提出"要立足社会主义初级阶段，坚持'两个毫不动摇'。要坚持公有制为主体、多种所有制经济共同发展，大力发挥公有制经济在促进共同富裕中的重要作用，同时要促进非公有制经济健康发展、非公有制经济人士健康成长"。强调"要允许一部分人先富起来，同时要强调先富带后富、帮后富，重点鼓励辛勤劳动、合法经营、敢于创业的致富带头人"。特别提出"靠偏门致富不能提倡，违法违规的要依法处理"。

关于"尽力而为量力而行"，明确提出"要建立科学的公共政策体系，把蛋糕分好，形成人人享有的合理分配格局。要以更大的力度、更实的举措让人民群众有更多获得感"。强调："要统筹需要和

---

① 《中共中央国务院关于支持浙江高质量发展建设共同富裕示范区的意见》，《人民日报》，2021年6月11日第1版。

可能，把保障和改善民生建立在经济发展和财力可持续的基础之上，不要好高骛远，吊高胃口，作兑现不了的承诺。"特别提出"政府不能什么都包，重点是加强基础性、普惠性、兜底性民生保障建设。即使将来发展水平更高、财力更雄厚了，也不能提过高的目标，搞过头的保障，坚决防止落入'福利主义'养懒汉的陷阱"。

关于"坚持循序渐进"，明确指出"共同富裕是一个长远目标，需要一个过程，不可能一蹴而就，对其长期性、艰巨性、复杂性要有充分估计。办好这件事，等不得，也急不得"。强调"要有耐心，实打实地一件事一件事办好，提高实效"。特别提出"要抓好浙江共同富裕示范区建设，鼓励各地因地制宜探索有效路径，总结经验，逐步推开"。

习近平指出："全体人民共同富裕是一个总体概念，是对全社会而言的，不要分成城市一块、农村一块，或者东部、中部、西部地区各一块，各提各的指标，要从全局上来看。我们要实现14亿人共同富裕，必须脚踏实地、久久为功，不是所有人都同时富裕，也不是所有地区同时达到一个富裕水准，不同人群不仅实现富裕的程度有高有低，时间上也会有先有后，不同地区富裕程度还会存在一定差异，不可能齐头并进。这是一个在动态中向前发展的过程，要持续推动，不断取得成效。"[1]

有了具体的目标和方向、思路和办法，关键在落实。2021年12月8日，习近平在中央经济工作会议上的讲话中，进一步提出要"正确认识和把握实现共同富裕的战略目标和实践途径"，强调："共同富裕是中国特色社会主义的本质要求。""在我国社会主义制度下，既要不断解放和发展社会生产力，不断创造和积累社会财富，又要防止两极分化。"讲话进一步明确了现阶段实现共同富裕目标的实践途径，指出：实现共同富裕的目标，首先要通过全国人民共同奋斗把"蛋糕"做大做好，然后通过合理的制度安排把"蛋糕"切好分好。这是一个长期的历史过程，要稳步朝着这个目标迈进；要在推动高质量发

---

① 习近平：《扎实推动共同富裕》，《求是》，2021年第20期。

展中强化就业优先导向，提高经济增长的就业带动力，支持中小微企业发展，不断壮大实体经济，提高劳动者素质；要发挥分配的功能和作用，处理好效率和公平关系，构建初次分配、再分配、三次分配协调配套的基础性制度安排；要完善公共服务政策制度体系，坚持尽力而为、量力而行，重在提升公共服务水平，在教育、医疗、养老、住房等人民群众最关心的领域精准提供基本公共服务。习近平在讲话中针对我国实现共同富裕过程中面临的现实问题，汲取世界各国发展过程中的教训，指出：财富的创造和分配是各国都面对的重大问题。一些西方国家在社会财富不断增长的同时长期存在贫富悬殊、两极分化。有的拉美国家收入不算高，但分配差距很大。过去我们是低收入水平下的平均主义，改革开放后一部分地区、一部分人先富起来了，同时收入差距也逐步拉大，一些财富不当聚集给经济社会健康运行带来了风险挑战。对此，他特别强调，在推动高质量发展中，要汲取一些西方国家经济"脱实向虚"的教训，不断壮大实体经济，创造更多高质量就业岗位。他明确提出要坚持按劳分配为主体，提高劳动报酬在初次分配中的比重，完善按要素分配政策。要发挥再分配的调节作用，加大税收、社保、转移支付等的调节力度，提高精准性。要发挥好第三次分配作用，引导、支持有意愿有能力的企业和社会群体积极参与公益慈善事业，但不能搞道德绑架式"逼捐"。他指出：当年一些拉美国家搞民粹主义，高福利养了一批"懒人"和不劳而获者，结果国家财政不堪重负，落入"中等收入陷阱"，长期不能自拔。福利待遇上去了就下不来了，搞超出能力的"福利主义"是不可持续的，必然会带来严重的经济和政治问题！强调促进共同富裕，不能搞"福利主义"那一套。[①]

按照党中央统一决策部署，2022年2月17日，国家发展改革委在新闻发布会上表示，围绕实现共同富裕的战略目标和实践路径，国家发

---

① 邹伟、韩洁：《运筹帷幄定基调，步调一致向前进——二○二一年中央经济工作会议侧记》，《人民日报》，2021年12月12日第1版。

· 254 ·

展改革委将持续加强重大问题研究和政策制定。一是推动制定出台促进共同富裕行动纲要。以缩小地区差距、城乡差距、收入差距和公共服务差距为主要方向，构建初次分配、再分配、三次分配协调配套的基础性制度安排，更加注重向农村、基层、欠发达地区和困难群众倾斜，深入谋划好促进共同富裕的顶层设计。二是牵头研究制定扩大中等收入群体实施方案。这是"十四五"规划纲要的明确要求，也是促进共同富裕的重要抓手。国家发展改革委将聚焦重点群体精准施策，在城乡居民普遍增收的基础上，推动更多低收入群体跨入中等收入行列。三是研究构建促进共同富裕监测评估体系。国家发展改革委将会同有关部门研究设立科学可行、符合国情的监测评价指标，建立健全考核评估机制。[①] 4月29日，习近平在主持中央政治局第三十八次集体学习时强调，资本是社会主义市场经济的重要生产要素，在社会主义市场经济条件下规范和引导资本发展，关系坚持社会主义基本经济制度、改革开放基本国策、高质量发展和共同富裕、国家安全和社会稳定等重大经济和政治、实践和理论问题，明确提出"要正确处理资本和利益分配问题"[②]，指出："我国社会主义的国家性质决定了我们必须坚持按劳分配为主体、多种分配方式并存，在社会分配中体现人民至上。要注重经济发展的普惠性和初次分配的公平性，既注重保障资本参与社会分配获得增殖和发展，更注重维护按劳分配的主体地位，坚持发展为了人民、发展依靠人民、发展成果由人民共享，坚定不移走全体人民共同富裕的道路。"[③]

　　如今，共同富裕已经具体地走进了全体中国人民的生活，成为亿万人民人人参与、共同奋斗的生动实践。2022年3月5日，习近平在参加他所在的十三届全国人大五次会议内蒙古代表团审议时，回顾新时代党和人民的奋进历程，精辟提出了"五个必由之路"的重要认识，

① 陆娅楠：《国家发改委谈浙江高质量发展建设共同富裕示范区推进情况　推动更多低收入群体跨入中等收入行列》，《人民日报》，2022年2月18日第2版。
② 习近平：《习近平谈治国理政》第四卷，外文出版社2022年版，第217页。
③ 习近平：《习近平谈治国理政》第四卷，外文出版社2022年版，第220页。

即坚持党的全面领导是坚持和发展中国特色社会主义的必由之路，中国特色社会主义是实现中华民族伟大复兴的必由之路，团结奋斗是中国人民创造历史伟业的必由之路，贯彻新发展理念是新时代我国发展壮大的必由之路，全面从严治党是党永葆生机活力、走好新的赶考之路的必由之路。他指出，只要始终不渝走中国特色社会主义道路，我们就一定能够不断实现人民对美好生活的向往，不断推进全体人民共同富裕。只要完整、准确、全面贯彻新发展理念，加快构建新发展格局，推动高质量发展，加快实现科技自立自强，我们就一定能够不断提高我国发展的竞争力和持续力，在日趋激烈的国际竞争中把握主动、赢得未来。[1]《中共中央关于党的百年奋斗重大成就和历史经验的决议》描绘了到本世纪中叶我国建成社会主义现代化强国、全体人民共同富裕基本实现时的美好图景："到那时，我国物质文明、政治文明、精神文明、社会文明、生态文明将全面提升，实现国家治理体系和治理能力现代化，成为综合国力和国际影响力领先的国家，全体人民共同富裕基本实现，我国人民将享有更加幸福安康的生活，中华民族将以更加昂扬的姿态屹立于世界民族之林。"[2]

---

[1] 黄敬文：《习近平在参加内蒙古代表团审议时强调不断巩固中华民族共同体思想基础 共同建设伟大祖国 共同创造美好生活》，《人民日报》，2022年3月6日第3版。
[2] 《中共中央关于党的百年奋斗重大成就和历史经验的决议》，人民出版社2021年版，第71—72页。

共同富裕要靠共同奋斗

幸福生活都是奋斗出来的，共同富裕要靠勤劳智慧来创造。

习近平：《扎实推动共同富裕》（2021年8月17日）

团结奋斗是中国人民创造历史伟业的必由之路。一切伟大的成就都是接续奋斗、接力探索的结果，一切伟大的事业都需要在承前启后、继往开来中推进。

实现全体人民的共同富裕是中国共产党从一成立就确立的矢志不渝的奋斗目标。为了实现这个目标，中国共产党始终团结带领人民共同奋斗、艰苦奋斗、不懈奋斗、持续奋斗。经过百年奋斗，中国从山河破碎、衰败凋零到蓬勃发展、欣欣向荣，发生了翻天覆地的巨大变化。中国人民过上了几千年来梦寐以求的好日子，正在意气风发地向着基本实现全体人民共同富裕的第二个百年目标努力奋斗。

习近平指出："世界上最大的幸福莫过于为人民幸福而奋斗。"奋斗，是中国共产党的鲜明品质。团结奋斗，是中国共产党和中国人民最亮丽的底色。回顾党的奋斗历程，党和人民取得的一切成就无一不是团结奋斗的结果。

从干革命、搞建设，到促改革、谋发展，在一百多年的奋斗历程中，中国共产党团结带领人民创造了新民主主义革命的伟大成就、社会主义革命和建设的伟大成就、改革开放和社会主义现代化建设的伟大成就、新时代中国特色社会主义的伟大成就，为实现全体人民共同富裕打下了坚实基础。这是中国共产党人、中国人民、中华民族团结奋斗的结果。

从"贫穷不是社会主义，发展太慢也不是社会主义"，到"社会主义的本质是解放生产力，发展生产力，消灭剥削，消除两极分化，最终达到共同富裕"，再到"实现共同富裕是社会主义的本质要求"，在改革开放四十多年的奋斗历程中，中国共产党对社会主义的认识不断深化，为了让人民享有更加幸福安康的生活，把逐步实现全体人民共同富裕摆在更加重要位置，向着更远的目标谋划共同富裕。

从全体人民共同富裕迈出坚实步伐，到全体人民共同富裕取得更为明显的实质性进展，再到全体人民共同富裕基本实现，在新时代十年以来的奋斗历程中，中国共产党始终把人民对美好生活的向往作为党的奋斗目标，为全体中国人民描绘出了一幅真实可感的美好生活蓝图，精心设计出了具体明确的时间表、路线图，科学规划了扎实稳进的实践路径，党和人民比历史上任何时期都更接近共同富裕的目标。

越是接近目标，越要清醒地认识到，中国共产党要带领14亿多人口的大国实现共同富裕，绝不是轻轻松松就能做到的，面临的风险和挑战会更多，必须脚踏实地、久久为功，继续团结奋斗。《中共中央关于党的百年奋斗重大成就和历史经验的决议》指出："从党的百年奋斗中看清楚过去我们为什么能够成功、弄明白未来我们怎样才能继续成功，从而更加坚定、更加自觉地践行初心使命，在新时代更好坚持和发展中国特色社会主义。"在刚刚过去的一百年，经过不懈奋斗，中国共产党和中国人民已经实现了全面建成小康社会的第一个百年奋斗目标，创造了人类社会发展史上的奇迹。在这个坚实的基础上继续奋斗，中国共产党和中国人民完全有能力、有信心、有底气基本实现全体人民共同富裕的第二个百年奋斗目标，创造人类社会发展史上新的更大奇迹。

著　者

2022年5月于北京